面向21世纪课程教材
Textbook Series for 21st Century

# 新闻评析

夏琼 编著

高等教育出版社
HIGHER EDUCATION PRESS

## 内容提要

本书是教育部“高等教育面向21世纪教学内容和课程体系改革计划”的研究成果，是“面向21世纪课程教材”。本书系统全面地讲述了新闻评析的性质与作用、特点与目的、原则与方法，以及新闻评析的写作步骤与技巧、新闻评析工作者的基本素养等，并结合案例分析对各种新闻体裁及不同新闻媒体的新闻评析进行了阐述。

本书是作者在对原著《新闻评析原理与实务》作全面修改的基础上推出的又一本关于新闻评析的力作，也是目前国内第一本新闻评析类教材，可作为高等学校新闻学专业教科书，也可作为新闻媒介从业人员的参考书。

**图书在版编目（CIP）数据**

新闻评析/夏琼　编著．—北京：高等教育出版社，2002（2019.12 重印）

面向21世纪课程教材

ISBN 978-7-04-010607-7

Ⅰ．新…　Ⅱ．夏…　Ⅲ．新闻学-高等学校-教材　Ⅳ．G210

中国版本图书馆CIP数据核字（2001）第098990号

| | | | |
|---|---|---|---|
| **出版发行** | 高等教育出版社 | **咨询电话** | 400-810-0598 |
| **社　　址** | 北京市西城区德外大街4号 | **网　　址** | http://www.hep.edu.cn |
| **邮政编码** | 100120 | | http://www.hep.com.cn |
| **印　　刷** | 北京鑫海金澳胶印有限公司 | **网上订购** | http://www.landraco.com |
| **开　　本** | 787×960　1/16 | | http://www.landraco.com.cn |
| **印　　张** | 14.5 | **版　　次** | 2002年7月第1版 |
| **字　　数** | 250 000 | **印　　次** | 2019年12月第9次印刷 |
| **购书热线** | 010-58581118 | **定　　价** | 23.20元 |



**物料号　10607-00**

# 目　　录

第一章　新闻评析的性质与作用 …… 1
　第一节　新闻与新闻评析 …… 1
　第二节　新闻评析的新思维 …… 10
　第三节　新闻评析的性质与作用 …… 16
第二章　新闻评析的特点与目的 …… 20
　第一节　新闻评析的特点 …… 20
　第二节　新闻评析的目的 …… 32
第三章　新闻评析方法与理念 …… 41
　第一节　新闻评析方法的含义 …… 41
　第二节　新闻评析方法与新闻理念的关系 …… 47
　第三节　新闻评析方法的综合运用 …… 50
第四章　新闻评析者的基本素养 …… 53
　第一节　新闻专业理论修养 …… 53
　第二节　新闻专业技能知识 …… 55
　第三节　新闻敏感与导向意识 …… 56
　第四节　多元而丰富的知识结构 …… 58
第五章　新闻评析的原则 …… 61
　第一节　真实性原则 …… 61
　第二节　时效性原则 …… 71
　第三节　倾向性原则 …… 80
　第四节　审美原则 …… 91
第六章　新闻评析的基本类型 …… 114
　第一节　赏析与感受作品 …… 114
　第二节　新闻结构功能与意识的分析 …… 116
　第三节　新闻表现艺术与技巧的分析 …… 120
第七章　新闻评析的写作步骤与技巧 …… 125
　第一节　选题 …… 125
　第二节　写作技巧 …… 127
　第三节　几种新闻体裁的评析写作 …… 130
第八章　报纸新闻作品评析 …… 136
　第一节　专业报道类 …… 136
　第二节　报道方式类 …… 169

**第九章 广播新闻作品评析** …… 196
第一节 广播消息 …… 196
第二节 录音报道 …… 200
**第十章 电视新闻作品评析** …… 209
第一节 电视消息 …… 209
第二节 电视专题 …… 217
**后记** …… 225

# 第一章　新闻评析的性质与作用

## 第一节　新闻与新闻评析

### 一、什么是新闻

“新闻”是新闻学的重要范畴。“新闻”一词最早在中国出现是唐代李咸用的诗《披沙集·春日喜逢乡人刘松》：“旧业久抛耕钓侣，新闻多说战争功。”宋代赵昇著《朝野类要》，也使用了“新闻”一词。后来的文人在著作中使用这个词更为常见。《红楼梦》第一回中就有“众人当作一件新闻传说”这句话。

在西方国家里，最早出现“新闻”一词的是德国。据史料记载，德文中的“新闻”一词，最初发源于德国北部的俗语“报道”，而“报道”的词源则出于“旅行”一词，15世纪以后，逐渐演变为“新闻”，它的含义是“在时间上绝对新颖的事物”。而“新闻”一词最早被用作印刷物的代名词、且有现代新闻纸的意义的，是在16世纪初德国出版的《三十行书翰》的誊本。

至于英文中的“新闻”，有好几个词汇，最常见的是news。据说这个词是由英文的北东西南（North，East，West，South）四个词的第一个字母组成的，意思是“四面八方消息的集合”。据《牛津英语词典》解释：“新闻一词作为‘新闻报道’，是在1423年，苏格兰詹姆士一世在他的敕书中首次运用。”

不管“新闻”一词源于何时，古代的“新闻”的含义与现代社会中“新闻”的含义是有着本质区别的。我们只能从“新闻”一词的起源中寻找新闻传播活动发生和发展的最早动因；而对现代意义上的“新闻”的研究和探讨，则必须从近百年来对新闻定义的探讨说起。

#### （一）众说纷纭的新闻定义

据说，目前可以收集到的国内外关于新闻的定义有100多种。这里分国内和国外两方面分别介绍10余种有代表性的新闻定义：

1. 国内的新闻定义

新闻者，乃多数阅者所注意之最近事实也。

——徐宝璜

新闻就是最多数人所注意而感兴趣的最新事实。

——黄天鹏

新闻者，最近时间内所发生，认识一切关系社会人生的兴味，实益之事物现象也。

——邵飘萍

新闻是现在新的、活的社会状况的写真。

——李大钊

新闻的定义，就是新近发生的事实的报道。

——陆定一

新闻是一种新的重要的事实。

——胡乔木

新闻就是广大群众欲知应知而未知的重要事实。

——范长江

新闻是新近变动的事实的传播。

——王 中

新闻是报道或评述最新的重要事实以影响舆论的特殊手段。

——甘惜分

2. 国外新闻定义

狗咬人不是新闻，人咬狗才是新闻。

——博加特（美国纽约《太阳报》）

能让女人喊一声“啊呀！我的天呀！”的东西，就是新闻。

——爱德华（美国阿契生市《环球报》主笔）

新闻乃是女人、金钱和罪恶的记录。

——华尔克（美国报刊编辑）

新闻是已经发生或正在发生的事情的报道。

——约斯特（美国《新闻学原理》一书作者）

新闻是最近报道的事情。

——莫特（美国密苏里新闻学院院长）

新闻就是把最新的现实的现象，在最短的时间距离内，连续介绍给最广泛的公众。

——道比法特（德国柏林大学新闻学教授）

新闻是变迁的纪录。

——英国《泰晤士报》

新闻是根据自己的使命，对具有现实性的事实的报道和批判，是用最短时距的有规律的连续出现来进行广泛传播的经济范畴内的东西。

——小野秀雄（日本新闻研究所所长）

通过这些五花八门的国内外新闻定义，我们可以看出人们对“新闻”一词的理解是多层次的、多侧面的。然而，仔细研究便能发现，这些定义有的突出了新闻的某种特性或功能，如陆定一、王中和约斯特的定义，它们主要强调新闻是一种报道或传播的活动，突出其“活动”的功能；而徐宝璜、黄天鹏、胡乔木的定义则强调新闻是一种事实，突出其“事实”的特性；而美国的博加特、爱德华、华尔克的定义则视新闻为一种反常的奇特现象，强调新闻的猎奇性。由此可见，“新闻”一词在不同的社会环境中、不同的情况下，往往表现出不同的意思。这就给我们的新闻评析带来了难度，因为对任何新闻作品的评价与分析必须在统一的标准之下进行。这便是我们要讲的下一个问题。

### （二）我国新闻界公认的新闻定义

我国新闻界关于新闻的定义很多，这些定义有不少共同点，也各有差异，各有侧重点。但是公认的、影响较大的还是陆定一关于新闻的定义。1943 年，陆定一在《我们对于新闻学的基本观点》一文中写道：新闻是新近发生的事实的报道。人们一致认为，这个定义简洁明确，揭示了新闻的本质特征，指出新闻是“事实”，区别于文学的虚构；这个“事实”是“新近”发生的，又区别于历史；“事实”是新闻的本源，但它本身还不是新闻，还必须经过“报道”。因此，这个定义得到了新闻界较为普遍的赞同。

随着现代社会经济和科学技术的发展，现代新闻实践行为方式也随之发生了很大变化。广播、电视事业发展的突飞猛进，使以报学研究为主的传统新闻学已不能很好地解释现实中的种种新闻现象。因此，“新闻”这个新闻学的最基本概念，又引起了更加广泛、深入的探讨，许多学者提出了新的见解。复旦大学的王中教授提出了自己的定义：新闻是新近变动的事实的传播。他把陆定一同志的定义中的“发生”改成了“变动”。他风趣地说，你每天都吃三顿饭，每天有三次‘新近发生的事实’。如果你在每次事实发生后，都向你妈妈发一则新闻报道，你妈妈准以为你患了神经病。如果有一天你吃饭有了变动，你向妈妈发出这样一则新闻：“今天我在自由市场买了一斤醉泥螺，吃后上吐下泻，据医生检查是患了霍乱，这里没有特效药，生命难保。”你妈妈闻讯准会带着特效药来看你。这不是变动决定新闻吗？

王中教授又把“报道”改为“传播”，他认为后者外延更大，包括古今中外其他方式的新闻活动，比如电视、电话甚至口头传递等，更加符合实际。

王中的新闻定义虽然只是在陆定一的定义上改动了四个字，然而它却改变了原定义的内涵与外延，使现代社会出现的许多新的新闻现象找到了合理的解释和依据，体现了新闻传播的广泛性、深刻性及有效性受到社会制度、传播体制及该社会生产力发达水平的制约。同时该定义坚持了辩证唯物论的实践与认识的对立统一、形式与内容的对立统一、客观与主观的对立统一的观点，具有事物定义应具备的客观性、鲜明性和普遍性，是一个比较科学、准确的定义。因此，目前我国新闻界大多采用王中教授的关于新闻的定义。

## 二、新闻与媒体新闻

### （一）新闻的含义

上面我们讲了我国新闻界比较公认和普遍采用的是王中教授的新闻定义：新闻是新近变动的事实的传播。那么，我们来分析一下这个定义中所包含的新闻要素有哪些。

“新近变动”，意为新鲜，有两层含义：一是新在“变动”；二是新在“新近”。前者表明事实的状态，后者表明传播的时效。从某种意义上讲，“新近变动”是新闻的本质要素。

“事实”，是存在于现实生活中的大大小小的事件或事物，是主观意识之外客观存在着的事物。从事实本身看，新鲜的事实是：

1. 新发生的事实。未曾有过的事实产生了、出现了，有可能成为新闻。所谓“闻所未闻”的事就是这一类。

2. 新变动的事实。事实早已产生和出现，事实在不断变化之中，社会环境也在不断变化之中，或向前发展，或逆向变动，都有可能成为新闻。

3. 新发现的事实。这也是一种早已发生的事实，但人们未曾察觉，或者由于各种原因而未曾公开宣布；一旦被人发现，便成为新闻。

4. 新披露的事实。某些早已发生的事实，当事人原先是秘而不宣的，待到意图实现，目的达到，便主动向新闻界宣布，通过报道披露于世。

5. 新预测的事态。新闻预测大体上有两种：一种是根据已经发生的事实及其发展趋向，预测可能出现的新情况，亦即展现前景；另一种是根据已经出现的某种征兆，预测势必产生的新事物或行将消亡的旧事物，这是见微知著。

从上述五种新近变动的事实来看，新闻说到底就是记者的一种发现，即客观事物的发现。在受众看来，早已发生的重要事实首次公之于世，连同新发生的事实率先报道，都是新的发现，因为他们并不知道。记者的使命就在于不断发现新事实，而“事实”便是新闻的最基本要素。

“传播”是传播学的核心概念之一，指信息的交流与分享。由于传播的外延十分广阔，因此，对于传播的定义众说纷纭。我国新闻界及传播学研究中仍通用“传播”这个概念，并赋予其“交流”、“传通”、“沟通”的含义。

新闻定义中的“传播”主要指“大众传播”，即职业传播者通过某种现代化的传播媒体向为数众多的不确定的人群传递信息的活动。现代大众传播的基本特征是：

1. 传播者是受过专业训练的传播工作者，如记者、编辑、主持人等。

2. 受传者是无组织的、不确定的、众多的不同社会地位、阶层、文化素养、政治观点、宗教信仰的群体或分散的个人。

3. 传播过程是单向的，传受双方没有直接的交流。传播者只能靠来信、电话和登门反映来检验传播效果。

4. 传播工具是现代化的印刷设备和广播、电视、通信器材等，具有传播快、信息含量大、传播质量高、覆盖面广、收听收视率高等特点。

大众传播还具有一切传播的公众性和开放性、传受双方之间关系的非人格性、传受者之间关系的不平衡性以及传播者和受众之间社会制度化的干预等等。由此可见，“传播”在新闻定义中实际上表明由传播者来决定什么是新闻，什么不是新闻。所以，“传播”是新闻的主观要素。

从以上的新闻要素的分析中，我们可以看出新闻定义中包含着两层含义：其一，“新近变动的事实”表明新闻的客观性。事实是客观存在的事物，而客观事物总是在不断地变化，新闻层出不穷。于是，有人会问，我今天吃了一顿海鲜，昨天看了一场电影，这也是新近发生或变动的事实，报道它能成为新闻吗？显然，这类司空见惯的、重复出现的事是“新闻”，也有可能在一定范围内传播，但不能成为新闻媒体发布的新闻。其二，新近变动的事实的传播。其“传播”虽然包含着人类所有信息的交流与分享，但其主要含义仍是“大众传播”，即指由一定的新闻机构发布的新闻事实才是新闻，我们称之为“媒体新闻”。

### （二）媒体新闻

人们每天都在通过读报、听广播、看电视或通信、交谈等方式寻求新闻，选择新闻，接受新闻。所不同的是，读报、听广播、看电视是接受新闻机构发布的新闻；通信、交谈是从民间传说中接受新闻，但这种传说新闻有许多是不可靠的。我们这里要研究的新闻，仅指由一定的新闻机构发布的新闻，在这里我们称之为媒体新闻。

人们需要新闻，就像需要空气一样迫切。当今社会，人们如果离开了新闻，就会与世隔绝，就会影响到社会的正常生产、消费和生活，而使整个社会处于一种盲目的状态之中。随着新技术革命浪潮的到来，社会变革加速，这些不仅促进人们思想的变革，而且还加速了信息流动，甚至深刻地改变着人们赖以行动与处世的信息结构。文明程度越高，人们就越需要大量信息。

世界万事万物总处在不断变化的过程中，于是新闻迭出。新闻机构在自己条件所允许的范围内，以最快的速度，有选择地但又是如实地把新近变动的事实传达给它的受众。在这样的传播过程中，媒体新闻必然受主客观双重因素的影响。而媒体新闻的特性在其选择与传播过程中起着决定性作用。所谓媒体新闻的特性，即真实性、新鲜性、公开性、服务性。

媒体新闻的真实性指新闻报道反映客观事实的准确度。真实性是新闻报道的基本原则。新闻报道是客观事实在记者头脑中的反映，主体与客体必须一致，否则就是对客观事实的歪曲。一般说来，新闻报道反映客观事实的准确度同新闻媒体所持政治立场密切相关。

媒体新闻的新鲜性指报道的事实新、时间新、角度新，同新闻的时效性相近。有人据此特点把新闻比喻为“活蹦乱跳的鲜鱼”，提出要“抓活鱼”，向人们及时报道新近变动的事实。新鲜性还包含着事实的变动程度，变动出新意，越有新意，越能激发受众的注意。因此，新鲜性同新闻价值量成正比。

媒体新闻的公开性指新闻媒体面向公众传播新闻和影响社会舆论的特性。列宁讲到广播的公开性时，把它比作“千百万人的群众大会”。毛泽东说：报纸的作用和力量，就在它能使党的纲领、路线、方针、政策、工作任务和工作方法，最迅速、最广泛地同群众见面。西方以把新闻媒体称作“大众传播工具”，表示它的公开性。

媒体新闻的服务性指新闻机构通过新闻报道和其他手段为受众提供社会服务，是满足人们普遍需要和特殊需要的一种特性。它是我国 20 世纪 80 年代新闻改革中探讨的一个新课题，分为广义和狭义两方面：广义的服务性，包括新闻的指导性、娱乐性、消遣性、知识性、趣味性等多种特性，因为对群众的学习、工作和社会生活的指导，满足他们多方面的需要，也是一种服务。狭义的服务性，主要指向群众提供学习咨询、法律顾问、购物指南等具体的服务。服务性同指导性、思想性是相辅相成的，出色的服务有利于指导性的贯彻。

从上面媒体新闻的四种特性来看，媒体新闻不是历史，只要事实确凿，什么时候的新闻都可以成为它报道的对象；媒体新闻也不是公文，只局限于一定人员传阅；媒体新闻更不是经院哲学，只供装饰与玩味。媒体新闻作为一种信息，是客观事物新近运动状态的陈述或报道，它来源于实践又指导实践。

除了上述的四种特性外，媒体新闻还具有广泛性（报道内容、服务对象和传播范围都十分广泛），连续性（定期、连续地报道新闻，始终不间断地通过提供信息为受众服务），时限性（今天的新闻，明天就成为历史，就会失去其报道价值）等特性，这几种特性也是媒体新闻的基本特性。

在这一节里，我们重点探讨了新闻与媒体新闻这两个基本概念。新闻是新近变动的事实的传播，它包含着人类在信息交流与分享中的所有活动方式带来的新闻，其中主要有大众传播与人际传播中流动的新闻。而媒体新闻特指一定新闻媒体传播的新闻，它比新闻的范畴要小得多，仅仅指新闻中的大众传播部分。二者的本质区别在于：人际间的信息传递一般无利害关系，而新闻媒体由于它的控制者具有特定的评价立场，尤其是政治立场，因而它所传播出来的新闻就会在不同程度上带有倾向性。二者之间的关系是：新闻中包含着媒体新闻，媒体新闻是新闻的一部分；媒体新闻除具备新闻的特性外，还具有其自身的个性，二者是共性与个性的关系。

## 三、新闻评析的含义

新闻评析是对新闻活动的结果——新闻作品进行评价与分析。因此，新闻评析与新闻活动的内在规律有着必然的联系。研究新闻评析，首先就要分析、了解新闻评析的概念，并通过对新闻评析过程中新闻规律所起作用的分析，来确定新闻评析的内涵和外延。

### （一）新闻评析的定义

在新闻学研究领域里，许多概念都有明确的定义，或有可供探讨、研究的定义很多。而新闻评析则是个例外。1993 年出版的 180 万字的《新闻学大辞典》中就没有“新闻评析”的词条。系统研究新闻评析的专著几乎找不到，甚至关于新闻评析的理论文章都很少。可见新闻评析在新闻学理论中还是一块未开垦的“处女地”。新闻评析既没有明确的定义，也没有可供借鉴与讨论的定义，所以，我们必须从头做起，通过对新闻评析实践活动的分析，来对新闻评析作出尽可能科学的解释。

大凡定义，多从说文解字开始。新闻评析包含着新闻与评析两个概念。我们可以通过把这两个概念放到新闻评析活动中去考察，来明确新闻评析的内涵与外延。

上面，我们分别阐述了新闻与媒体新闻的区别与相互关系。在新闻评析活动中，评析的对象主要是媒体新闻，而非广义的新闻。因为，无论是新闻专业杂志中的作品评析专栏，还是新闻奖的评选，都是以新闻媒体发布的新闻作品为对象的，没有人会对人际之间的口信或电话发表评析文章。可见，新闻评析中的“新闻”特指媒体新闻，即由一定新闻媒体公开发布的新闻作品。

评析，包含着两层含义：评与析。在新闻评析活动中，“评”主要是对新闻作品的新闻价值与社会效果进行评价，即评价新闻作品的新闻价值的大小，并对新闻作品所产生的社会效果进行评价。“析”主要是对新闻作品的社会成因与表现手法进行综合分析，即分析新闻作品的社会背景、历史原因等，并对其写作特色、表现方式等进行客观分析。综上所述，评析乃是对新闻作品进行评价与分析。

由此，我们可以给新闻评析下定义：新闻评析是对新闻媒体公开发布的新闻作品进行评价与分析，即通过对新闻作品的新闻特性的发掘与分析来判断新闻作品的新闻价值的大小的活动。

## （二）新闻评析的对象

新闻评析是对新闻报道的成品——新闻作品进行评价与分析。新闻评析的对象是新闻作品，它指的是新闻采访写作（制作）全过程的最后结晶，是新闻媒体向外传播的成品，可以是文稿、照片、录音和声像制品。在这些新闻成品中，因其表现方式的不同，而形成了不同的体裁。

以1994年第五届“中国新闻奖”评选办法为例，其评选项目如下：

1. 报纸、通讯社

（1）消息（包括连续报道中的一篇代表作）；

（2）通讯（包括特写、调查报告、系列报道中的一篇代表作）；

（3）言论（包括社论、评论员文章、述评、短评、署名评论）；

（4）报纸版面（指要闻版）；

（5）新闻摄影；

（6）新闻漫画。

2. 广播电台

（1）消息（包括文字报道、录音新闻、连续报道中的一篇代表作）；

（2）评论（包括文字评论、录音评论）；

（3）新闻性专题节目（包括文字、录音专题、系列专题报道中的一篇代表作）；

（4）新闻性节目编排（包括主持人板块式节目编排的选段）。

3. 电视台

（1）消息（包括连续报道中的一篇代表作）；

（2）评论（包括口播和声像评论）；

（3）新闻性专题节目（包括系列专题报道中的一篇代表作）；

（4）新闻性节目编排（包括主持人板块式节目编排的选段）。

与1990年首届“中国新闻奖”评选项目相比，第五届评选项目中，增设了一项新奖项：新闻漫画。这表明评选项目不是恒定不变的，而是随着时代的变化而变化的。

新闻评析从狭义上讲主要指新闻评析实践，其主要任务是对具体的新闻作品进行评价与分析。从上面列出的“中国新闻奖”评选项目中可以看出，新闻评析的对象是具体而明确的。当然，作为特设的新闻奖，它有其自身的特殊规定和评选范围。而作为人类文化活动形态之一的新闻评析，是以整个新闻活动的结果——新闻作品为评析的对象的，也就是说，所有的新闻体裁都是新闻评析的对象，而不仅仅是新闻奖所设列的项目。只不过各类新闻奖的评选活动，是最具有典型意义、最有代表性的新闻评析活动罢了。

作为一种特殊的精神劳动的产物，新闻作品本身也是多层次、多侧面的，是纷繁复杂的，其中包含着许多小对象，如新闻作品的社会效应、独特的形式美，及其与记者采写心理关系等。而这些小对象还可细分为许多更小的对象，如报道形式研究中可分别侧重在导语、结构等不同方面。这些更小的对象本身也不是孤立的、凝固的，它会随着社会的发展变化而变化。这就要求评析者根据新闻作品的不同特点，选择最佳的切入角度，对作品进行全方位的、多角度的综合考察。这样，才会对作品有总体的、全面而深刻的认识和评价。

### （三）新闻评析的任务

新闻评析的主要任务是对具体的新闻作品进行评价与分析，它以研究和评论当代新闻作品以及新闻现象为己任。它始终注视着新闻的发展趋势，紧跟着新闻的前进步伐，伴随着新闻事业的发展而发展，因而，它具有很强的时代感和鲜明的当代性。它的任务，具体地说，主要有以下几个方面：

第一，正确评价和分析新闻作品，揭示其新闻价值所在，引导受众鉴赏，促进记者采写水平的提高。评析新闻作品，是新闻评析的中心任务。一方面，对于过去的或外国的作品，由于受众与它所产生的时代、国度或民族存在着一定的距离，从而产生理解的困难。新闻评析要通过评介工作，缩短以至消除这个距离，帮助受众充分认识作品所反映的社会生活，深刻了解其新闻价值，从中得到思想教育和审美享受。另一方面，对过去的和外国的优秀新闻作品，进行科学的评价与分析，无疑能为当代的新闻采访与写作提供借鉴。特别是对同一时代新闻作品的得失分析和优劣评判，更会直接有助于记者和通讯员采写水平的提高。比如，《中外新闻作品研究》所收录的新闻佳作《我三十万大军胜利南渡长江》，是1949年毛泽东为新华社撰写的一篇短消息，是反映大事件、大场面的新闻力作。“全文不过一百九十八个字，却简练地勾勒出气势磅礴的渡江战役。寥寥数语，而使事态、情景尽出。作者语言的凝练与技法的娴熟，让人惊叹。善于把握事件特征和高超的写作技巧是这篇动态消息成功的主要原因。”①这样的评析，总结和推广了成功的经验，有利于记者、通讯员学习和提高采写水平。

第二，科学地总结新闻采访和写作的经验、教训，研究新问题、新现象，探讨新闻报道的客观规律，完善和繁荣当代的新闻采写理论。在新闻事业的发展中，出现过许多优秀的新闻作品和著名记者，积累了丰富的采写经验，对这

---

① 金梦玉主编：《中外新闻作品研究》，第5页，安徽人民出版社1993年版

些有价值的新闻成果批判地继承，是新闻事业得以发展的基础。我国新闻事业的诞生与发展，已有近百年的历史，在各个历史阶段，新闻事业都随着社会生活的变化而变化，产生了许多名记者和新闻佳作。这些都有待于我们进行深入研究和总结。特别是我国建国以来的社会主义新闻事业，在坎坷的经历中，取得了巨大的成就，积累了丰富的经验，对它们的总结和理论探讨，对当代新闻事业的进一步繁荣发展，更具有现实意义和促进作用。

第三，积极开展对新闻作品评价与分析活动，有利于提高新闻从业者的理论水平和业务素质。长期以来，新闻理论与新闻实践相脱离的现象相当严重。新闻理论工作者闭门研究。对许多新闻实践现象视而不见，埋头做“学问”；而新闻从业者整天忙于新闻采写活动，对那些干巴巴的、不能对新闻实践新现象作出合理解释的理论不感兴趣。新闻评析运用新闻理论，去评价、分析具体新闻作品，或者在分析、评价作品中，引申出一些理论来，讲出个“所以然”来，可以使新闻从业者从中得到启迪，从而把自己多年积累的实践经验同新闻理论沟通起来，对新闻理论发生兴趣，增强学习和运用新闻理论的自觉性，从而提高新闻从业者的整体素质。

## 第二节 新闻评析的新思维

当代新闻业的规模及其在社会政治生活中所处的地位进一步表明，新闻是一种特殊的意识形态部门。

新闻传播的意识力量几乎伸展到社会生活的各个领域，成为社会中规模最大、影响力最强的意识形态部门。据不完全统计，我国从事新闻信息传播和新闻研究工作的人员多达50余万（包括专职通讯员、报道员），这个数字远远超过从事文学艺术、宗教和哲学工作的人员数字。在美国，新闻事业的规模与资金已列入十大产业之一，它对整个社会经济基础的影响已达到惊人的程度。据不完全统计，目前全世界已知的报刊有18万多种，其中日报8 220种，报刊发行份数超过832亿份；大约有两万家广播电台（包括独立发射台和转播台），一万余家电视台。不言而喻，由广播电视、报纸、新闻杂志、新闻电影等从业人员组成的工作队伍，他们的足迹之远、视野之宽，足以监测整个世界的一切变化，并对变化的趋势作出迅速反应和预报。今天，不是新闻媒介加工别的意识形态部门提供的信息，而是其他意识形态部门搜集、加工新闻媒介周而复始向全人类提供的知识、意见和资料。各国政府的智囊团和思想库、各大跨国公司、各大企业以至行踪诡秘的各式各国情报人员每时每刻都在搜集各国报刊，录制广播电视发出的各种信息，周密研究新闻界提供的材料，力图准确地把握一个国家乃至整个世界的发展趋势。现在，绝大多数人都承认：“传播工具是我们人类意识的延伸，……它塑造了我们每个人的认识与经验。”①

新闻这种意识形态反映经济基础是直接的，而其他意识形态反映经济基础却是间接的。哲学家肖前主编的《历史唯物主义原理》一书中认为：艺术、道德、政治思想、法律思想、宗教、哲学等基本意识形态是对社会存在的“比较间接的反映”，它们的具体形式与经济基础联系的程度各不相同。依政治法律思想、道德、艺术、宗教、哲学的次序，一个比一个稍远些，间接的程度更大些。造成这种间接反映的原因主要是，这些意识形态一个比一个抽象，一个比一个更概括、更富于概念和逻辑特色，现实的物质性和社会关系都经过思想家、艺术家和宗教信仰者头脑的再创造，形成了抽象的理论体系，而不是经济基础中现存事物的直接再现。新闻则不同，新闻报道反映的是经济基础及一切社会关系中的真人真事，是社会存在迅速、真实的再现，即使是社论及其他新闻评论，它们所阐述的抽象观点也旨在说明客观事件的本来面目，是对现实中真人真事发展趋势的直接解释，根本不存在创造新理论、新形象的过程，更不允许创造事实。这样，我们看到，新闻是庞大、复杂社会生活原封不动的再现，它对经济基础的反映是直接的，因而对客观规律的揭示能够做到迅速、真实、广泛，这是其他意识形态所无法比拟的。

正是由于新闻反映经济基础的这一特点，决定了国家、政党所控制的新闻业从来都是巩固其经济制度与政治制度的工具，并作为国家、政党的喉舌，新闻担负着发表其具体政令、政见、计划、措施，宣传各自的政治路线的任务。新闻在政治生活中特殊的功能，又使新闻业成为上层建筑中的重要部门，即国家机器中的宣传机器。在任何制度下，国家以及政党都要掌握一部分新闻媒介直接为其活动服务，并且把这些新闻媒介列为其行政机构。对那些团体的新闻事业，国家则通过新闻权力机关（诸如新闻局、宣传部、新闻司、新闻署等）实行间接控制。

从以上分析我们可以得出结论:新闻是特殊的意识形态。这是社会经济发展的必然产物,也是新闻跨入新时代的标志。新时代要有新思维,这是时代对新闻工作者提出的要求。新闻评析作为新闻活动中的最后一个重要环节,它把握着新闻活动的发展方向,影响着人们对新闻的认识,因此,新闻评析要适应新时期新闻事业的发展需要,就必须要有新的思维。至于到底该有怎样的新思维,这是一个值得深入研究和探讨的问题。在这里我们提供两个方面的内容供大家思考。

## 一、新闻是社会进步的中介

新闻机构作为上层建筑的重要部门，不断真实地反映社会状况，报道社会

① ［加拿大］麦克鲁汉：《传播工具论》，第 25 页，纽约 1964 年版

的各种变化，给上层建筑输送准确而有价值的信息，成为社会有机运动的中介。

1. 充当经济基础与上层建筑的中介

新闻来自社会生活，来自劳动者的实践活动，它所反映的社会现象汇集到上层建筑部门，就可能成为领导者制定政策的依据，使之作出适合经济基础发展的一系列正确的决策。由此可见，新闻是调节上层建筑和经济基础不断适应的中介。

两位身居贫困乡村的山东农民给报社投书，大声疾呼："请听听我们农民的意见！"两位农民列举了1987年地方政府向每个农民征收教育费、建校费、干部补贴费、河工费、广播费、粮食补差费、防疫费、水利费、耕地费等14项费用，已超过国家规定的提留农民总收入的5%的两倍。这两名农民的呼吁在报上刊出，立即引起许多农民的同声呼应，要求"上级领导到农村走一走，看一看"，"希望有关部门说清楚"，"想办法尽快解决"。报纸上的新闻形成一股强烈的呼声传到各级政府机关。如果他们尊重新闻所反映的情况，调整自己的决策，使上层建筑的活动适应人们的经济状况，就会促进经济基础的发展。

不管在何种制度下，新闻媒介这一意识形态部门，必然反映并维护其经济基础。"一个特定的经济基础要能够存在、巩固和发展，不仅需要强制性的政治、法律制度和设施来规范人们的行动，把人们的行为限制在一定秩序之内，而且还要有意识形态来论证经济制度和政治、法律的合理性，使人们'自愿'（不管能否做到）地遵守制度，维护秩序。"①其他思想上层建筑总是强烈地肯定、维护领导部门制定的各种政策和措施，甚至当生产关系严重束缚生产力发展，经济政策濒临坏死的边缘，也可能极力宣扬它的优越性、正确性。这种"维护"有时抱有"主观主义和武断态度"，盲目肯定那些错误的经济模式和经济政策。新闻的真实报道却比国家制度中的各种机构（其中包括其他意识形态部门）更准确、更普遍地再现国家的实际需要和发展趋势。千百万人对现实生活的体验和观察，随时对合理或不合理的政策、计划作出评价，人民的意见也就成为判断事物的标准，这样，借助新闻反映人民的需要和呼声，可以认识包括上层建筑在内的整个社会生活的真实图景。判断一个时代，只有用真实反映人民群众实际生活的连续报道，才能准确地把握时代的真相，发现上层建筑反映经济基础的误差。

劳动人民的社会活动和议论，不断对经济活动的性质、状态作出切实的说明，只要新闻媒介对其给予完整的报道，就能使上层建筑中的权力机构了解生产关系及生产力正在发生什么样的变化，权力运行应当根据这种变化相应地作

① 肖前等：《历史唯物主义原理》，第137页，人民出版社1983年版

出哪些调整。没有新闻媒介这种中介作用，上层建筑的活动就要在许多方面脱离社会实际，产生阻碍社会进步的惰性。社会的权力运行通过新闻中介，就能全面把握经济、政治和思想动态所出现的新趋势、新变化，就能最大限度地提高权力运行的社会效率。不容忽视的是，新闻媒介的中介因素还能有效地克服各种意识形态部门背离基础、与政治设施形影相随而造成的错误宣传，使它和经济基础相辅相成，促进思想上层建筑各部门的不断完善。

意识形态部门对经济基础产生积极的反作用，只有在它适应生产力的性质和需要时才能发挥。可是，意识落后于现实，意识形态部门落后于经济基础是认识运动的内在矛盾。因此，只有借助新闻这一中介不断认识各类意识形态对经济与政治的不适应，才能把这种差距缩小到最低限度，使各个意识形态部门积极地反作用于经济基础，推动社会的进步。

国家制度指导、要求、规范意识形态部门的创立和发展，主要依据经济基础的需要，而这种需要必须要通过报道人民群众的广泛活动和一致意见的新闻反映出来。没有新闻报道，上层建筑及其他意识形态就很难正确地、广泛地反映经济基础，也不可能有效地调节上层建筑与经济基础的互不适应。

2. 充当生产发展的中介

构成社会生活中心环节的基因，是每时每刻都在运动着的生产力。生产力的水平不仅决定社会生活方式，而且决定新闻传播的形式。自然，新闻又是生产力发展的中介因素，因为它构成生产力能量的输入系统，为生产力的增长提供信息资源。

传统的观念认为，新闻报道充其量是对经济基础的一种反作用力，与生产力本身没有直接关系。新闻既能传达政令，引导舆论，又能传播信息，交流科技情报，而经济信息、科学技术等情报，就是一种精神生产力。这些意识资源通过新闻传播转化为现实的物质生产力。

现代生产力主要由生产者和生产资料，包括能源、基础设施、材料、科学技术、经济信息、劳动教育和经济管理等要素构成的。这些生产因素如果说单独存在，并不是生产力，而随便把他们放在一起，也不成其为生产力。这个“组合”的工作，是非常复杂的多网络的社会工程。其中新闻宣传就是使生产力要素形成有机组合的一种重要力量。因为它通过传播各类信息资源，调动生产力的各种积极因素，使生产力发挥有效的整体作用。生产力系统是有层次性的，在现代生产力系统内，基础层次是劳动者、生产工具、能源、基础设施、材料等实体性的因素。中间层次的因素是科学技术、经济信息和教育等知识与技能。最高层次因素则是经济管理和其他社会管理。新闻活动在生产力的上述三个层次中，都可以发挥沟通情况、输送指令和传授知识与技术的作用。

新闻媒介通过传播科学技术，推广生产经验，指导人们在开发利用自然资源方面拓宽新的途径，开辟新的劳动对象，推出适合社会需要的多种产品。它还可以通过传播新闻，推广技术，使科学转化为知识形态的生产技术和管理，进而制订各种生产方案、程序方法以及管理制度等。传播工具所创办的业余教育，通过传播知识，不仅能培养劳动后备军，而且对在职的劳动队伍进行业余培养，使之掌握一定的科学文化，具有较强的劳动能力进入生产力系统。新闻机构通过宣传先进生产力，给生产力的主要因素——劳动者提供榜样，影响人们按照社会理想境界和崇高的人格组织生产，建立和完善适应经济发展要求的经济管理体制和生产活动，实现生产决策的民主化和科学化。综上所述，人类社会要使生产力的诸因素汇合成统一的整体，新闻宣传是一种重要的功能性因素。生产力发展的根本动力是生产力内部要素的相互矛盾运动，而新闻这种生产力中介，能更迅速地把生产力各个侧面纳入一个框架中，提高生产力发展的质量与水平。

同时，新闻充当生产力发展的中介，也具有两重性。一方面，它能促进生产力的发展，推动社会前进；另一方面，也可能成为生产力发展的阻力。这种副作用一旦被落后的管理者、领导者顽固地坚守，提出各种错误主张并通过新闻机构大肆宣传，维护陈旧的思想或不切合实际的经济措施，就会搞乱人们的思想，破坏生产力的发展。

破坏生产力的新闻报道，最普遍的倾向是说假话，歪曲地反映社会生活。这类报道有的维护落后的生产方式，打击人们的创造、进取精神；有的败坏劳动者的人格和名誉，影响其才能的发挥；有的提出狂热的经济计划，急于求成，造成严重的经济运行失调，直接破坏生产力的发展。比如，把劣质化肥当优质化肥宣传，用夸张诱惑的词句欺骗群众购买，造成千万亩作物减产，就是对生产力严重破坏的例证。再比如，报纸大肆宣传高指标，不断人为制造经济热点，使国民经济比例失调，也是我国新闻宣传多次发生的失误。

新闻报道代表先进思想、先进科学技术的发展方向，就能指导经济生活健康地前进；如果新闻充斥着迟缓、直观的报道，凝固、孤立地看问题，反映单纯的生产现象，而不重视生产是人的活动，是人对利益、利润和市场价值的综合性追求，就不能适应生产力发展的需要。新闻报道宣传没落的生活方式，鼓吹庸俗低级趣味，鼓吹封建迷信或拜金主义等，势必败坏社会风气，使人们不是崇拜、追求诚实的劳动和积极奉献精神，而是贪图享受、尔虞我诈，肆意践踏法律，同样要破坏生产力的发展。

## 二、新时期新闻工作的新思维

新的时期要有新的思维。当前新闻工作者要有怎样的新思维？复旦大学李良荣、孙玮提出了自己的观点。

1. 评判是非的新标准——生产力

我国的新闻工作者中，把生产力作为评判是非的标准是一种新思维。因为在传统思维中，评判是非的标准是“主义”，是“本本”中的某些论述，是成文不成文的条例、规定，是传统的做法和惯例，甚至是某些领导的讲话等。

随着改革、开放的发展和深化，各条战线、各个方面，新的事物、新的问题、新的思想、新的方式层出不穷。这些东西，往往无先例可据，无条文可依，有时会和现行的某些政策相矛盾，和传统的观念相矛盾；而对这些层出不穷的新东西，新闻工作者只有正视它们，积极地反映它们。为了反映它们，就要辨别它们。而确立是否有利于发展生产力为标准，就能比较准确地辨明是非。实践是检验真理的惟一标准，归根到底还是看是否有利于发展社会生产力。

2. 思考问题的新方法——多侧面

世界是多元的，事实是多棱的。新闻要全面地、真实地反映客观现实，报道就应该是多角度、多层次、多侧面的。

任何一个事物都有其质的规定性，分属不同领域的问题要从不同角度去分析，是政治问题就以政治眼光去分析，是经济问题要用经济规律去评判，是文学艺术问题要从文学艺术规律去研究，不能统统都贴上政治标签。

世界上许多事物又是复杂的，新闻报道可以从不同侧面去反映，政治上、经济上、文化上、社会心理上的，宏观的、微观的，正面的、反面的，形成立体化的报道方式。

3. 新闻报道的新意识——竞争

不管我们是否已经意识到，是否愿意，我国的新闻媒介不可避免地处在激烈的、全面的竞争中。一是我国新闻媒介的内部竞争，要求各新闻媒介锐意创新，力求创出自己的鲜明个性。二是面临本国的新闻媒介（含港台地区）和外国新闻媒介的竞争，这种竞争从报道的速度、广度到真实性，最主要的是群众对新闻媒介的信任度，无所不在。三是新闻媒介和小道信息的竞争，焦点在于：新闻报道的透明度——能否把新闻事件的真相全部告诉人民；新闻报道的题材——能否抓住人们关心的热点、难点问题。

4. 新闻工作者的新视野——全方位

我国新闻工作者传统的思想方式是“吃透两头”，其特征是将纷繁复杂的社会看成一个纵向单一的结构系统，上级精神——群众实践便构成整个社会，也就是新闻报道的全部对象。

今天，“两头”固然还要吃透，但远远不够，我们的视野应该是全方位的。所谓全方位视野，就是要把问题放在纵横交叉的网络系统中去考察，从事物的相互关系中去把握。这些年来，我们观察到一个普遍现象：好新闻往往出现在

"结合部"上。所谓结合部，是指不同部门、不同区域的相互关联处，是指把报道对象放在各种制约因素的背景中去考察。

5. 新闻工作的着眼点——效益

新闻工作传统的思维方式是考虑自身需要：因为我要向群众作宣传。至于群众是不是需要，群众能不能接受，在实际工作中究竟产生什么效果，很少考虑。

市场经济的发展正在给社会造成一个新的观念——注重效益。这种新思维必然改变新闻工作传统的工作方式：新闻工作不能仅仅考虑我要宣传什么，还必须更多地考虑群众需要什么，关心什么，他们能否接受我们的宣传。

## 第三节 新闻评析的性质与作用

现代新闻实践行为方式的发展是由现代社会经济和科学技术的发展所决定的。原子核理论和电子科学技术的发展，引起了新闻传播手段的革命，从而迫使新闻学的研究也进入了一个新的时代。新闻理论、新闻史、新闻业务这些传统的新闻学研究，出现了门类越来越多、探究越来越细的特点。与新闻学相关的学科以及新闻学与其他学科交叉而成的边缘学科，如"大众传播学"、"宣传学"、"新闻社会学"、"新闻批评心理学"等等，拓展了传统新闻学的研究领域，开阔了新闻学研究的视野。可是，无论在传统新闻学领域，还是在新兴的边缘学科中，都很难找到关于"新闻评析"的系统研究资料。而"新闻评析"在新闻活动中却随处可见：许多新闻专业杂志中都设有新闻作品评析、好稿评介、佳作分析等专栏；每年一度的"中国新闻奖"和各省市报纸、广播电台、电视台的好新闻评选，以及范长江和韬奋新闻奖等等，这些专栏和各种评奖活动都是"新闻评析"的集中体现。如此丰富的新闻评析实践活动迫切需要系统的理论指导。

### 一、新闻评析的性质

新闻评析是一门实践性、应用性很强的学科，它同新闻理论的关系是应用理论与基础理论的关系。新闻界不重视对新闻评析的研究，表现了新闻学研究理论与实践严重脱节的弊端。对于新闻从业者和学习者来说，如果只钻研理论而不学习如何将理论运用于实际，那么，他对理论理解的深刻程度和把握的牢固程度都将受到很大的限制，他对专业人才需要的适应程度也将受到相当大的影响，也将难以胜任未来的专业工作。编撰本书并开设新闻评析课程，目的在于帮助学生巩固和深化所学的新闻理论知识，培养学生运用理论原理分析具体新闻现象的能力，养成学生对新闻现状关心、重视并努力进行研究的习惯，试图在弥补新闻专业课程体系的缺陷方面作初步尝试。

我们肯定了新闻评析是一种科学研究活动，同时还要强调指出，和自然科学研究以及法学、经济学等社会科学研究不同，它是一种较为特殊的科学研究。新闻评析主要以新闻作品为研究对象，也就是说，它以新闻实践活动的产品为研究对象。

新闻评析是对新闻媒体公开发布的新闻作品进行评析与分析，即评判新闻作品的价值高低，并分析其原因。因此，新闻评析的对象是新闻作品，新闻评析的任务是衡量新闻作品的价值高低。

新闻评析是对新闻媒体公开发布的新闻作品进行评价与分析，这其中包括对新闻作品的阅读与赏析。综观所有的新闻评析作品，大多是在新闻的采写技巧与方法上做文章，而忽视了对新闻本体与特征的探究，其结果势必本末倒置，难以科学地把握新闻阅读与赏析的真谛。对新闻作品的评析，绝不能仅仅只从操作手法和技巧上去认识它。因为新闻是客观存在的事物的反映，我们只能在正确认识、把握它的基础上客观地反映它、再现它。因此，新闻作品的好与坏、优与劣主要取决于新闻事实本身及对其的认识与把握，而不只是表现手法。当然，表现手法也在一定程度上反映新闻作品的优劣，但那仅是“锦上添花”，而非根本所在。

新闻作品，简单地说有消息、通讯、言论三大类。并由此派生出许多不完全相同的各种新闻文体来：如消息有动态消息、人物消息、简讯等等，通讯有特写、调查报告、系列报道等等，言论有社论、评论员文章、述评等等。如此众多的新闻文体把新闻媒体装扮得多姿多彩。而且不同媒体各有其不同的表现方式：如广播有录音报道和录音评论，电视有主持人板块式新闻和声像评论等。然而不管文体多么丰富，方式多么不同，所有的新闻作品都必须遵循一个共同的原则：即新闻必须以事实为基础。古往今来，有事实才有新闻。新闻，只能以客观事实为基础，只能以客观事实为本源，这一基本规律是中外学者长期以来一再揭示并确认了的，我们无需在这一点上重新加以论证。

新闻作品是以事实为依据的，事实是客观事物的真实情况。因此，新闻评析中事实成为评判新闻作品的关键性要素。也可以说事实本身决定着新闻作品的优劣。如1992年“中国新闻奖”获奖作品《东方风来满眼春》，专家在评析时写道：“长篇通讯《东方风来满眼春》，是一篇举世瞩目的重大新闻，它的发表是我国新闻界的一件大事。这篇纪实性报道，反响是强烈的。”显然，“举世瞩目”和“反响强烈”的根本原因还是邓小平南方视察时的讲话这一事实本身。如果事实本身不具备如此引人关注的重要性，那么，它是无法成为重大新闻并获奖的。可见，事实是新闻作品的基础。

然而，并非所有的事实都能成为新闻媒体传播的新闻。由一般事实转化为

“媒体新闻”，是随着时间、空间、人物的变化而变化的。因此，新闻媒体传播的新闻具有相对性，即事实是否成为“媒体新闻”，是由各种条件所决定的。这些条件便构成了新闻媒体选择事实的标准。其中最主要的标准是:事实必须具备新闻价值才能成为“媒体新闻”。同时,媒体在选择事实和传播新闻的过程中是有自身的观点和立场的,即倾向性。因此,新闻评析的任务是衡量新闻作品的新闻价值的大小,并对其倾向性是否符合人民大众的整体利益作出评判。

新闻评析中，除了事实所具有的新闻价值的大小是判断新闻作品优劣的主要标准外，其表现手法也很重要，如形式是否新颖、文字是否生动、制作是否精良、编排是否活泼等等，同样也是表现新闻作品优劣的一方面。

## 二、新闻评析的作用

新闻评析可以成为新闻从业者与受众之间的桥梁。它不但与受众对话，而且还与新闻从业者沟通。它不但向受众说明自己对新闻作品的评价，帮助受众认识、理解、感受作品；同时还吸收受众的意见反馈，向媒体传达受众的意愿，作为社会的代表和喉舌，对作品作出反应，向新闻从业者指出作品的优劣，帮助新闻从业者提高采写水平。如果我们把新闻活动看作一个信息流动系统，那么，作为信源的新闻作品和作为接受者的广大受众之间，有一个必要而重要的中介，那就是新闻评析。新闻评析的任务不仅是向受众推荐和阐释新闻作品，它还要向新闻从业者反馈社会的接受情况，使新闻从业者及时地了解受众对作品的态度、看法，了解作品在社会上所产生的实际效果及其所发生的作用。新闻评析促使新闻从业者与时代、与广大受众更加紧密地联系起来。

具体地说，新闻评析的作用表现在以下四个方面：

1. 有利于把新闻理论与新闻实践紧密结合起来。长期以来，新闻理论工作者同实际工作者交往甚少，理论研究与新闻实践脱离的现象相当严重。新闻评析便是把我们所学的一些新闻理论知识同新闻工作实践挂起钩来，运用新闻理论去分析、评介新闻作品，或者在分析、评价新闻作品中，引申出一些理论来，道出个“所以然”来。

在现实中，往往对一篇较好的新闻作品，大家都认为好，可好在哪里，为什么会好，却总也说不出其理论依据来。即便能说出一两点道理，也通常是局部的，表面化的东西，其内涵与本质的东西仍很难揭示出来。这使得不少人认为新闻作品获奖具有很大的机会性和偶然性。因此在分析、评价新闻作品时，应将其成功之处上升到理论高度，完整而又准确地阐明其深刻的理论依据，并能跳出“就事论事”的范围，站在一个更高层次，将理论说得既深刻又透彻，既形象又生动，而不是那种空洞的干巴巴的理论。可以说，新闻评析是新闻理论与新闻实践的一个很好的结合点。

2. 有利于把新闻业务改革同探索新的新闻理论联系起来。我国几十年的新闻实践证明，新闻学的基本理论必须坚持和遵循。但是，新闻事业在不断发展、变化着，社会也在不断地发展、进步。原有的理论知识已经不够，而且越来越不能适应新时代新闻工作中出现的新现象、提出的新要求。所以，我们的新闻理论也应该向前发展，这种发展必须是在我们自己的新闻实践中寻求发展的基础。

在信息革命的年代，当前的新闻工作实践从方式到内容，都出现了日新月异的发展变化，出现了许多前人没有见过也没有研究过的新情况、新问题、新经验、新成果。为此，我们通过对新闻佳作的评价与分析，总结出目前我们新闻工作实践中的种种成败得失，把成功的实践经验概括成新的理论。一句话，新闻理论的丰富与发展，丝毫也离不开当今新闻工作的丰富实践。佳作评析可以把新闻改革与探索新闻理论有机地结合起来。

3. 有利于指导我们科学地把握新闻评析的内在规律，规范新闻评析的活动方式。现实中大量的新闻作品评析都是对具体作品的评价与分析。方式上多是作品后面附上简单的评介，内容上则主要是作品的写作特色、技巧与方法。这种多年一贯制的评析方法，给人一种老师批改学生作文的印象。这种评析虽有雅俗共赏之优点，但毕竟局限性很大，且主观色彩浓厚。在新闻大奖的评选活动中，评委的主观意志及个人喜好如果成为评判新闻作品的标准，那便严重干扰了评选标准的客观性。新闻评析原理正是通过对新闻评析的内在规律的揭示，使新闻评析的标准客观、公正、全面。

4. 有利于指导我们的新闻实践，增强新闻敏感。通过对新闻评析基本原理的探讨和新闻佳作的评析，把宏观理论探讨与作品的微观分析结合起来；把成功的实践经验抽象成理论，用失败或造成失误的教训去纠正那些新出现的错误观点，使我们在新闻实践中少走弯路，提高识别新闻价值的能力，增强新闻敏感。

## 思考题：

1. 谈谈你对新闻定义的认识。
2. 谈谈新闻与媒体新闻的区别。
3. 简述新闻评析的含义。
4. 简述新闻评析的性质与作用。
5. 谈谈你对新闻评析的新思维的认识。

# 第二章　新闻评析的特点与目的

## 第一节　新闻评析的特点

### 一、新闻的基础

新闻是新近变动的事实的传播。离开了事实便不存在新闻。有人称事实为新闻研究的逻辑起点。没有事实就没有新闻，新闻只能以客观事实为基础。虽然全世界没有公认的新闻定义，但事实是新闻的基础，对这一点，中外学者没有任何异议。因此，我们无需对这个已被确认的观点作更多的论述，结论是明确的，即新闻的基础是客观事实。

#### （一）新闻用事实说话

事实是发生于世界各个角落的事物的最新发展，它客观存在而不以人的意志为转移，人们发现了它而传播于他人，便成为新闻。事实本身不是新闻，把最新的事实传播开去才是新闻。客观事实本身并没有价值特征，无论人们对它持何种看法，事实总是事实。但是对事实的报道必然带有对事实的评价，新闻就反映着价值观的差异。其中包括历史、地域、民族、阶级、行业等衡量与判断的不同标准。所以，新闻事实不是纯客观的，而是客观与主观的统一。

我们人人都会发表自己的有关意见，新闻却是一种无形的意见。从表面上看，新闻似乎只在客观地叙述事实，实际上在用词造句之间就隐含着某种观点，形式上的含蓄掩盖着内容上的某一立场。这种朴实而内藏机锋的新闻报道的作者是新闻记者中的高手。

事实能讲话吗？我们看看这则报道：

**三岁娃娃将被征入伍**

[合众国际社纽约电（原电日期不明）] 谁也搞不清楚是怎么一回事儿——本星期五，居住在纽约克城高地的3岁小女孩皮丽·夏普洛收到了应征入伍通知书。

昨天，她像平时那样吃早餐，她边吃边看一张华盛顿征兵处寄来的通知单。根据这张通知单，她得在“从18岁生日那天起30日内报到入伍”。

尽管小皮丽仍有许多年时间考虑这件事，但她已明确表示：“我不去！”

这是一条只有3段、不到200字的短新闻。全文没有一字是作者的议论与感叹，完全是平铺直叙发生在3岁女孩皮丽身上的一件小事。然而，它却用孩子嘴里说出的3个字：“我不去！”，语义双关地对美国主管征兵工作的机构提出了尖锐的讽刺，这便是作者的意图所在。这一则消息是运用事实本身说话的典范之作。

下面我们再看一则新华社发的消息，看看它运用什么方法表明了作者的意图。

**阿部长会议主席谢胡自杀身亡**

［新华社北京1981年12月19日电］据阿通社报道，阿尔巴尼亚部长会议主席穆罕默德·谢胡12月18日凌晨自杀身亡。

这一则消息是阿尔巴尼亚党政领导在18日晚发布的一项公报公布的。这项公报说，谢胡是“神经失常”时自杀的。

在这之前，阿通社在12月17日曾发表谢胡16日在地拉那接见罗马尼亚政府贸易代表团的消息。

谢胡自1948年起任阿尔巴尼亚劳动党中央政治局委员，1954年起任阿尔巴尼亚部长会议主席，终年68岁。

这一则新闻同样完全是对事实的叙述，没有一句议论。与上一则新闻稍有不同的是，后者在讲完谢胡自杀身亡的消息后，补充交待了关于谢胡的背景资料。这使人读完后，禁不住发出疑问：昨天接见外国贸易代表团的人，今天怎么忽然“神经失常”自杀身亡了呢？果然，不久阿通社就改为另一种说法，说谢胡早就是西方的间谍等等。

这两则新闻都表明，新闻是可以用事实说话的。在相当长的一段时间内，我国新闻界的许多人士，在新闻报道中感到用事实说话不够劲、不过瘾，总想自己站出来发议论、树观点，以显示自己的立场。固然，新闻报道并不排斥议论，画龙点睛式的议论，有利于写好新闻报道。但是，应该承认，事实是有说服力的。早在1925年毛泽东在广州办《政治周报》时，就在“发刊理由”中写道：“我们反攻敌人的方法，并不多用辩论，只是忠实地报告我们革命工作的事实。敌人说：‘广东共产’，我们说：‘请看事实’。敌人说：‘广东内讧’，我们说：‘请看事实’。敌人说：‘广州政府勾联俄国丧权辱国’，我们说：‘请看事实’。敌人说：‘广州政府治下水深火热民不聊生’，我们说：‘请看事实’。

“《政治周报》的体裁，十分之九是实际事实之叙述，只有十分之一是对于反革命派宣传的辩论。”①

可见毛泽东同志多么重视用事实讲话！

### （二）用事实说话的客观性

新闻是用事实说话，包括内容和形式两个方面的客观性。内容上的客观，指新闻事实是一种客观存在；形式上的客观，指新闻的倾向性是通过新闻事实的逻辑力量来显现的。报道者善于寓褒贬于客观叙述之中，而不随意加以主观的解释。尊重事实与有立场并不矛盾，新闻报道者的立场、倾向性，应该通过对新闻事实的选择和组织、表达来显示，对经过精心选择的新闻事实进行实事求是的客观叙述，完全可以鲜明地表达报道者的立场和观点。所以，刘少奇同志要求无产阶级新闻工作者的报道“必须是客观的、真实的、公正的、全面的，同时必须是有立场的”。

西方新闻界首先提出的一种报道原则是客观原则，强调新闻报道是记者对事实的“客观”叙述，记者只是把已经发生的事实记录下来，告诉人们在什么时间、什么地方发生了什么事，这件事是谁干的；报道中引用的别人的话须注明出处，记者不应在新闻中“掺加进自己的意见”，不应作“个人评论”；新闻与评论严格区分开来，新闻即新闻，评论即评论，评论意见只能出现在社论或署名评论中。这项原则特别强调了记者只能记述事实的始末，不能发表评论。然而在西方新闻界一直流行着这样一句话：“记者的舌头是缩在后面的。”可见，他们仍然很重视用事实说话，他们的“客观”，也是一种手法和技巧，便于巧妙地宣传其主张。

综上所述，无论古今中外，没有事实的新闻不是新闻，而事实是客观事物的真实情况。事实有其自身的运动规律，许多事实先于我们的经验和想象而存在于宇宙中，我们只能在正确认识、把握它的基础上客观地反映它、再现它，而不能改变它，这便是事实的客观性。所以，新闻的基础是事实，我们在用事实说话时，不能违背了事实的客观性原则。

## 二、新闻评析的基础

新闻评析是对新闻媒体发布的新闻作品进行评价与分析。新闻评析的对象是各新闻媒体发布的新闻作品。这些新闻作品是以新闻事实为基础的，因此，新闻作品的核心内容便是事实。那么，新闻评析所针对的主要是事实，是客观

① 《毛泽东文集》第一卷，第22—23页，人民出版社1993年版

存在的物质。

### （一）事实的客观真实性

新闻工作接触千千万万事实，把握千千万万事实。而要把握事实，首先要抓住事实所具有的几种特性：

1. 事实总是客观存在的。一旦它被人感知，人就可以对它进行陈述。法官要找证人，记者要找目击者，证人和目击者是客观事物的感知者，是判断事物客观性的依据。

2. 事实总是具体的、实在的。事物之所以能被人感知，就因为它是具体的、实在的缘故。事实的实在性主要表现在它具有明确的时空界限。物质世界永恒发展的规律表明，一个具体的事物，人们只能在一个明确的地点、一个明确的时间内，才能感知它的特征，把握它的属性。因此，新闻所报道的事实，都应有明确的时间和地点。倘无明确的时间和地点，就显得扑朔迷离，不实在。

3. 事实虽然是客观存在的，但对它的认知也还决定于人们认知的立场、观点和方法。所以不同的人对同一事实可能会作出不同的表述。

4. 有主流方面和支流方面、主要方面和次要方面，有“现象真实”和“本质真实”，所以，对于新闻报道来说，挖掘哪些方面，舍弃哪些方面，会对受众产生大不相同的效应。

新闻事实是从大量的事实中选择的最新鲜、最生动、最有意义的事实。因此，新闻事实除了具备事实的特性外，还应具有新闻价值。由此可见，判断新闻作品的好与坏，主要是看所选择的事实本身是否具有典型性和代表性。也就是说，新闻评析的基础是新闻事实，即新闻的基础也就是新闻评析的基础。所以，新闻评析既要把握事实的特性，又要把握新闻的特征。

在现实中，怎样理解新闻评析的基础是新闻事实这一基本原理呢？

首先，新闻作品是以事实为基础的，事实具有客观、具体、真实的特性。这就使得新闻作品的优劣不是完全由记者主观可以决定的。因为事实本身就决定了这一事件是否是重要的、有影响的新闻；是否可以成为人们关注的焦点等等。如果事实本身不具备某些重要性和对社会的影响力，记者无论用什么样的方式来表现它，都是枉然。

其二，人们在认识、把握事实时是有主观能动性的。事实总是越难发现就越具有认知价值，记者在发现、选择和报告新闻事实过程中，主观能动性起着重要作用。比如，两个跑经济的记者晚饭前一同去繁华的闹市区购物，回来后，一个去食堂吃饭了，而另一个则坐下来写出两则消息，吃饭回来的记者看后，不禁拍案叫绝，并说了一句：“我为什么就没有发现呢？”这便是两个记者在认知上的差异性，反映出两个记者新闻敏感的强弱。

其三，人们反映和表现事物的方式、方法是不同的。同一种事实材料，在不同的记者笔下显现的方式是不完全相同的，有好坏之分、优劣之别。新闻评析中，表现手法与方式的优劣是很重要的标准，尤其在同类新闻的比较中。新华社记者郭玲春参加文艺界名人金山的追悼会以后，写成一篇新闻稿。她用自己独特的感受，以新颖的导语开头，以形象的语言烘托气氛，将催人泪下的挽联、死者的经历、亲友的怀念融为一体，运笔自如，入情入理。此稿获 1982 年全国好新闻奖。评论界人士称：这篇文章在突破追悼会新闻千篇一律的老框框上，进行了一次有益的尝试。

综上所述，新闻作品是以事实为基础的。记者要想写出好的新闻作品，首先是发现新闻，其次才是表现新闻。所以，记者只有积极主动地去寻找和发现有价值的新闻事实，而且在新闻实践中不断地提高自己的新闻观察力，有强烈的新闻“嗅觉”，才能找到好新闻。在现实中，许多记者的新闻作品获奖，其重要原因是记者敏锐地发现了它，并及时地报道出来。可以说，在新闻作品的评析中，很重要的一点是对记者新闻敏感的评判，即对记者敏锐的发现、鉴别和预见有价值的新闻的能力的评判。

### （二）用事实说话的方法与技巧

如果说，没有事实的新闻不是新闻，那么不善于用事实说话的新闻则不是好新闻。因此，新闻评析的基础首先是事实本身。然而，记者选择、叙述事实时总是要表达出自己的观点，也就是用事实说话。所以，如何巧妙地用事实说话便成为评判新闻作品优劣的基本标准之一，也就是说，新闻评析的基础是事实，而评析的侧重点则是用事实说话的方法与技巧。谁掌握了用事实说话的基本方法与技巧，谁就把握了采写好新闻的基本技能。

1. 用事实说话的基本方法

怎样用事实说话？中外记者总结出来的方法很多，这里我们重点介绍中国人民大学新闻学院汤世英教授在《新闻通讯写作》中概括总结出来的几种常用的基本方法。

（1）筛选事实。记者写新闻时，一般情况下，不需要将所报道的事实的复杂过程或与主题无关的细枝末节都写进新闻，新闻中只要求报道最新鲜、最生动、最有意义的事实。这就要求我们善于在事物的复杂过程中筛选新闻事实。

有的人在写新闻时，却不善于筛选新闻事实。一是不善于从大量的事实材料中筛选能够表现一定主题思想的新闻事实；二是不善于准确、简练地将最新鲜、最生动、最有意义的新闻事实描述出来，往往事实的过程写得很多，与主题无关的细枝末节写得很多（当然，也有人把新闻事实写得过于简略干巴，不

能引起读者的注意)。这样就造成三个结果:

第一个结果是，淹没了真正的新闻事实。《天安门事件完全是革命行动》(新华社 1978 年 11 月 15 日讯) 这条新闻前后两稿的写作过程，就说明了这个问题。

第二个结果是，只写了事实，却没有用事实说话。例如，《山东电影放映工作有成绩》这条新闻，文中说“山东省电影放映单位已发展到 194 个，在 1954 年一年中，共放映了电影 55230 场，观众达 5954 万多人次……”新闻界一位老前辈看了这篇新闻，当即指出:“这条新闻中，只举出一些数字，但是没有同全国情况比较，不能说明问题。最落后的一个省也可能有那么多的放映队，现在读了新闻，只能说大概做得不差。”并说:“通讯员写稿当然无法比较，编辑部应该同有关部门联系，把稿子补充一下。”(《谈谈报纸工作》) 这里所谈“不能说明问题”，原因是这篇新闻只是举出了一些数字，而又没有同全国情况比较，看不出电影放映工作的成绩究竟有多大。也就是说，没有真正做到用事实说话。

第三个结果是，新闻事实拉杂，不能紧扣主题。事实相互之间没有内在的联系，也缺乏一根把它们串起来的主线。看后，不知作者究竟要告诉读者什么观点。

由此可见，记者是否善于筛选新闻事实，是能否在新闻中突出最新鲜、最生动、最有意义的新闻事实，并做到用事实说话，是充分表现主题的重要一环。筛选事实的过程，就是突出真正的新闻事实、提炼和表现新闻主题的过程，也就是解决怎样用事实说话的过程。因此，写新闻时，一定要首先学会筛选事实。

(2) 以小见大。在选择典型事实材料说话时，要善于采用以小见大的手法，否则，一些生动的典型的事实材料摆在你面前，也会抓不住。例如，《上海最后两辆人力车进了博物馆》这条新闻，就采用了以小见大的方法用事实说话。请看这条新闻的全文:

[新华社上海 1956 年 2 月 25 日电] 上海市交通局今天把上海的最后两辆人力车送给了博物馆。原来的人力车工人曾为此自动集会庆祝，感谢政府替他们挖掉了穷根，帮助他们走上新的生活。

人力车最初出现在日本。远在 1784 年，上海也有了这种交通工具。解放前夕，上海约有五千多辆人力车，七千多人力车工人。解放后，政府在发展公共交通建设的同时，就有计划地帮助人力车工人分批转业。有些人力车工人已经被训练成为汽车驾驶员或技术工人；有的回到农村参加了农业生产；没有劳动力又没有依靠的老年工人进了养老院。六十三岁的老工人姜威群，拉了五十多年人力车，穷得一直不能结婚，现在他正在养老院里安静地度着晚年。

你看，“上海最后两辆人力车进了博物馆”事情小不小？的确小得很！可是却包含了丰富的内容，说明了深刻的主题。因为人力车一向被外国人当作落后中国的象征，上海把最后两辆人力车送进了博物馆，不仅仅表明我们已经淘汰了人力车这种落后的交通工具，更重要的是，它表明了解放后我国社会面貌所发生的巨大变化，表明了我国劳动人民已走上了与旧社会迥然不同的新的生活。而这些深刻的内容、重大的意义都是通过“小”的、具体生动的事实来表现的。

一些写得好的新闻用事实说话时，大都采用这种表现手法。它使人感到具体生动，有很强的说服力。

(3) 对比衬托。用过去的情况衬托新形势的巨大变化，用过去的数字（百分比等）对比衬托现在的数字、比例的增多，用落后对比衬托先进等等，以增强新闻的宣传效果。

《从邮局看变化》（新华社乌鲁木齐 1980 年 1 月 17 日电）这条新闻就采用了对比衬托的表现手法。由于林彪、江青反革命集团的破坏和“左”倾错误的危害，新疆多年来生产上不去，物资供应很紧张。过去，春节将到，内地就向新疆邮寄大量的副食品包裹。党的十一届三中全会以后，经济形势发生了很大变化，农副产品日益增多，市场供应好转，现在春节时不再需要从内地大量邮寄副食品包裹了。记者抓住这一变化，采用对比衬托的方法写新闻，使读者从中不仅看到了新疆的大好形势，也感受到了全国的大好形势。新闻是怎样对比衬托的呢？在导语部分，将新疆邮局过去的概况同今天的概况作了对比：“过去忙于分拣从内地寄来的大批副食品包裹，而今天却忙于收订大量报刊。”在第二段，将邮电局“往年这个时候”（指春节前）在办公室找不到领导和职工，“全部人马都帮助分拣包裹去了”，同今年这个时候在办公室能找到领导和职工作了对比。在第三段，将“前几年”邮局收到从内地大量邮寄食品包裹而现在大量减少的事实作对比。在最后一段，将“去年年底”与“前年同期”相比，说明“全疆的报刊订户增加了20%以上。现在，新疆平均每 4.7 人就有一份报刊。邮电局的同志说：“现在党的工作着重点已经转移到四化建设上来，各族人民学科学、学文化的劲头越来越足了。”在这一段和导语部分都用副食品包裹减少同报刊订户增多这两方面的事实作对比，反映了党的工作重点转移到“四化”建设上以后，人们学科学、学文化，要努力为四化建设贡献力量的迫切心情，说明经济形势的好转，使人们的精神面貌也发生了变化。由于新闻通篇都是用事实材料作对比，新疆变化之大令人信服，新疆与全国的形势之好使人鼓舞。

(4) 点面结合。这种表现方法，就是用事实说话时，要将具体事例同概略的事实材料相结合。具体事例可以反映“点”上的情况，可以反映所写事物的深度；概略的事实材料则可以反映“面”上的情况，可以反映所写事物的广度。如果新闻采用了点面结合的表现方法，就可以使读者既看到具体事例，又看到事物全貌。新闻就会有骨有肉，具有较强的说服力。如果只有几个孤零零的具体事例。没有全貌的事实材料，新闻就会显得苍白、单薄；如果只有概述的事实材料，没有典型生动的具体事例，新闻就会干巴、笼统，难以感人。

(5) 再现场景。用记者亲眼所见的典型场景说明所要说明的问题，也是用事实说话常用的表现方法。例如，李普的《友谊农场五分场二队夺得大丰收》(1978 年 10 月 31 日《人民日报》) 这篇新闻，报道的是农业现代化中的一件新事：全队 20 名农业工人，平均每人种地近千亩，产粮 10 万公斤。新闻通过这个队所取得的较高的劳动生产率这一事实材料，说明使用引进的先进农业机械和运用科学种田方法的优越性，除了在肩题里点明“现代化农业机械初显神通”以外，没有抽象地介绍它们怎么优越，而是用事实说明它们优越在什么地方，并采用再现场景的方法说明问题。这里引用一段：

> 在深秋的阳光下，我们来到二队田间。只见玉米秆高穗大，大豆果实累累，三台大型的联合收割机正在工作。这种收割机工效高，作业质量好，收割、脱粒等几道工序一次完成。它乘风破浪般地前进，所过之处，把玉米秆、玉米芯切成一小节一小节，均匀地撒在地里作肥料。转眼之间，一大片庄稼就被剃光了。金黄的粮食，随即由运粮拖车送到晒场。

这一段通过具体生动的叙述和描绘，再现丰收的场面，反映了现代化农业机械的优越性，好像把读者带到了现场，让读者从现场的生动事实中得出应有的结论。

(6) 画龙点睛。新闻要用事实说话，但也不排斥必要的恰当的议论。在叙述事实的基础上，如果议论得好，就如同画龙点睛，能使新闻更加醒目，更富有可读性。但这是在叙述事实的基础上的议论，一般先有叙，后有议。比如，《党组织为马寅初彻底平反恢复名誉》(1979 年 7 月 25 日新华社电) 这篇新闻就是这样写的。新闻在充分叙述事实的基础上，末尾写了一小段议论：

> 20 多年的是非终于澄清，冤案终于平反。实践宣布了公允的裁判：真理在他一边。

由于前面已经叙述了为马寅初彻底平反、恢复名誉的事实材料，末尾写上这段议论，将这件事上升到实践是检验真理的惟一标准这一高度去认识，不仅显得更有力量，也可以加深读者对这件事的认识。

不过，在运用画龙点睛的表现手法时，要注意两点：

一是议论要贴切，要恰到好处，不要画蛇添足。

二是穿插议论时，不能用空洞的议论代替事实材料。至于新闻述评，由于它具有较多的评论色彩，和一般新闻有所不同，但即使这样，事实和议论也要有机地结合起来。

用事实说话的表现方式如此之多，如何有效地发挥它们各自不同的作用呢？这就要求我们在提笔写新闻时，根据每篇新闻的题材和要求选择最适合的方法，以充分发挥新闻用事实说话的威力。

2. 用事实说话的技巧

用事实说话的技巧很多，而且处在不断地变化与发展中。这里我们重点介绍吴鸿业同志根据中外记者的一些成功之作，总结出来的如下几种常用的技巧：

(1) 一般使用第三人称。

用第三人称是新闻写作常见的方法。因为　、二人称很容易给受众造成“灌输”和说教的印象，使受众产生逆反心理，难以达到用事实说话的目的。提倡用第三人称，并不是说新闻不可以用第一、二人称，也不反对“我”、“记者”等字眼在新闻中出现，有些个人经历性报道、目击记，“我”出现在新闻中反而会增强真实感。有些服务性新闻用第二人称会显得亲切。关键是不要出现“我以为如何”、“你应该怎样”之类的说教。

英国《金融时报》记者在报道北京建国饭店开业的消息中说：“久住北京的外国人……惊讶地看到服务员心甘情愿地帮助客人拿行李，微笑着给客人指点他们预定的房间，甚至给一位离去的客人打开小汽车的门。”这段文字中用了三个富有感情色彩的词，但并不给人以偏颇之感，相反会使人看到隐藏在文字后面的意思。记者在赞誉建国饭店的同时也不指名地批评了北京其他一些饭店。“久住北京的外国人”感到“惊讶”，说明这种良好的服务态度在其他饭店少见，如果多数饭店如此，他们大可不必“惊讶”。这里的服务员“心甘情愿地”、“微笑着”帮助客人，其他饭店要么没有，要么并不心甘情愿。记者这样写，他自己的观点、倾向不就在客观叙述中表现出来了吗？

(2) 不要直接发表感想和议论。

西方新闻理论认为，“新闻是单纯的记事，意见必须与新闻明确地分开”，“新闻不能包含没有出处的评论”。当然，有出处的评论也是客观报道。西方记者常用“此间观察家认为”、“消息灵通人士说”等字样，其实下面要说的话往往是记者自己的，前面冠以虚拟的消息来源，感想和评论就显得客观了。上面提到的英国记者报道建国饭店开业的消息，记者写到服务员帮助离去的旅客打开小汽车门后，紧接着是一句："他不禁感叹道：'真不错！'"仔细分析，此话不见得是那位离去的旅客说的，照理他应当说"谢谢"，怎么会说"真不错"？这很可能是记者想说的话，加在旅客头上就显得客观些。我们要学会用事实来发表评论或感想，但不要虚加在别人头上。改变或制造别人的话语，同样是一种造假行为，记者不应这样做。

(3) 要明确消息来源

写明消息来源是用事实说话的一条经验。有些不言而喻的事实，如新闻发生的时间、地点、人物、地理环境、气象条件等，不注明材料来源读者也不会生疑，自然无须写明消息来源。记者目击的事实，读者一看就知道这是记者在现场看到、听到、感觉到的，当然也不必句句都加上"记者看到"等字样。但对那些阐明事件发生的原因、预示事件发展趋势、揭示事实之间内在联系的事实，一般要注明消息来源。特别是内幕新闻，不写明消息来源，无法使读者相信新闻的真实性，甚至会以为这是记者瞎猜的。

对于重要的事实，注明消息来源可增加新闻的分量，消息来源本身也是重要事实。

对于有争议的、容易引起怀疑的事实，注明消息来源可增强新闻的可信性，同时也利于读者对这些事实进行分析、判断。

对于那些一时得不到官方证实，又十分重要的新闻事实，几乎每句话都应注明消息来源。

(4) 要注意报道的平衡性

掌握用事实说话的本领，主要是对有倾向性的报道而言。当我们强调新闻的倾向性、指导性的时候，千万不要顾此失彼，损害了新闻的全面性和公正性。客观、全面、公正是客观报道手法的基本原则，用事实说话也应说全面、公正的话，而不是片面的话。

所谓全面、公正，说穿了就是报喜又报忧，讲成绩也讲缺点。这些道理说起来很容易，但真正做到却很难，多少年来我们的报道中杜绝不了片面化和绝对化的东西，就说明真正做到客观公正不是件一蹴而就的事。问题的关键不是写作方法问题，而是记者、编辑缺乏坚持真理、仗义执言的胆略。

所谓平衡性，主要是指在一条新闻中要顾及问题的正反两个方面，表扬时不要把成绩说得过满，要提及差距和不足。批评时也不要一棍子打死，要写出产生问题的主客观原因。这样，读者就会觉得你写的新闻是客观的，是站在公正立场上讲的，不偏袒哪一方。特别是对有争议的问题，记者更应当如实地报道各方面的不同意见，不能支持一方压倒另一方。因为记者、新闻机构不是裁判员，更不是司法机关，你的任务是向读者提供客观事实的报道，至于谁是谁非应当由政府、司法部门或专家权威来作结论，不应由记者作结论。当然，已经作出结论的，你如实报道就是了，因为这结论已是客观事实。

(5) 掌握“藏”的艺术

既然新闻是一种无形的意见，这意见是用事实来表达的，因此，记者的思想、观点、倾向就不能裸露在新闻中。正如有的同志说的：越是好的新闻，就越善于在内容上贯彻自己的意见，也愈善于在形式上隐藏自己的意见。那么，怎样在形式上隐藏自己的观点呢？这就要研究“藏”的艺术。

前面讲的要客观、公正；要叙述、解释，不要发表感想和议论；要注明消息来源等，都包括“藏”的艺术。现在我们从整体上看看怎样隐藏自己的观点，怎样去“藏”？

一是“藏”在幕后。有些新闻事实不足以显示记者的思想和倾向，而幕后的事实又不能和盘托出，在这种情况下，必须用特殊的笔法把幕后的新闻点一下。只这么画龙点睛的一笔，就能使读者体味到记者要说的话。这是一种藏得较深、耐人寻味的手法。

二是“藏”在新闻角色的口中。这种“借人嘴巴”说出记者要说的话的手法和一般的注明消息来源不同。一般的注明消息来源只是为了增加新闻的可信性。“借人嘴巴”却是一语双关，让新闻角色说出至关重要的、一语中的的话。这些话往往是采访中穷追不舍追出来的，因而最能代表记者的思想和倾向。

三是“藏”在背景材料中。背景材料在新闻中的一个作用就是阐明新闻的意义。客观报道手法反对记者直接说出新闻的意义——因为这变成了议论，而用背景材料说明它，就是客观叙述了。

四是“藏”在对通篇新闻事实的精心组织中。

## 三、新闻评析的特点

新闻评析主要指对新闻作品以及新闻现象的评析实践活动。它在一定的新闻观念和评价标准的制约下，以新闻作品作为评析中心，在客观真实的基础上进行审美分析和理性思考，对新闻作品以及具体的新闻现象进行说明、解释，并作审美判断，一方面对作品的新闻价值进行阐释和评价，另一方面对范例以及采写经验进行总结，探索规律。新闻评析是一种新闻研究活动，具有客观性和科学性相统一的特点，要对事实的客观真实性进行科学阐释，对表现方式作出审美判断。要从作品实际出发，善于发掘新闻价值，把握住那些有效地体现新闻特性的构成要素，并把它放到整体的新闻活动中进行深入考察，提出自己对作品的评价与分析。因此，我们要正确分析新闻评析的现象，就必须充分认识新闻评析的特点。

新闻评析的特点主要可从三个方面去认识。

第一，新闻评析是对事实的评析，具有客观性。新闻评析是新闻活动的一种特殊形式。它以新闻作品为主要研究对象，因此，评析者要按照新闻规律去探讨作品的优和劣，通过新闻基本特征的分析，对作品进行综合评析。新闻作为一种意识形态，其基本特征不同于其他意识形态。新闻对社会生活的重大影响之所以超过其他意识形态，正在于它是客观世界直接、真实的反映。事实是存在于现实生活中的大大小小的事件或事物。它或者是一次社会政治事件，或者是自然界的一种新变化，总之，它们是在我们主观意识之外客观存在着的事物。没有最新发生于某地的某种事件，就不可能有关于这件事实的新闻，所以，我们通常认为新闻是事实的报道。新闻评析首先要辨别一件新闻作品是否反映了客观存在的事实，是否具有新闻价值。按事实所具备的新闻价值的大小去评价作品，要准确深刻地把握作品的主题及其思想意义，也只有通过对作品所包含的事实进行分析才能做到。好的新闻评析应该在欣赏的基础上进行采写经验和规律的总结和探索，创造新的表现手法。

新闻是新近变动的事实的传播，没有事实的变动就不会有新闻，这就是新闻的客观性所在。新闻的客观性决定了新闻评析的客观性，它是新闻评析区别于其他同类学科的关键所在。如文艺批评是美学批评，具有审美性。在艺术感受的基础上对作品塑造的人物形象进行审美分析，是文艺的本质、特点所决定的。而新闻评析的客观性也是由新闻必须“客观、真实、公正、全面”的特点所决定的。

第二，新闻评析是学术研究，具有科学性。新闻评析的科学性是指对新闻作品所含新闻价值的大小、表现形式的审美判断，要符合作品的实际，客观公正，深刻而富于创见。它不仅对作品进行说明、解释，正确评价作品的新闻价值和思想意图，而且要通过范例，总结采写经验，探讨新闻活动的规律，发现新闻活动的规律，发展新闻理论，因而要求评析者要具有科学的创造性。创造是一切科学研究的根本要求，也是新闻评析活动自身存在价值的重要标志。新闻评析的科学性区别于其他学科研究的科学性。新闻评析的研究对象、思维方式、研究方法、研究成果都有其特点，关键就在于它是建立在对新闻规律和特点的深刻理解、对作品新闻价值的把握的基础上，从表现手法的审美视角对作品作理性思考。它从新闻实践出发，以客观事实为基础，同样要详细地占有材料，进行周密的、系统的分析与比较研究，而且需要一定的新闻理论的指导、新闻史及新闻采写知识的参照。它不容许掺杂个人偏见和狭隘的私利意识，切忌主观随意，要求评析者要以实事求是的科学态度去评析作品。

第三，新闻评析是社会批评，具有社会性。新闻作品是现实生活的客观真实的反映，以人及其社会生活为主要对象。通过采访获得新闻事实，运用新闻的各种表现手法传达一定的思想情感，给人所需的信息，给人类以享受。因此，新闻评析通过对作品新闻价值、社会效果的评价而评价社会、评价人生，或隐或显地反映出人们对人生、对现实生活、对历史进程的基本看法。今天的新闻就是明天的历史，这是由新闻的客观真实性所决定的。所以要本着对社会、对历史负责的态度去分析、去判断。所谓社会批评也就是要运用历史的观点去分析作品。新闻是社会现实的真实反映，具有社会性。新闻评析对作品所反映的社会现实以及作品所产生的社会效果进行分析，同样反映出评析者对人生、对社会生活的看法的科学性程度，反映出评析者的情感态度和思想倾向。新闻评析对作品所反映的社会生活进行分析判断，实质上也是对作品所反映的社会生活的批评。要把批评观念建立在历史与逻辑相一致的基础上，自觉运用历史唯物论和辩证唯物论去指导新闻评析实践。譬如，我们强调新闻是以客观事实为基础的，对作品进行事实分析，就不能把事实分析和思想分析割裂开来，更不能对立起来，只谈事实的选择及其排列组合，而不谈事实叙述所表现出的思想和观点，就不可能从整体上把握新闻作品。阐明新闻评析的意识形态性质和社会性，只是说明新闻评析作为评析者个人的精神创造活动，需要发挥评析者的主体作用，并不意味着它是远离社会的纯新闻的学术研究。新闻评析是新闻的客观性与思想性的辩证统一。

## 第二节 新闻评析的目的

新闻评析活动是针对完整的新闻活动过程进行的。这个完整的新闻活动过程由记者采写——编辑——作品——受众这样四位一体的动态环节组成。新闻评析的目的也就在这四个环节上得以显现。所以，新闻评析的目的可归纳为：评判作品的新闻价值，启迪记者、编辑的新闻实践，引导受众鉴赏。

新闻评析从一开始就扮演着裁判的角色。新闻评析就是对新闻作品进行评价与分析。评析的主要对象就是新闻作品。因为作品作为一种以新闻价值为核心并包含着其他多种价值的载体，既是记者、编辑的新闻实践活动的成果，又是受众享用和鉴赏的对象。只有通过对这个中心环节的评价和分析，新闻评析对记者、编辑新闻实践的促进，对受众的鉴赏的引导，才有实实在在的内容。所以，评判新闻作品的新闻价值可以说是新闻评析的基本目的。

### 一、新闻价值

新闻工作者每天面对着五彩缤纷的大千世界，面对着纷纭变化的万事万物，到底哪些事情值得报道，哪些事情不值得报道，哪些事情应该重点报道，哪些事情只需作一般报道，这里有一个价值判断的问题。新闻价值理论回答的正是这样一些问题。

## （一）新闻价值的客观性

新闻价值这一概念，最先是由西方资产阶级新闻学者提出来的。

19世纪30年代，处于自由发展时期的西方资产阶级报刊进入“廉价报刊”时期。这一时期西方资产阶级报刊的主要特征是：标榜“超阶级”，以“大众报纸”面目出现，其报道内容多迎合社会中下层读者需要，以轻松活泼和带有刺激性的社会新闻（如暴力、凶杀、色情、灾祸、人间轶事、社会奇闻等）为主，大量刊登广告，提供各种娱乐服务。这种廉价报纸已完全作为一种有价的特殊精神商品进入社会流通领域。报纸创办者和经营者也主要以盈利为目的，将报纸当作企业来办。正是适应这种体现商品交换特点的“大众化报纸”发展的现实需要，新闻价值理论应运而生。

显然，新闻价值理论是适应西方资本主义国家新闻商品化需要而产生的，这一理论可用于解释资产阶级新闻的“商品”性质，也有助于新闻从业人员把握判断和选择新闻的价值标准。

新闻价值理论虽然是资产阶级新闻学者提出来的，但它强调从读者兴趣出发来判断和选择新闻，以及它对新闻价值构成要素的分析等观点都是值得我们借鉴的。近年来，我国新闻界开始重视这一理论问题，认识到新闻价值理论是客观存在于新闻理论与实践中的一个现实问题，并对它进行了较深入的研究，取得了不少研究成果。

从唯物主义观点出发，新闻价值是一种客观存在的东西，一条新闻其价值的大小是客观存在于构成这条新闻的新闻事实之中的，它不受人们主观因素的影响。新闻价值指新闻所产生的社会效益。社会效益强烈的新闻，其新闻价值就大；社会效益小，其新闻价值就小。新闻价值的大小最后由广大受众判定，而受众的反应又与当时的普遍的社会心理有密切关系。所以，新闻价值归根到底是一种客观现象，不以人的意志为转移，也不以编辑的主观意图为转移。有时编辑认为具有重大新闻价值的新闻，置于报纸的头条，结果受众反应冷淡，甚至毫无反应。反之，有时编辑认为无重要价值的新闻而将其置于极不显眼的版面位置，结果却引起受众强烈反响。可见新闻价值的大小不由少数人的意志所决定，而是受客观规律所制约的。

有人认为，新闻媒介在发布某一新闻时，事先已能判定其新闻价值之大小，而广大受众之喜好这一条新闻而不喜好另一条新闻，也是受其主观意志决定的，因而，新闻价值是主观性的。这种看法只看到了事物的表象，而未看到事物的本质。因为编辑之所以事先能大体判定新闻价值之大小，乃是凭借长期工作经验的积累；而广大受众之喜好这一新闻而不喜好另一新闻，更是受当时的客观形势所决定的，客观形势一变化，受众对新闻的喜好就会随之转移。所以，新闻价值终究由客观环境所决定。根据这一认识，我们应该把客观存在的构成新闻的客观事实本身作为考察新闻价值的基础和出发点。

## （二）新闻价值的定义

西方新闻学者提出新闻价值理论已有100多年的历史了。但他们一直侧重于对新闻价值构成要素的探讨，而对新闻价值的定义却始终没有作出较明确的阐释。有的人甚至将其罩上一层神秘色彩，说新闻价值是一种“只能意会，不可言传”的东西。

新闻价值的定义是否就这样难以把握和认识？其实，只要坚持唯物主义观点，抓住新闻价值内容的本质特征，是不难给新闻价值下定义的。

根据上面我们对新闻价值客观性的认识，同时，充分考虑受众对新闻事实的需要程度这一判断和选择新闻事实的根本出发点，我们可以给新闻价值这样下定义：

新闻价值是新闻事实适应社会需要的各种素质的总和。

这个定义的核心在于，它强调要从社会需要（主要体现在受众需要）出发来把握新闻价值。新闻事实适应社会需要的程度越高，新闻价值的程度是由新闻事实中含有的能够满足社会需要的那些素质构成的。这些素质的级数越高，新闻价值就越大。

有人把新闻价值的定义理解为“新闻事实影响受众以及社会的功能”。这种“功能说”立足于新闻事实经过新闻媒介传播给受众以后产生的社会影响和作用，不能说没有道理。但须知，新闻事实影响社会的功能是通过新闻事实本身所含有的新闻价值要素起作用的。因此，用“功能”代替“素质”给新闻价值下定义是把本来简单的问题弄复杂了。

也有人把新闻价值的定义理解为“新闻工作者选择和衡量新闻事实是否成为新闻的标准”。从实际上看，新闻事实适应社会需要的程度大小只有在新闻传播出去以后产生的社会效果中才能得到检验和证实。因此，虽然新闻价值是客观存在于新闻事实中的，但某件新闻事实所具有的新闻价值的大小，却往往需要记者在新闻采写、制作前凭着自己的知识水平和实践经验来判断。从这一意义上说，新闻价值可以说是新闻工作者判断和衡量新闻事实价值大小的一种标准。新闻工作者只有掌握了这种标准，具有了这种能力，才能迅速、准确地识别和判断出新闻事实中所具有的新闻价值的大小，从而果断地进行取舍、选择，尽可能捕捉和报道新闻价值大的新闻。但这种“标准说”容易把新闻价值抽象化，成为一种令人难以捉摸和操作的东西。

在对新闻价值定义的理解中，我们坚持“素质说”，并不否认新闻价值作为一种“功能”和“标准”的意义。我们只想强调，新闻价值是一种客观存在，它的大小只受新闻事实本身所含的适应社会需要的各种素质的影响，而不受外界主观因素的影响。这样可以防止出于各种动机人为地任意拔高、夸大或降低、缩小某件事实的新闻价值的弊端，人们的主观因素只能在尊重客观事实的基础上充分挖掘新闻事实中所包含的各种新闻价值要素，尽力提高新闻价值实现的程度，而不能抛开客观事实，无中生有地任意制造某种新闻价值“功能”或确定某种新闻价值“标准”。

## 二、新闻价值的构成要素

根据新闻价值的定义，我们知道，一条新闻，其价值的大小是由构成这条新闻的客观事实适应社会的某种需要的那些素质所决定的。

那么，新闻价值的构成要素有哪些呢？

西方最流行的说法，将其概括为“五要素”，即及时性、接近性、显著性、重要性、人情味。这种概括主要从受众心理需要出发，强调新闻事实要适应受众需要的素质，对我们研究新闻价值的构成要素有一定借鉴意义。

我们在考察新闻价值的构成要素时，将其分为不变要素和可变要素两部分。

不变要素包括真实性和新鲜性。

真实性。指新闻报道反映客观事实的准确度。真实性是新闻报道的基本原则，也是新闻存在的基本条件。新闻如果失真、失实，就不成其为新闻了，那么，也就谈不上有什么新闻价值了。在新闻价值诸要素中，真实性是一个不变要素，它是新闻价值构成要素中最重要的一个要素。

新鲜性。指报道的事实新、时间新、角度新。它也是新闻存在的基本条件。新闻如果不新鲜同样也不称其为新闻，当然也谈不上什么新闻价值。在新闻价值诸要素中，新鲜性也是一个不变要素。一切新闻都必须新鲜，这是受众需要新闻的根本原因所在。一般说来，内容越新鲜，为受众提供的信息越新，信息量越大，新闻价值就越大。

可变要素包括重要性、接近性、显著性、趣味性。

重要性。指新闻内容的重要程度。内容越重要，新闻价值越大。判断内容重要与否的标准主要是看其政治意义的大小及其对社会产生影响的程度。对越多的人产生越大的影响，政治意义就越大，新闻价值也就越大。一般说来，凡与人民群众的利益关系越大，对群众的思想、工作和生活越具有指导性的新闻，政治意义就越大，新闻价值也就越大。

接近性。指新闻内容与受众的接近程度。越是心理上、利益上和地理上与受众接近和相关的事实，新闻价值就越大。受众一般对与自己的心理和利益及所处地理环境接近的新闻事实更感兴趣。心理接近包括职业、年龄、性别诸因素。工人与农民、干部与群众、军人与百姓、教师与工人农民都会有不同的利益要求与心理趋向。年龄与性别差异也会产生不同的心理要求，有各自不同的生活习惯与情趣。新闻媒介应根据自己受众群体的主要成分的特点，选择更加适合其心理特点和利益要求的内容进行报道。

显著性。指新闻中的人物、地点和事件的知名程度。越是著名、越是显要、越是突出的人物、地点和事件，越能吸引受众，新闻价值也就越大。一位普通人很难成为新闻人物，而国家元首、政府要人、知名人士的言行举动则往往会成为新闻；一国之都、历史名城往往也是出新闻的地方。新闻媒介应瞄准具有显著性的人物和事件，抓住其有新意的内容及时予以报道。当然也要避免成为显赫人物行踪的机械报告员，没有必要报道显赫人物缺乏新意的、不重要的一般性言论及行踪。

趣味性。指新闻内容对受众产生的兴趣程度。越是受众感兴趣的事，新闻价值越大。一般说来，新闻事实奇特、充满情趣、富有人情味，就能引起受众的接受兴趣。大多数受众对新奇、反常、变态、有人情味的东西较感兴趣。资产阶级学者把新闻的起源归于人类的好奇心和新闻欲本能是不科学的，但我们并不否认人们的好奇心和新闻欲。有些奇闻异事，诸如奇特变异的自然现象、生理现象和社会现象，不管是社会主义国家的人们，还是资本主义国家的人们，也不管是男人、女人、大人、小孩，都可能会感兴趣；同样，对涉及人世间悲欢离合、生老病死、儿女情长的带有人情味的事情，人们也会从心底发出共鸣，产生兴趣。

当然，趣味性中还有一个如何使新闻内容生动、活泼、富有情趣的问题，一些严肃的社会政治、经济报道同样可以写得情趣盎然，这也是新闻写作与编辑中一个值得注意的问题。

上述六个方面是新闻价值的主要构成要素。一件新闻事实并非六个要素齐备才具有新闻价值。一般情况下，一件新闻事实，只要具备两个不变要素，便具有了新闻价值，而如果同时具备了所应具有的可变要素，便具有了更大的新闻价值，而如果同时具有的可变要素更多、更全，新闻价值自然更大。当一件新闻事实同时具备上述六个要素时，肯定会有很大的新闻价值。新闻媒介应努力捕捉这样的新闻事实。

那么，怎样在现实中把握新闻价值的六个要素呢？这要从事物的变动中去寻找。

一看事物变动的空间与规模。这里有个局部和全局、量变和质变的问题。在一般情况下，全局、质变的空间和规模大、广度大，新闻价值就大；反之，局部、量变的规模和空间小、广度小，新闻价值就小。

二看事物变动的时间与速度。新闻价值要素，不仅与事物变动的广度密切相连，也与事物变动的深度密切相关。在事物变动的时间与速度上，通常有两类：一是突变，二是渐变。一般地对同一事物来说，突变时间短、速度快，震动程度大，深度大，价值因素就大；渐变时间长、速度慢，震动程度小，深度小，价值就小。

三看事物变动是创新还是叠变。这里的关键是首变，还是屡变？是首变、新创，即第一次变动，新意就大，深度、广度就大，新闻价值也大；反之，是叠变、屡变，即事物的重复变动，尽管每次变动都有一定的深度，但一般来说总不如第一次变动具有新意，新闻价值也就不大。

四看事物变动的规律性与趋势。在诸事物的变动中，有的是符合客观规律的，并能揭示发展的趋势；有的则不是必然性反映，不符合客观规律，也不能揭示事物发展的趋势。凡属前者，是高层次的变动，新闻价值就大；凡属后者，是低层次的变动，新闻价值就小，甚至不具备新闻价值。

对于社会主义新闻事业来说，除了在上述变动的事实中去寻找和判断有新闻价值的事实外，还要格外注意新闻的重要性，即注重新闻事实所具有的政治意义。那些与党和国家及人民的利益关系重大的、对社会主义事业具有极大影响作用的新闻事实，如有关党的纲领路线、方针政策的制定和实施，有关党和政府的重大决策，有关国计民生的重大事情，有关人民群众生产和生活中的重大问题，等等，都是新闻媒介应当努力捕捉和报道的内容。一般说来，可以用以下几个因素来判断新闻价值的大小：

1. 是否是当前全局性的重大事件；

2. 是否与广大人民生活相关；

3. 是否为大多数人所关心或能引起广大人民的关心；

4. 是否能引起大多数人的共同兴趣；

5. 是否真实可靠；

6. 是否是最近发生的大事；

7. 是否是老生常谈、毫无新意。

新闻媒介必须掌握这一规律，采集新闻价值较大的新闻，以满足受众的需要，并引导受众新闻意识的健康发展。

研究新闻价值在新闻学中和新闻实际工作中具有重大意义，按照科学的新闻价值观选择新闻，可以加强新闻媒介与群众的联系，加强新闻事业的舆论导向作用，增强新闻事业的权威性，扩大新闻事业的影响力。反之，不顾新闻价值之高低，把毫无新闻价值的新闻塞给受众，将会危及新闻媒体自身的存在。

## 三、新闻评析的目的

前面我们已经谈到，新闻评析的目的有三：评判作品的新闻价值；启迪记者、编辑的新闻实践；引导受众鉴赏。下面我们分析这三大目的在新闻评析活动中的具体表现。

评判作品的新闻价值是新闻评析的基本目的，也可以说是核心目的。从词源学角度看，评析一词的本义就是评价与分析。只有通过对作品所包含的新闻价值的评判，总结经验，探索规律，才能达到启迪记者、编辑的新闻实践和引导受众鉴赏的目的。所以，评判作品的新闻价值是这三大目的中的基础与核心，也可以说是首要的。

要科学、全面地评价一篇新闻作品的价值，就要对构成作品本身的新闻价值要素，诸如真实性、新鲜性、重要性、接近性等进行分析与研究。同时，还要在与社会和历史的联系、发展中对作品进行分析，并把它放在整个新闻发展史上进行比较考察，这样才能得出正确的结论。当然，这主要是从历史学的角度来进行新闻评析。而新闻评析更现实的意义是通过对作品进行全面、深入的形式分析和意义阐释，作出价值判断，从而启迪记者、编辑的新闻实践，提高受众的鉴赏水平，以促进新闻事业的发展。因此，它是记者、编辑与受众之间的一座必不可少的桥梁，具有很强的当代性、实践性和针对性。所以，我们这里更强调新闻评析的现实的具体目的，即评判作品是否含有新闻价值要素？含有多少新闻价值要素？具体操作时应注意下列问题：

1. 作品内容是否真实是鉴别新闻价值的首要标准。把握这一标准就是判断新闻事实的真与假。对于那些蓄意造假、虚构的报道，容易一目了然地发现；但是对于那些夸大的、片面性的报道，有时则不易识别。不真实或失实的报道将严重损害新闻媒介在受众中的形象。新闻媒介如果经常出现失实报道或虚假报道，将会导致自身的毁灭。我们应该从怎样使新闻事业沿着健康、有序的发展轨道前进的高度来认识真实性标准的重要性，明了新闻评析代表并影响着新闻事业的发展方向。在进行新闻评析时，必须对所评析的作品进行严格审核，对其事实内容的真与假作出明确的判断。

2. 作品的内容是否新鲜也是鉴别新闻价值的重要标准。把握这一标准主要是衡量作品的事实是否是最新出现的；时间上是否是最快的；角度是否是最新颖的。事实的新鲜性具有相对性。新闻事实有第一次出现、再次出现之分。还有全国第一次、再次出现与地区第一次、再次出现之别。也就是说事实的新与旧是相对于它出现的时间与空间而言的。时间的新鲜性主要是指记者报道事实的时间与事实出现的时间之间的时间越短越好，即当事实出现后，记者以最快的速度加以报道，就能加强事实的新鲜感。角度的新颖性主要是指记者报道事实时所选择的角度是否新颖、独特，具有新意。这一直是新闻界所普遍追求的，行话为：“点子新，角度刁。”

3. 作品内容是否重要。把握这一标准，主要是衡量事实所包含的社会意义。凡为多数人所密切关心的事实，与多数人利害攸关的事实，都具有重要性。一般地说，与人民群众的利益关系越大，对群众的思想、工作和生活越具有指导性的新闻，政治意义越大，社会意义越大，其新闻价值也就越大。新闻媒介应抓住群众普遍关心的热点、疑点和难点问题，给予及时、恰当的报道。

4. 作品的内容是否接近受众。把握这一标准，主要是衡量事实同新闻受众在地理上和心理上的距离。一般人对自己的出生地、居住地和曾经给自己留下过美好记忆的地方总是怀着一种特殊的情感，新闻媒介应充分考虑这一因素，尽量选择与自己的大多数受众在地理上、心理上接近的有关内容进行报道。距离近则新闻价值大，距离远则新闻价值小。接近性之所以成为决定新闻价值的要素，说到底还是由于新闻事实同受众利害攸关，因而引起他们的关注和关心，激发他们阅读或视听的兴趣，从而使新闻产生相应的社会效果。

5. 作品的内容是否显著。把握这一标准，主要是衡量事实所涉及的人物、地点等因素为众人所瞩目的程度。事实的显著性越大，报道它的新闻价值也就越大。有时，某一事实原先不显著，但由于它同受众利害相关，那么它的发生、进展、结局也能吸引人们的注意力，也会成为人们关注的对象。

6. 作品内容是否有趣味性。把握这一标准，主要是衡量事实满足受众消遣娱乐需求的作用。奇特、有人情味的事实有新闻价值。同时还要注意其报道形式和写作格式等方面，要形象、生动和引人入胜，使受众喜闻乐见。一些严肃的社会政治、经济报道同样也可以写得情趣盎然，具有可读性。当然，社会主义的新闻媒介在强化新闻的趣味性时，应把群众的兴趣和情趣，引导到适合群众自己利益的方向，培养他们高尚的情操与健康的趣味，反对迎合少数受众的庸俗兴趣，摈弃低级趣味。

上面我们分别将新闻价值的六要素在新闻评析中的具体表现一一作了阐述。由上可知，通过对典型作品所含新闻价值的具体分析，可以直接启发记者、编辑的新闻思路；提高记者、编辑的新闻敏感；增强受众的鉴赏能力。

首先，新闻评析对作品所含的新闻价值的剖析，常常在不知不觉中提高了记者、编辑观察、认识生活的能力，帮助记者、编辑对事实作出准确的判断。如怎样判断新闻事实是重要的还是不重要的，是新鲜的还是不新鲜的？这就牵涉到人们常说的“新闻敏感”了。

一般地说，新闻敏感是记者、编辑政治水平和业务水平的集中表现，是记者发现和判断客观事实是否具有新闻价值和编辑判断作品新闻价值大小的能力。这种能力主要表现在以下 5 个方面：

1. 迅速而准确地判断某一事实的政治意义；

2. 及时地判断某一事实是否能引起读者的广泛兴趣；

3. 及时判断某一事实是否新鲜，是否会对全局产生积极的作用和影响；

4. 及时判断同一个新闻事件中的许多事实，哪一个是最重要的，哪一个是次要的；

5. 善于从纷纭复杂的事实中看出事物发展、变化的趋势，增强采访工作的计划性和新闻报道的预见性。

从记者、编辑新闻敏感的五个方面的表现可以看出，判断客观事实是否具有新闻价值及其新闻价值的大小是新闻敏感的核心内容。记者、编辑可以通过新闻评析中对作品新闻价值的评判，对范例的肯定与分析中，不知不觉中学会发现和判断什么是新闻，什么是重要新闻，从而自觉提高自身的新闻敏感，丰富我们的新闻实践内容，满足广大民众对新闻多方面的需要。

其次，新闻评析的第三个目的便是引导受众鉴赏。一方面是新闻作品实际上并不是无需他人解释的。作品的意义和价值多是隐含于文字结构之中，受众往往并不能一眼看透。所以，受众需要评析，并且确实从评析者那里获得对作品的更加充分的理解，这就是新闻评析的社会作用；另一方面，通过对作品的评析，还有助于提高受众的文化素养、认识能力和鉴赏水平，从而可以造就一支鉴赏能力越来越强、新闻敏感越来越高的受众队伍。这不仅有利于促成优秀新闻作品的价值实现，而且还会反过来促进新闻记者采写水平的进一步提高。

## 思考题：

1. 新闻评析的基础是什么？
2. 简述新闻评析的特点。
3. 新闻价值的构成要素有哪些？
4. 新闻价值在新闻评析中的重要意义是什么？
5. 简述新闻评析的目的。

# 第三章　新闻评析方法与理念

新闻评析所遵循的基本理念和所运用的技巧方法，是两个极为重要的因素。新闻理念是指新闻理论与观念，属于新闻基础理论的范畴。在不同的新闻理念的指导下，便有不同的新闻评析方法。新闻评析方法在新闻评析中是第一性的，用什么方法进行新闻评析是新闻评析者首先要考虑的问题。较之自然科学、社会科学、人文科学在长期发展过程中形成的众多科学研究方法，面对特殊的研究对象，新闻评析的方法与其既有共性，又有特殊性。

## 第一节　新闻评析方法的含义

方法是指关于解决思想、说话、行动等问题的门路、程序等，“方法论”则是在一门科学研究中所采用的方式、方法的综合。在新闻评析的实践过程中，则包括对新闻理论及相关各学科理论研究方法的综合运用。由此可见，“方法”是一个运用较为广泛的概念，具有深度不同的、层面不同的若干含义。具体新闻评析方法，可从以下几个方面进行阐述：

### 一、用政治学的方法进行新闻评析

用政治学的方法进行新闻评析是由新闻事业的政治性所决定的，不但在社会主义国家是如此，在资本主义国家也是一样。美国大众传播学者利奥·杰弗里斯（Leo W. Jeffres）在论述大众传播媒介与现代政治时指出：“政治是对权力的追求和对权力的操纵，而在这两个过程之中，大众传播媒介都是具有影响力的活动者。……传播政治信息、为政治性竞争和辩论设置议题、形成和改变政治职位候选人的形象、改变选举者的态度和感情和劝导人民投这个候选人而不是那个候选人的票等。”[①]这里所指的大众传播媒介包括报纸、杂志、广播、电视等等。在社会生活中，大众传播媒介与政治存在着互动关系。一方面，社会政治局势的动荡影响着大众传播媒介数量、结构的变化，另一方面，大众传播媒介社会功能和传播方式的演变使其越来越成为各政治集团追求的权力工具，大众传播媒介成为政治格局变化中的活跃分子。纵观大众传播媒介的发展历

① 转引自施天权、高冠钢、陆卫东编著《当代世界广播电视》，第 274 页，复旦大学出版社 1991 年版

史，传播媒介不仅是公众了解政治信息的主要渠道，而且在政治力量对比中产生重要影响，并在重大事件中发挥重要作用。大众传播媒介对外承担着政治斗争的责任，对内则成为政治教育的有力工具。用政治学的方法进行新闻评析正是符合大众传播媒介自身属性及其与社会发展之互动关系的评析方法，是对大众传播媒介社会属性与政治属性的充分认定。正如社会学和传播学的研究所表明的："政治体系不仅包括政府机构，如立法机关、法院和行政部门，而且包括所有结构中与政治有关系的方面，还有诸如……大众传播工具之类的非政府性组织等。"①

政治学评析方法侧重于对新闻倾向性的评析。因为任何一条新闻都或多或少地表现出一定的倾向性。所谓倾向性，是指大众传播媒介或明或暗表现出的特定的政治立场，也指记者通过新闻事实暴露出来的思想倾向。这一倾向最鲜明地表现于社论或评论中，但新闻报道或版面安排也能巧妙地表达一定的倾向。新闻的倾向性主要表现为政治性、指导性和趣味倾向性。用政治学的方法进行新闻评析主要是针对新闻的政治倾向性和指导性。

新闻的政治性使新闻作品不单纯是客观的事实再现，而是通过新闻事实表达一定阶级、集团、党派的政治概念、政治主张，宣传一定的政见。在新闻实践中主要表现为：第一，按照某个阶级政治集团的利益取舍事实，或压或抢发新闻；第二，在新闻作品中明显发表各种议论、宣传本阶级集团的观点，政论多、消息中议论多是政治新闻表现倾向性的主要手段；第三，直截了当地宣传某个政党的方针、政策，或抨击对立派别的政治立场，使新闻作品直接成为阶级之间意识形态斗争的一部分。判断新闻政治倾向性的是非，不在于是否有倾向，而在于新闻内容是否站在人民的立场上，表现人民的意志。

新闻的指导性体现在有关人们日常经济生活、精神生活和各种社会交往活动的新闻当中，对人们如何认识错综复杂的社会现象，从而对从事社会活动起引导作用。日本新闻协会 1947 年 7 月 25 日通过的《日本新闻编辑基准》中规定："第六，指导性、责任感和光荣感，新闻同其他企业的区别所在是它的报道、评论给公众以很大的影响。""第七，品格，新闻由于具有指导性，当然需要高尚的品格。"新闻报道者总是按照一定的目的来传播新闻，对受众施加影响。新闻的指导倾向几乎寓于一切新闻之中，它是新闻固有的一种属性。任何一条新闻应该有所为而发，而且应该有所利而发，这"有为"和"有利"，就包含着指导性问题。新闻报道引导人们关心国家、社会每一时期的中心任务，认识经济、政治形势，执行国家的政令和法令：通过一条介绍工作经验的新闻，直接指导实际工作的操作；根据某种思想、观点、立场，反映某种情况，

① 欧阳宏生：《电视批评论》，第 208 页，中国广播电视出版社 2000 年版

推荐先进人物或思想，使受众增长见识，提高觉悟和道德情操，从而帮助他们正确认识现实，正确行动。这些都是新闻发挥指导性的普遍现象。

需要强调的是，用政治学的方法进行新闻评析是认识新闻本质属性的一个重要方面，但并不是问题的全部，在新闻评析的过程中应避免绝对化。不能把政治学评析方法简单化为不同利益集团之间的政治斗争。就新闻的政治倾向性而言，不同国家、阶级、社团由于历史和现实的差异，对同一新闻事实的报道难免有观点、观念的差别，但这种差别又恰恰为受众提供了一个全面、深刻认识某一新闻事实的完整模式。就新闻的指导倾向而言，新闻报道是国家指导社会生活和各项工作的重要渠道，但它并不能代替政府部门的工作部署，对受众发号施令，否则便是对社会其他部门职能的僭越。因此，政治学的评析方法必须建立在忠于事实和坚守大众传播媒介本质功能的基础上，正确认识新闻事实与新闻政治性的关系，正确认识宣传指导、舆论监督与具体职能实施之间的关系，坚持客观、公正、全面的评析原则，为受众建构一个真实的新闻空间。

## 二、用社会学的方法进行新闻评析

"社会是指一定经济基础和上层建筑构成的整体，同时也泛指由于共同物质条件而相互联系起来的人群。"①用社会学的方法进行新闻评析就是从新闻的社会性出发，从社会历史发展必然性出发，把握新闻所表现的根本内容，以新闻作品产生的社会背景及其产生的社会意义为指向的评析方法。在新闻评析的价值判断中，能否反映和体现社会进步倾向和潮流，是衡量新闻作品的重要尺度。正如朱光潜所言："活得最长久的作品都是能把那个时代中最真实、最实在、最足显出特征的东西，用最完满最有力的方式表达出来。"②"今天的新闻就是明天的历史"，在这个意义上，新闻作品的总和不啻一部厚重的史书，它记录着社会前进的方方面面。随着社会的发展，大众传媒的社会功能日渐丰富与多元，其所产生的社会影响与作用不可低估。大众传媒与社会的密切关系使运用社会学的方法进行新闻评析具有深刻的现实意义。

社会学评析方法的首要任务是考察新闻作品的真实性。真实性是指新闻作品所体现的社会生活内容、意蕴以及所描绘的新闻形象与实际生活相符合的程度。真实，是新闻的生命。一切新闻都必须真实，这是新闻存在的基本条件，也是新闻的优势所在。新闻作品只有真实地报道社会现实，才能谈得上是对社会生活的反映，才能对受众产生正确的指导和教育作用，任何杜撰与捏造都有悖新闻的本质要求，是不为人所相信的，因而也就无法产生社会价值。运用社

① 欧阳宏生：《电视批评论》，第 207 页，中国广播电视出版社 2000 年版

② 朱光潜：《西方美学史》（下卷），第 183 页，人民文学出版社 1964 年版

会学的方法进行新闻评析，应该对新闻作品的真实性，特别是对在特定的时代背景里，作品人物的一言一行，作品所反映的种种矛盾，进行深入细致的分析，对作品中人物、事件的可信程度进行周密的考察，以此为基础对新闻作品的真实性作出判断。这是社会学评析方法的基本要求。

社会学评析方法的重要依据是社会价值观念。在考察新闻作品真实性的基础上，用社会学的方法进行新闻评析还必须对作品的思想内容和表现形式进行分析研究，通过新闻作品透视新闻创作者解释、评价社会生活的思想与理念，探讨各种新闻创作思潮、创作现象对社会产生的影响，以是否有利于社会的进步与发展，是否符合历史发展的整体趋势来衡量各种新闻现象。坚持“以科学的理论武装人，以正确的舆论引导人，以高尚的精神塑造人，以优秀的作品鼓舞人”。

具体而言，用社会学的方法进行新闻评析包括以下三个层面：

一是思想分析评析方法。这种评析方法主要是对新闻作品的思想属性及思想内容进行分析评价，分析社会生活中各种矛盾冲突对新闻活动的影响和作用，从而肯定代表先进的事物，反对和改造落后的事物。这种方法十分注重新闻作品的思想观念，着重分析作品体现出的社会理想和思想力量。评析者通过对特定新闻作品的评析，告诉受众“怎样的社会是积极进步的，怎样的精神是值得弘扬的，怎样的榜样是值得学习的，怎样的理想和道德是值得追求的。”①当然，这并不意味着机械地给新闻作品贴上某种先进思想或落后思想的标签，也不是为某个作品、某种思想、某种行为定性，而是需要评析者具有深刻的思想穿透力，全面、透彻地把握新闻作品的思想特性和社会特征。

二是文化、心理评析方法。文化、心理分析评析方法是社会学方法与文化学方法、心理学方法的融合，是以一种客观、整体的视角，一方面把新闻活动、新闻现象作为人类或民族文化系统中的组成部分来进行综合分析考察，另一方面通过对新闻现象中各种文化因素作全面、整体的考察，研究作者、作品、受众的文化背景和文化内涵，揭示作品内容与形式的组成，阐明其深刻的文化意义，从而探寻并揭示存在于新闻现象中特定的民族文化心理组织，对其中积极的或消极的民族文化传统作出价值判断。此种跨学科的新闻评析方法符合新闻内容所具有的内容宽泛、形式多样，以及新闻作品追求地缘接近性和心缘接近性的特点，有助于揭示新闻作品的地域文化特征，体现出不同的地域文化现象和地区性新闻作品特色。

三是创作主体评析方法。新闻作品的创作主体是记者，创作主体评析方法是通过对创作主体的社会生活背景、创作思想、新闻理念、社会理想等方面的

① 欧阳宏生：《电视批评论》，第222页，中国广播电视出版社2000年版

分析研究，以主观意识和客观作品相结合的形式来寻找产生新闻作品的原因，寻求创作主体新闻创作的规律，达到正确认识和理解其新闻作品的目的。对创作主体的研究首先要对创作者的个人经历、社会生活环境等进行全方位的了解，把握创作者的思想观念和个性气质，追溯其创作欲望的产生过程等，这些都将成为评析新闻作品的重要依据。当然，创作主体与作品的关系是复杂的，不能简单地进行相互印证。在新闻评析实践中，要以发展与联系的观点，充分考虑创作过程的特殊性与复杂性，遵循新闻创作规律，研究创作主体生平与作品的内在联系，同时注意这种评析方法的局限性，注意与其他评析方法互为补充。惟其如此，才能更全面、更立体地评析丰富多彩的新闻作品。

## 三、具体作品的分析研究

前文所述的用政治学的方法进行新闻评析与用社会学的方法进行新闻评析都与新闻的本质属性有着密切的联系，具有相当的普遍意义，也具有高度的概括性和抽象性，它们是在强调新闻政治属性和社会属性的同时，提供一种新闻评析的思维路径。新闻评析可以考察新闻作品与创作主体的关系，新闻作品与受众的关系，新闻文化的地域性差异，新闻现象与社会现象、政治现象的关系，新闻作品自身内容与形式的关系，等等。新闻评析方法“既包含对待批评主体和批评对象之间的关系以及批评对象之间关系的原则和态度，也还包括批评家在研讨中的习惯性思路、思维形式与思维技巧。这其中还包括批评中的具体技术性问题”。①因此，对具体新闻作品的分析研究是一个综合考察的过程，它有可能模糊各种评析方法之间的界限，使之互为方法，相互移位，以适应特定评析对象的特殊要求。

新闻评析方法在一定程度上规范着或牵涉着评析者的评析角度。譬如，对某一新闻作品是作宏观研究，还是作微观考察，是从作品的历史纵面加以剖析，还是从作品的社会横面进行研究……对具体新闻作品的评析，通常需要综合运用多种评析方法，根据新闻作品的报道体裁、报道类型、报道方式等，新闻评析者可以确立相应的角度和方法。在这个过程中，评析者的逻辑思维轨迹通常是从具体——抽象——具体，或者说是从个别——一般——个别，把具体新闻作品的特殊性与一般新闻规律的普遍性相结合，使具体作品的意义和价值通过新闻评析得以提炼与升华。

以报纸新闻为例，按新闻体裁报纸新闻可分为消息和通讯两大类，按报道领域可分为政治新闻、经济新闻、科技新闻等等，按报道方式可分为客观报道、深度报道等等。就政治新闻而言，它涉及面相当广泛，有重大政治事件和

① 欧阳宏生：《电视批评论》，第 84 页，中国广播电视出版社 2000 年版

上层建筑领域的动态报道，有各级党代会和人大、政协的会议报道，有重要领导人的讲话，有党风、党建工作的报道，还有民主与法制建设、军事新闻、外事新闻、民族与宗教事务报道等等，表现出浓厚的政治色彩，强烈的参与意识和创作者娴熟的业务技能，在新闻评析业务中对这类新闻的评析往往侧重于运用政治学的评析方法，从新闻作品是否遵循新闻规律、采访是否深入扎实、报道是否客观公正等层面进行分析研究。就经济新闻而言，它包括国民经济、生产建设和人民日常经济生活等众多方面，从经济学范畴讲，有生产、流通、交换、消费等经济活动各环节的报道；从社会经济部门讲，有工业、农业、交通、财贸、保险、金融等各类经济领域的新闻；从内容构成上分析，有宏观经济政策、市场经济态势、经济运行规则、群众生活需求等多层次的最新信息。经济新闻兼具政策性、专业性、服务性、贴近性、重复性、广泛性等各层次、多方面的功能和特点。因此，对经济新闻作品的评析往往可运用社会学的评析方法，多从传播效果的角度，探讨新闻作品能否准确切中经济生活中的"要害"、"难点"，能否为受众释疑解惑，能否为社会经济发展去塞求通。

对具体新闻作品的评析应该是多角度、多层次、多侧面的分析研究，不同的评析者对同一新闻作品都可以用不同的方法进行评析。在评析角度的确定上，应注重"宏观"与"微观"的结合。"宏观"关注的是新闻创作某一方面的整体、全局或具有普遍意义的问题、现象，"微观"则是关注某一具体的新闻现象，或个别创作者、或评析对象的某一方面。"宏观"评析有助于从广度和高度上去审视新闻现象，"微观"评析则有助于从深度上把握新闻作品的个性。二者的有机结合可使新闻评析既不乏真知灼见，又兼备对细节的品味。

这里选取两篇获奖新闻作品进行详细说明。一篇是荣获第八届中国新闻奖一等奖的电视新闻作品《百万群众大转移》，另一篇是美国获 1982 年普利策新闻奖国内报道奖的作品《洪水毁家园 灾民夜难眠》。前者是一篇电视新闻，解说词如下："部队官兵上去了，党政干部上去了，电话、传真、广播、电视等一切手段开始高速运转。……'人在大堤在'。左的年代我省发生过上千护堤群众被台风卷走的惨剧，自然灾害是不可抗拒的。家园可以重建，人的生命高于一切。……"①后者着重对灾后状况的描写："家园沉入水里，汽车也被淹没，房子里黑漆漆的空无一人，而家具漂在水上。缓慢上涨的水在防护墙上发出阴森的响声。但是人已撤离的地区静悄悄的。一切都很平静。……"②从题材上看二者都是有关自然灾害的报道，前者是对救灾过程的记录，后者是对灾后情景的描述。从微观层面分析，二者在叙述基调和报道事实选择上的差异显

① 《中国新闻奖作品选》(1997 年)，第 119 页，新华出版社

② 展江译评《新闻与正义》，第 584 页，海南出版社 1998 年版

示出中西方对待灾难的不同态度。在“人定胜天”的思维惯性下，中国传媒没有具体群众转移的行动，而是用激情宣扬着人的精神力量；西方传媒却用相对的冷静反映灾后的情景。从宏观层面分析，两篇获奖作品体现出中西方传媒思维方式的不同。“与讲究分析、注重普遍、偏于抽象的思维方式不同，中国思维更着重于特殊、具体的直观领悟中去把握真理。”[①] 与之相应，西方的新闻作品通常是采用个别到一般的演绎法，以具体的个例反映普遍的社会问题，以尽可能的客观叙述代替主观评论，由感性的、实证的披露，上升到理性思考的角度。中国的新闻作品则往往用普遍的、被视为真理的东西统摄事实，由理性推及感性。

## 第二节　新闻评析方法与新闻理念的关系

新闻评析的目的可以归纳为三个层面：一是评判作品的新闻价值；二是启迪记者、编辑的新闻实践；三是引导受众鉴赏。要达到这些目的，新闻评析必须传播和树立一种正确的新闻理念。新闻评析者应该通过自己的批评，反映出新的观念，并向创作者和受众揭示、论证新的新闻观念。

新闻评析方法与新闻理念是形式与内容的关系，方法是形式，理念是内容，形式是为内容服务的，是为提出更新、更深的新闻理念服务的。研究新闻评析方法的目的并非批评方法本身，而是为了进一步促进新闻新理念、新观点的确立，从而推动新闻评析的发展。新闻评析方法与新闻理念相互关联、相互依存，评析方法为新闻理念所制约、所决定，同时又对理念的形成、发展和变化产生直接影响。新闻评析方法与新闻理念既具有内容与形式的统一性，又具有相对的独立性。

### 一、新闻评析方法与新闻理念的统一性

新闻评析方法是在具体的新闻评析实践中逐步形成的，并为新闻评析者所运用和掌握。“方法”在实践中的运用应同相应的“理念”结合起来，从而使方法发挥最佳效力。新闻评析者对新闻评析方法的运用受到个人理念修养、思维模式和新闻观念等众多因素的影响，而且随着其新闻理论观念的不断革新，新闻评析方法也随之丰富和创新。在这个意义上，新闻评析方法与新闻理念是具有统一性的。

评析方法在新闻评析实务中是至关重要的，因为它直接关系到以怎样最有效的方式对新闻作品进行评述，关系到评介的质量问题。但如果过分强调方

---

① 燕生、花伟：《论中西文化差异》（载《江海学刊》1998 年第 6 期）

法，又极易走向形式主义的泥潭。正确的“方法应适应所研究对象特有的特点。它之所以有用处，并不在于它本身的优点，只是由于它符合和能够掌握这些特点。全部问题在于研究的对象本身及其特有的组织”。①因此对于一个严谨的新闻评析者而言，更为重要的是树立正确的新闻理念，不断探索寻求新鲜的、具有生命力的、科学的新闻理念。惟其如此，才能从理论的高度去了解、分析、研究和把握新闻作品，深刻认识种种新闻现象，才能去探索新闻事业的发展规律，并取得实质性的研究成果。

一篇有思想、有深度、有新意的新闻评析文章，本身就具备上升为新闻理念的可能，新闻评析者也有可能成为新闻理念的创造者。在新闻评析中所运用的评析方法也可能是对“方法”本身的一种丰富。对新闻评析者而言，正确的新闻理念是首要的，是第一性的，是最能体现评析者观点的，而评析方法的选择和运用正是为了使这种观点以最佳方式得以呈现。

新闻评析方法与新闻理念的有机融合直接表现为评析形式与内容的结合。评析方法得当，才能够使评析条理分明，前后呼应，取舍得当，组织严密，有条不紊，从而清晰、准确地展现评析者的新闻理念。而新闻理念的正确与新颖，将使新闻评析透射出深刻的思想和理性的追求。形式与内容、方法与理念的有机结合，相得益彰，是新闻评析的完美表现，更是新闻评析者的不断追求。

## 二、新闻理念对评析方法的指导性

新闻理念是对新闻传播规律性的认识，新闻评析就是把这种认识通过某种方式加以显现，可以说，新闻理念贯穿于新闻工作的各个环节，也贯穿于新闻评析的全过程。评析方法的选择和运用是新闻评析过程中的一个重要步骤，新闻理念之于评析方法的作用也就不言自明。虽然针对每一个具体新闻作品，在同一新闻理念的指导下，会出现不同的评析方法，但这并不意味着二者毫无关联。

首先，新闻理念为评析者选择评析方法确定基调。由于有新闻理念的指导，评析方法应该是科学的、符合逻辑的、理性的，而不只是随意的有感而发。

其次，新闻理念为评析者确立评析方法划定范围。新闻理念虽然可以细分成不同的流派，评析方法也可以因理念的不同而各异，但从总体上说，新闻理念决定了新闻评析的重点与原则，评析方法因此应该是与之相对应的，符合新闻评析原则与思路的，区别于其他评析类型的方法，否则评析难免有失偏颇。

---

① 欧阳宏生：《电视批评论》，第 91 页，中国广播电视出版社 2000 年版

再次，新闻理念为评析者选择评析方法确定起点。新闻理念是人们在长期的新闻实践中形成的对新闻工作的规律性的认识，继承前人的研究成果，不但有助于避免重走过去走过的弯路，而且可以使现在的新闻评析立足于一个更高、更新的起点。

最后，新闻理念的发展使评析方法逐渐全面而立体。传统的新闻理念是以"报学"为中心的，随着科技的发展，大众传播媒介不断丰富，新闻理念的外延扩展到广播、电视，乃至互联网等领域，评析方法也因此由单向走向全面，由静态分析走向动态考察，逐步形成系统的、互动的、综合的评析体系。

新闻理念对评析方法的指导性如同理论与实践的关系。我们常说，理论指导实践，但理论强调的是普遍适用性，是对大量个别现象的归纳、总结和提炼。因此，在理论联系实际的基础上，还应该具体问题具体分析。新闻理念对评析方法的指导性是宏观的，而非微观的，是抽象的，而非具体的。

## 三、新闻评析方法的相对独立性

新闻评析方法具有相对的独立性，这也正是我们探讨研究方法论的目的所在。新闻理念对于新闻评析而言是第一性的，但这并不意味着掌握了某种新闻理念，就能够掌握相应的研究方法和评析方法。此外，在同一种新闻理念的指导下，也并不是只存在着一种研究方法和新闻评析方法，甚至是在新闻理念上大相径庭的新闻评析者，也可能运用同样的评析方法，而同一新闻评析者在进行不同的新闻评析实践时，也可能运用完全不同的评析方法。因此，新闻评析方法是具有相对独立性的。这种独立性一方面体现在对其他评析形式的借鉴，另一方面也体现在通过学习、借鉴，逐步充实和完善自身。

新闻评析方法的相对独立性是客观存在的，以此为基础，新闻评析者充分借鉴、吸收其他形式的评析方法，可以使新闻评析更加深入、丰满而立体。例如，新闻评析者在分析作品主人公的性格塑造、人物心理活动时，一般的新闻评析方法难以深入情理，影响评析的力度，此时不妨借鉴一下心理学家弗洛伊德的精神分析法，进行具有独创性的分析和阐述。结合新闻学、传播学的学科特色，新闻评析方法还可对结构主义、现代控制论、信息论等思想加以融合，综合运用比较法、实验法、调查法、观察法等，使新闻评析更为全面。新闻作品涉及社会生活的方方面面，人们很难用某一种研究方法将其囊括，正是有了多种学科研究方法的相互借鉴，新闻评析才能更具深度和广度，新闻评析方法也日渐成熟，成为一个专门的研究对象。

强调新闻评析方法的独立性，并不是割裂评析方法与新闻理念的必然联系。如果忽视这种联系，容易导致唯方法论的倾向，导致简单照搬各种批评方法的后果，表现出唯心主义形而上学的哲学倾向和错误的政治倾向，使新闻评析发生质的偏差。强调新闻评析方法的独立性，不仅是为了不断发展完善评析方法，借鉴和运用各种批评方法，为我所用，而且也是为了从根本上探讨新闻发展规律，提高新闻评析质量。

新闻理念与新闻评析方法的关系是多向而非单向的，二者既有统一性，又有相对独立性，并且新闻理念对评析方法还有一定的指导性，根据这一指导思想研究新闻作品，将它们看成一个与外界相联系而又相对独立的、有层次的结构，探究新闻作品中各种因素之间的相互关系、组合变化与发展规律，适用于各个层面的新闻评析，如对新闻创作主体的评析，新闻作品内容的评析，新闻作品表现形式的评析，新闻作品社会意义的评析等等。新闻理念与评析方法的有机结合，将使新闻评析呈现出张弛有致的流动感。

## 第三节 新闻评析方法的综合运用

在实际新闻评析工作中，我们常常同时运用多种研究方法对同一评析对象进行评价与分析，即新闻评析研究方法的综合运用。这是由新闻评析工作的性质和新闻评析研究方法的特点所决定的。新闻评析工作是一项复杂的、系统的工作，它的研究范围十分广泛，诸如新闻作品与新闻事实的关系、新闻作品与新闻记者的关系、新闻作品与受众的关系、不同体裁新闻作品之间的关系、同一体裁不同新闻作品之间的关系、新闻作品内容与表现形式之间的关系等等，即使就某一篇新闻作品或新闻作品的某一侧重点进行研究和评析，往往也会牵涉到众多不同的角度，因而，孤立地、片面地运用某一种评析方法是很难达到研究效果的。其次，新闻评析是一门新兴的学科，它正处于不断发展之中，正在不断地从哲学、逻辑学、美学、社会学、文学、心理学等主流学科及其所属的各种流派思想中吸取方法论营养，为我所用，新闻评析方法本身就是一种综合性非常强的研究方法，因此，企图孤立地、片面地运用某一种研究方法开展新闻评析工作在实践上是行不通的。我们在从事新闻评析工作时，必须根据评析对象的特点，解放思想，实事求是，充分调动主观能动性，综合运用多种研究方法，以使评析结果更准确、更全面、更科学。本节主要从方法论的角度简要介绍几种新闻评析研究方法的综合运用，即哲学方法与具体科学研究方法的结合，传统方法与现代方法的结合、演绎法与归纳法的结合等。

### 一、哲学方法与具体科学研究方法相结合

哲学的方法，指的是认识世界、改造世界的根本方法；关于这种根本方法的学说就是方法论。从某种意义上说，哲学方法就是世界观的应用，就是用世界观作为观察、思考、认识和行动的指南。具体到新闻评析而言，就是要求用

正确的世界观和科学的方法论来指导我们的研究和评析活动。具体科学研究方法指的是在自然科学、社会科学和人文科学领域里经常运用到的研究方法，它们是从无数科学研究实践中总结和概括出来的，是历史发展的产物，是人类智慧的结晶。哲学方法与具体科学研究方法相结合，要求我们在新闻评析和研究活动过程中，自始至终不要忽视哲学方法的统率作用，要将马克思主义辩证法贯穿到研究和评析活动过程的始终。

马克思主义辩证法既是世界观，又是方法论。作为世界观，它认为事物发展的动力是事物内部对立面的相互排斥和相互联系；作为方法，它要求我们善于观察和分析各种事物的矛盾运动，要求我们善于用宏观的眼光，从整体上把握事物的运动、联系、变化和发展。

马克思主义辩证法不仅是研究方法，而且是叙述方法。这一点对于我们讨论方法论问题、讨论新闻评析研究方法问题有着极其重要的指导意义。马克思在《资本论》第一卷第二版跋中谈到，“当然，在形式上，叙述方法必须与研究方法不同。研究必须充分地占有材料，分析它的各种发展形式，探寻这些形式的内在联系。只有这项工作完成以后，现实的运动才能适当地叙述出来。这点一旦做到，材料的生命一旦观念地反映出来，呈现在我们面前的就好像是一个先验的结构了。”①因而，在我们的新闻评析研究中，不但要自觉地运用辩证法来观察、思考、分析和认识，还要自觉地运用辩证法的叙述方法，惟有如此，才会将我们的认识“观念地反映出来”，使得我们的评析结论“好像是一个先验的结构”，从而具有较高的理论水平和较强的指导意义。

## 二、传统方法与现代方法相结合

从总体上说，传统的新闻评析方法是一种感性的方法，具有很大的局限性和很强的主观色彩，已经远远不能跟上新闻实践和新闻事业发展的步伐。然而，现实的情况却是传统的新闻评析方法在评析实践中还占据着主导地位，这使得新闻评析的现状多少有点不尽如人意。现实中大量的新闻作品评析都是对具体作品的评价与分析，评析方式多是在作品后面附上简单的评价，评析内容多为新闻作品的特色、写作方法和写作技巧。不去反复地阅读和感受作品、不去深入地了解新闻作品创作者、不去充分地占有研究材料、不对研究材料进行思维的加工处理、不去寻找研究材料内部复杂的联系，这是运用传统研究方法时最容易患的毛病。

新闻评析的现代方法是融合了新闻学、舆论学、传播学及其他边缘学科理论，从哲学、逻辑学、美学、社会学、文学、心理学等主流学科及其所属的各

① 《马克思恩格斯选集》第2卷，第111页，人民出版社1995年版

种流派思想中吸取方法论营养的研究方法，它不是某一种具体的研究方法，而是一类研究方法的总称。正如我们在本书中再三强调的那样，新闻评析理论尚处于发展之中，一些评析研究方法还处于探索阶段。例如，结构主义中的二元矩形的分析方法能否运用到新闻评析中来，新闻作品中能否建立一套符号学分析系统，将符号的"所指"、"能指"及其"意指"过程恰当地引用到新闻评析研究中来；再比如，近年来兴起的媒介文化研究对新闻评析研究方法有无启迪和借鉴作用，等等，这些都等待着有志于新闻评析理论研究和实践工作的专家、学者和新闻实践工作者们去努力探索，去追寻答案。我们在这里强调的是，新闻评析理论和研究方法既要发展，也要继承和发扬传统研究方法中的长处，克服其缺点，只有将二者有机地结合起来，新闻评析理论和实践工作才会具有旺盛的生命力。

## 三、演绎法与归纳法相结合

演绎法与归纳法同属于形式逻辑的方法。演绎法指由一般原理推导出关于特殊情况下的结论的方法，归纳法指由一系列事实和材料概括出一般原理的方法。历史上的较长一段时期，人们较为重视归纳法的使用。但是我们今天对于这两种研究方法，应该有一个科学的态度。恩格斯在《自然辩证法》中曾经说过，"归纳和演绎，正如分析和综合一样，是必然相互联系着的。不应当牺牲一个而把另一个捧到天上去，应当把每一个都用到该用的地方，而要做到这一点，就只有注意它们的相互联系，它们的相互补充。"①

在新闻评析中，由于研究的侧重点可以不同，所以研究的方法也应该有所差异。重演绎，轻归纳，难免落入空洞的理论之中，泛泛而谈，缺乏针对性；重归纳，轻演绎，则会陷入就事论事的窠臼，鲜有理论升华。此外，就受众而言，由于文化素质、知识水平和接受能力的差异，有人喜欢以演绎法为主体的评析研究成果，有人喜欢以归纳法为主体的评析研究成果，因而，应该说最有说服力的评析方法是将二者有机地结合起来，将演绎推理建立在对研究材料科学归纳的基础之上，在对研究材料进行归纳时也不能脱离演绎推理的参与。

### 思考题：

1. 简述新闻评析的具体方法。
2. 简述新闻评析方法与新闻理念的关系。
3. 谈谈学习新闻评析方法对实际工作的指导意义。

---

① 《马克思恩格斯选集》第3卷，第549页，人民出版社1972年版

# 第四章　新闻评析者的基本素养

所谓新闻评析者有广义和狭义之分，广义的是指所有新闻受众，狭义的是指新闻评析专家，主要指新闻从业者和新闻教育与研究工作者。作为新闻评析者，尤其是新闻评析专家，需要有全面的素质，具体而言，包括新闻专业理论修养，新闻专业技能知识，新闻敏感与导向意识，以及多元而丰富的知识结构，即评析者应具备各方面的素养。

## 第一节　新闻专业理论修养

对于广义上的新闻评析者——新闻受众而言，他们进行新闻评析的过程往往是一种无意识的、多种社会经验积累的外现，是一种以个人主观感受为主的观后感或读后感，没有明确的评析目的，因此，并不要求其具有较高的新闻专业理论修养。而对于狭义的新闻评析者——新闻从业者、新闻教育与研究工作者而言则不然，他们所进行的新闻评析是具有明确目的的、有具体理念和方法指导的、专业的新闻评析活动。因此，后者在新闻专业理论方面的修养直接决定着新闻评析质量的高低。

新闻理论属于“学”的范畴。新闻活动古已有之，但从“术”到“学”，新闻学经历了一个较长的发展历程，它是在新闻事业发展到一定规模之后才产生的。世界上第一本新闻学专著《德国新闻事业史》诞生于 19 世纪中期。新闻学是以新闻活动、新闻事业及新闻工作规律为对象的一门学科。新闻理论是新闻学的基础理论部分，研究新闻活动和新闻事业的规律，即研究新闻事业的性质、任务、作用，及其产生和发展的一般规律；研究新闻事业和实际的关系、和政治的关系、和群众的关系；研究新闻事业的指导思想和基本工作原则；研究新闻道德和新闻工作者的修养。“新闻理论不能代替采、编、摄、录、播等具体的业务研究，但是它对具体业务有指导意义，是正确有效地开展新闻工作的理论基础。”[①]因此，新闻专业理论也是指导新闻评析的理论基础，是新闻评析者的必备素质。

首先，新闻评析者要明晰新闻理论的相关概念。其中包括新闻的起源与定义，事实与新闻、事实与新闻报道者、新闻受众之间的关系，新闻价值的观念

① 成美、童兵编著：《新闻理论教程》，第 3 页，中国人民大学出版社 1993 年版

等等。只有清晰、科学地掌握了这些基本概念，才能明确新闻评析的对象，准确确立新闻评析的切入点、角度和方法。对新闻基本概念理解的不同决定了不同的新闻评析风格与角度。譬如，资产阶级商业性报纸把猎奇、反常、趣味性和刺激性作为新闻的核心和基础，比较有代表性的新闻定义是美国《纽约太阳报》19世纪70年代的编辑主任约翰·博加特所说的“狗咬人不是新闻，人咬狗才是新闻”。20世纪30年代初《纽约先驱论坛报》的采编主任斯坦利·互利克尔所说，“新闻”建立在三个“W”的基础上，即Woman（女人）、Wampum（金钱）、Wrongdoing（坏事）。美国堪萨斯州《阿契生市环球报》的前主编爱德华·贺说，凡是能让女人喊一声“啊呀！我的天呀”的东西，就是新闻。基于此类理解，资产阶级新闻评析的重点必然在于新闻对受众的感官刺激和心理刺激，而不是新闻的社会意义和价值。与之相反，我们社会主义新闻事业对新闻的理解是“对新近发生的事实的报道”，首先强调新闻必须是事实，新闻必须用事实说话，没有事实就没有新闻，事实始终是第一性的；其次新闻必须有新意，是新鲜的所见所闻；再次新闻必须及时，必须具有时效性；此外新闻还应具有一定的社会意义。因此，我们在进行新闻评析时更注重的是新闻的政治性、指导性、时效性等，更符合新闻传播规律和新闻特性的原则。

其次，新闻评析者要准确把握新闻事业的性质、特征和发展规律。新闻事业是新闻机构及其各项业务活动的总称。新闻事业的产生使新闻传播成为一种经常性的、社会性的活动。能否对新闻事业的性质、特征及发展规律有正确的理论认识，不仅对新闻学的理论研究起到决定性影响，而且直接关系到能否正确地指导新闻评析实践活动。新闻事业属于一定社会的上层建筑范畴，是为它的经济基础服务的。新闻事业由一定的经济基础所决定，又反作用于经济基础。新闻事业不同于国家机器，不同于政治、法律等机构，但它具有强烈的政治性，它最迅速、最广泛地反映社会生活的各个层面，在阶级社会里具有阶级性。新闻事业具有报道新闻、引导舆论、沟通情况、传播知识、提供娱乐等社会功能，是一种强有力的舆论工具，能够产生巨大的精神力量。社会主义新闻事业要始终坚持党性和人民利益的一致，以马克思主义作为新闻宣传的指针，坚持新闻报道的真实性，加强新闻事业的群众性，正确发挥新闻媒介的舆论监督功能。对新闻事业的性质、特征和发展规律的准确认识，将使新闻评析始终运行在正确的轨道之中，避免发生指导思想和原则上的偏移。

再次，新闻评析者要正确把握新闻报道的基本原则。从一定意义上讲，新闻报道的基本原则都是新闻评析的基本原则，因为新闻报道作品就是新闻评析的对象和基础。新闻评析的基本原则可以概括为：真实性原则、时效性原则、倾向性原则，以及新闻评析独有的审美原则。前三者分别与新闻报道的真实性、时效性和倾向性要求所对应。真实是新闻存在的基本条件，也是新闻区别于文学、戏剧等艺术形式的特有优势。因为真实，新闻才可信，才能够成为受众认识和改造客观世界的精神向导和鼓舞力量，因此，真实性是新闻评析的首要原则和根本原则。在新闻评析中真实性原则可分为三个层次：一是具体事实真实，二是概括事实真实，三是报道事实与总体事实相一致。时效性原则的关键在于新闻的事实是否新鲜，报道的新闻是否快捷，选择的报道角度是否新颖，这不仅是衡量新闻价值的重要标准，也是评价新闻作品创作者业务素质的重要指标。新闻的倾向性原则在很大程度上缘于新闻事业的阶级性和新闻的政治性，新闻的倾向性往往在选择事实或解释事实时，以或隐或显的方式寄寓传播主体的立场、观点和态度，形成一种无形的意见影响受众。表明倾向性的方式和手法，在一定程度上体现出新闻创作者的经验和技巧。如果说前三者侧重新闻作品内容的评析，那么新闻评析的审美原则则侧重于对新闻作品表现形式的评析，包括对新闻文体、结构、语言等诸多方面的评析。可以说，新闻评析的基本原则为新闻评析者确立了一个具有可操作性的尺度，使新闻评析有据可依，有理可论。

新闻评析者不是单纯的新闻作品创作者，其主要任务是对新闻作品进行评论和分析，其认识问题、分析问题的角度应高于新闻创作者，应从对新闻作品的分析、品评中发现新闻创作者的优点和不足，从对事实的报道中透视新闻作品的社会意义和实际效果，同时总结出某些具有规律性和普遍性的结论。因此，这就要求新闻评析者必须具备专业的新闻理论修养，以专业的眼光作出专业的评析。

## 第二节　新闻专业技能知识

通常我们用采、写、编、评来概括新闻专业技能，这主要强调的是两个方面的专业才能：一是了解客观实际的能力，“采”即采访，是新闻传播者运用所掌握的专业理论知识，在众多事实中发现新闻的能力，也就是对客观实际的了解能力；一是语言文字的表达能力，“写“、“编”、“评”都需要用文字表达出来，新闻传播者对语言文字的运用能力在很大程度上决定着写、编、评的质量。对新闻评析者而言，具备这两个方面的专业技能知识同样必要。因为，首先新闻评析可以理解为是对新闻作品的再发现，也就是对客观实际的再了解，虽然不是直接地面对新闻事实，但同样需要敏锐的洞察力；其次新闻评析的结果最终要用某种文字的方式体现，如论文、随笔、专著等等，这同样要求新闻评析者具备较强的语言文字表达能力。这两方面的专业技能缺一不可，否则便无法完成一个完整的新闻评析过程。

新闻是客观实际在新闻传播主体头脑中的反映和再现，新闻传播主体的专业技能首先就表现在对客观实际的了解和把握上。对新闻从业者而言，加强了解客观实际的能力就是要深入实际，广交朋友，扎根到实际生活的土壤中探求生活的本质，而不是对事实表象的一知半解，也不是对新鲜事物的浮光掠影、走马观花。具体到新闻评析者，了解客观实际既包括对新闻作品中所报道的基本事实的了解，还涉及对新闻作品所产生的时代背景及其社会影响的了解，对新闻作品创作者的生活经历、写作特色等背景资料的掌握。这些信息一方面可以通过查阅相关文字资料获得，另一方面也可以通过实地的调查研究获取。在获取信息和资料的过程中，新闻评析者如果能较好地掌握新闻专业技能知识，尤其是新闻采访方面的专业技能知识，将使调查研究的过程有较强的针对性和目的性，不受外界的太多干扰，达到事半功倍的效果。

新闻评析者在经历了调查研究、分析综合之后，必定会用某种文字表达方式将自己的所见所闻、所思所想、所评所议记录下来，在这个环节中，最重要的就是语言文字表达能力。缺乏较高语言文字表达能力的人，是无法胜任新闻评析工作的。“要提高语言文字的表达能力，就要有意识地加强这方面的基本功锻炼。比如，语法、修辞、逻辑，这些基础的东西一定要弄懂弄通，掌握得扎扎实实。同时，要注意提高语言文字的修养，善于运用语言艺术。”①新闻评析作品的表现形式非常丰富，新闻评析者根据评析作品的特色及自身条件的适应程度，可以选择不同的体裁。不同体裁的语言文字表达特点也有所不同，论文是新闻评析最常见的形式，这种形式能够集中阐述某种新闻观点或分析研究某些有成就的创作者的作品，及时地提炼、归纳评析者的感受和研究成果，迅速反映新闻现象的新趋势及发展动向。这种体裁要求新闻评析者有较强的逻辑思维能力，条理清晰，语言精练而深刻。随笔也是新闻评析的体裁之一，它大多通过新闻中的一些现象，以漫谈的形式表现一种新闻理念，这种形式灵活洒脱，活泼轻松，兼具知识性、趣味性和生动性，其语言文字要求优美、灵动，且深入浅出。专著是更高层次的新闻评析体裁，它是通过新闻作品评析，对新闻现象进行的系统考察，较之其他方式更具思想厚度，内容更为丰富，学术理论价值也更高。在语言文字上要求有较强的理论色彩，厚重、精确而全面。

掌握相应的新闻专业技能知识是新闻评析者选准评析对象，获取评析资料、信息并表达评析结果的必备素质，它对提高新闻评析者的工作效率和工作质量大有裨益。

## 第三节 新闻敏感与导向意识

新闻敏感又称之为“新闻眼”或“新闻鼻”，是新闻传播主体从大量客观

① 罗以澄编著:《采访学》，第86页，武汉大学出版社1992年版

事实中迅速抓住有价值的线索，采掘到新闻事实的能力，是一种职业性敏感。具体来说，新闻敏感就是新闻传播主体敏锐地发现、鉴别和预见有价值的新闻的能力。这种能力可以说是一切新闻作品产生的前提与基础，也是新闻评析者迅速选准评析角度、确立评析重点的内在功底。新闻评析中一项十分重要的任务就是向受众说明评析者对新闻作品的看法，帮助受众认识、理解、感受作品，阐释作品所表现的思想和内容。如何坚持以正确的舆论引导人是新闻报道的重要任务。在新闻评析中，如何引导帮助受众正确理解作品的思想性、政治性，如何使新闻作品的各种社会功能发挥到极致，如何把新闻报道的“导向”及时准确地“导向”受众，是新闻评析者首先应该考虑的问题。

新闻敏感较强的新闻评析者能够“一触即发”，在众多的新闻作品中发现最具评析价值的线索，不让其轻易溜走；能够“慧眼识珠”，准确鉴别同类新闻作品中最具特色的报道；能够“见微知著”，从人们司空见惯的新闻现象中挖掘出具有重大意义的新闻作品；能够“落叶知秋”，对新闻事业发展规律作出某些科学预见。在大众传播媒介大力发展的今天，新闻评析者每天面对的各类新闻作品难以计数，如何从中发现并选取具有代表意义、与时代脉搏跳动连接最紧的新闻作品，如何从新闻作品中发现最具价值、最能产生社会影响的评析点显得尤为重要。新闻敏感是一种天生的东西，无法用“人工训练的技术方法培养出来”，①但是它可以在不断的学习和实践中得到加强和提高。

新闻敏感的加强和提高，首先，要求新闻评析者要有高度的职业责任感，对事业要有孜孜不倦、锲而不舍的精神，在新闻评析中要想得深、思得透；其次，要求新闻评析者对社会形势、历史背景、法规政策及报道思想有透彻的了解，能够洞析当前国际、国内、经济、政治等多方面的形势特征，以及政府的工作重心；再次，新闻评析者在平常的工作学习中要注意对资料的积累和研究，熟悉现实生活的实际情况，掌握丰富的历史资料，到需要用的时候就能够有备而来。总之，新闻敏感来自新闻评析者的理论修养、政策学习和业务实践，是新闻评析者政治水平和业务水平的集中表现。

导向意识是大众传播媒介的喉舌功能在新闻作品中的具体体现，从某种角度理解，它也是新闻事业阶级性的体现。新闻评析的对象是种类繁多的新闻作品，为了从中找到最适宜的评析对象，这就要求新闻评析者首先要坚持社会主义新闻传播的指导思想和报道方针，坚持正确的舆论导向。新闻评析者的导向意识体现在对新闻作品的正确认识之中。要“坚持正确的舆论导向，以正面报道为主，宣传社会主义时期党的路线、方针和政策”，②这也是我国新闻报道的

① 转引自罗以澄编著：《采访学》，第 113 页，武汉大学出版社 1992 年版

② 欧阳宏生：《电视批评论》，第 170 页，中国广播电视出版社 2000 年版

重要指导思想。在新闻传播的多种社会功能中，引导舆论的功能是不容忽视的，重视新闻作品的宣传教育性，重视新闻作品对社会安定团结，对经济、政治、文化建设的引导作用，是中国社会主义新闻事业的性质所致。新闻评析者有责任把受众的目光吸引到新闻报道的这一方面。

新闻评析者的导向意识体现在在评析实践中对新闻作品坚持正确政治导向的着重强调之中。“政治是反映政府、政党、社会团体和个人在内政及国际关系方面的活动，它具体体现在我国的社会生活中。”[①]存在于新闻作品之中。舆论导向正确与否关系到我国的现代化建设能否在一个安定团结的政治氛围中稳步前进。正如江泽民同志所说，舆论导向正确，是党和人民之福；舆论导向错误，是党和人民之祸。坚持正确的政治导向，保持稳定的政治局面，为全党和全国人民有领导、有秩序地进行现代化建设创造一个良好的舆论环境，是新闻评析者义不容辞的责任。

新闻评析者的导向意识体现在在评析实践中对马克思列宁主义、毛泽东思想和邓小平理论等观点的坚持与自觉运用。新闻评析者要全面准确地宣传马克思列宁主义、毛泽东思想和邓小平理论，要继承和创新前人的研究成果，努力帮助受众提高对社会主义的认识，抵制别有用心者对社会主义事业的攻击与诋毁，消除负面影响。

新闻评析者的导向意识还体现在强调新闻作品应着重表现和报道改革开放和现代化建设、加强社会主义精神文明建设等正面报道之中。通过此类新闻作品，受众将受到强大的精神鼓舞，认清社会发展的重点，规范经济秩序和社会生活，进一步促进我国社会主义建设的发展。

新闻评析者在正确导向意识的指导下，要坚持以正面报道为主的方针，正确处理表扬报道与批评报道的关系，通过正面报道引导人民坚定信念、增强信心，克服不良的消极情绪，使新闻作品产生积极的社会效果。

新闻敏感与导向意识从不同层面强调了政治水平对新闻评析者的重要性，前者要求新闻评析者提高发现问题的能力，后者则要求新闻评析者要具备分析问题、解决问题的能力，从而使新闻作品最大限度地发挥积极的社会作用。

## 第四节 多元而丰富的知识结构

汉代思想家王充在其著作《论衡·效力篇》中写道：“人有知学，则有力矣。”人们对社会和自然的改造，是通过知识运用的实践活动来实现的。知识就是力量。对于新闻评析者而言，多元而丰富的知识结构将有助于评析者正确

① 欧阳宏生：《电视批评论》，第 170 页，中国广播电视出版社 2000 年版

感受新闻作品，准确提出作品的思想性、指导性，同时又不局限于一孔之见，而是把各种学派的观念有机融合，把新闻理论研究成果与新闻现象紧密结合，多角度、多侧面地分析新闻作品。虽然新闻评析者不可能在一个新闻评析实践中将其所有的知识积累表现出来，但其知识范围的宽窄、知识积累的多寡，将对新闻评析的质量产生重大影响。我们常说，记者应该是个“杂家”，同时也应该是某方面的“专家”。新闻评析者同样应该如此。由于评析对象的多元和丰富，新闻评析者必然需要广博的知识与之相适应，知识越丰富，思维便越开阔，联想能力也越强，评析各个方面的新闻作品时就会言之有物，持之有故，得心应手。当然，这并不意味着新闻评析者要“门门通，样样松”，在广泛涉猎各类知识时，新闻评析者还应该对某一领域、某一专业有较为深刻的研究，这样才能使自己在评析某一方面新闻作品时，作出更为深入、独到的分析、研究，而不是人云亦云。

概括而言，新闻评析者所应该具备的知识结构可以分为以下几个方面：

首先，必不可少的当然是新闻专业的理论知识。这是新闻评析的理论基础，在前文的论述中已有涉及，不再赘言。

其次，必须具备与新闻作品相关的专业知识与人生体验。新闻评析的一个关键性问题在于评判新闻作品与所反映对象的一致性，也就是新闻作品的真实性，并且它是用何种方式来反映报道对象的。要做到这一点，评析者不但要了解作品本身，还要对作品产生的社会生活背景进行认真的观察、体验和研究。如果评析者不具备与之相关的专业知识与人生体验，又怎能正确地对作品进行分析研究呢？很难想象一个对国家政策方针知之甚少，经济学、政治学知识贫乏的新闻评析者能对政治新闻作品、经济新闻作品作出正确、深入的品评；一个工作、生活经验不足的新闻评析者能对社会新闻作品作出深刻精辟的评判。因此，作为一个新闻评析者，严格来说，应该比新闻作品的创作者具备更丰富的知识积累，更多元的知识结构，对历史、地理、哲学、政治、民俗等人文学科，以及物理、化学、生物、计算机等自然学科都要有所涉猎，注重平常生活中点滴知识的储备，从而拓宽自己的评析视野。

再次，新闻评析者还须具备一定的美学知识和评价学知识。这是新闻评析的特殊要求。新闻评析，顾名思义，其重点就在于“评”与“析”，也就是对新闻作品进行赏析和评论。赏析可以理解为一种广义上的审美过程，评论则是对赏析的结果作出某个层面的判断。一部优秀的新闻作品不仅应该具有积极的导向意识，产生较大的社会影响，还应该符合受众的审美情趣，创造一定的文化价值。新闻评析者如果在新闻评析实践中注入一些美学意识，将使新闻评析更有新意，更具情感，更为灵动，更易引起受众的共鸣。新闻评析归根到底是一个评价的过程，从选题到赏析，再到表达评析结果，都需要有系统的评价学理论进行指导，这一理论贯穿于新闻评析的全过程，如评析对象的选定、评析角度的确立、评析原则和方法的运用、评析表现形式与风格的选择等等。评价学的若干知识可以减少新闻评析者在新闻评析实践中的盲目性，增强新闻评析的理论色彩，使之上升到一定的理论高度。

随着人类社会发展进程的不断加速，知识的更新也日新月异，没有任何一本书可以穷尽新闻评析者所需的全部知识，在这里也只能作一个总体的概述，新闻评析者在新闻评析的实践过程中应学会查漏补缺，不断丰富和完善，并及时更新自身的知识结构。这些知识既可以从实际的工作、生活、学习中获得，也可以通过阅读、讨论、交谈等多种方式获得，正所谓“行万里路，读万卷书”。知识的积累是一个长期的过程，不能一蹴而就，但任何一点一滴的积累都会令人受益匪浅。

**思考题：**

1．新闻评析者应具备哪些方面的修养？
2．为什么说“新闻专业理论修养与技能知识”是新闻评析者必备的素养？
3．新闻敏感与导向意识对新闻评析者有何重要意义？
4．为什么说新闻评析者要具备多元而丰富的知识结构？

# 第五章 新闻评析的原则

## 第一节 真实性原则

真实，是新闻的生命。任何违背这个原则的虚构、夸大都是绝对不允许的。这是新闻的共同原则，是由无产阶级政党的认识路线——辩证唯物主义世界观所决定的。

一切新闻都必须真实，这是新闻存在的基本条件，也是新闻的优势所在。把握这一原则就必须正确认识新闻的本源。划清真与假的界限，杜绝不真实的新闻来源。一切新闻工作者都必须坚持维护新闻的真实性原则。

### 一、真实是新闻的生命

无产阶级新闻事业历来把新闻的真实性作为自己工作的一项根本原则和铁的纪律。可以说，真实是新闻的生命，真实性问题是新闻工作的首要问题。

#### （一）真实是新闻存在的基本条件和特有优势

根据新闻的定义，我们知道，新闻是新近变动的事实的传播。这就是说，在事实和新闻之间，是先有事实，而后才有新闻；事实是第一性的，新闻是第二性的，事实是新闻的本源，是决定新闻存在的基础，新闻只是事实的报道，是对客观事物本身的活的写真。这是唯物论者对新闻本源问题的基本认识。这就要求，一切新闻报道必须如实地报道事实的真相，反映客观事物的本来面目。如果新闻报道不是客观存在于物质世界中的事实，而是报道者的主观想象和臆造，那么，新闻也就不成其为新闻，而只能是文学或别的什么东西了。因此，内容真实是新闻存在的基本条件，也是对新闻报道的基本要求。

新闻之所以能赢得成千上万的受众，能被他们所欢迎、所接受，并成为他们认识和改造客观世界的精神向导和鼓舞力量，关键就是在于它是真实的，在于它在人们心目中是可信的。它通过客观、真实的报道，向受众呈现出客观世界万事万物变动、发展情况的真实图景，来帮助受众更好地了解新情况、新问题、新经验，掌握新政策、新思想、新知识，以便随时调节自己的言论和行动，更自觉更有效地执行政策，开展工作，安排劳动和生活。因此说，真实是新闻特有的一种优势。正是靠着这种优势，它才可能起到说服和教育群众、影响和引导舆论、指导和推动工作、服务于各项社会事业的重要作用，产生巨大的社会影响力。新闻如果失去了真实性，便失去了人民的信任，失去了发挥其功能和作用的条件，失去了产生影响力的内在因素。

### （二）真实性是无产阶级新闻事业的根本原则

无产阶级新闻事业历来把坚持真实性作为自己工作中的一项根本原则。它要求一切新闻工作者都必须坚持唯物主义的立场，一切从实际出发，实事求是地向群众报道现实生活中发生的事情的真相。有一说一，有二说二，是成绩就说成绩，是问题就说问题，有困难也照实说出，用不着隐瞒，更不该撒谎、造假、欺骗。事实证明，虚假失实的报道会给群众的思想和工作带来影响，会给社会生产和生活带来损失，会给党和人民的事业带来危害。因此，一切失实造假的新闻都是绝对不能允许的。

正因为真实性对于新闻工作如此重要，无产阶级革命领袖都极其重视这一问题。

马克思和恩格斯在办报实践中十分注意坚持真实性原则。他们在创办《新莱茵报》期间，严格坚持报纸要用事实说话，对任何不真实的报道都毫不留情。一旦发现报道失实，他们立即让有关记者、编辑和通讯员作出检查、更正，严重的还要中止其工作。正因为《新莱茵报》始终坚持说真话，它得到了人民群众的信任，销量不断增加，影响越来越大，甚至普鲁士反动政府的官员也认为《新莱茵报》提供的事实可靠，当他们要证实某一情况时，总要去翻阅《新莱茵报》。

列宁关于真实性问题有句名言："决不要撒谎，我们的力量在于说真话。"他认为，无产阶级应当相信真理，坚持真理，而不应当害怕真理。他提出，新闻事业"要向公众全面报道和阐明真相，不浮夸、不武断、不造谣，不作见不得人的报道"，"不能制造幻想，不能为自己编造神话，因为这与历史唯物主义观点和阶级观点是根本敌对的"。他强调指出，报道不真实的现实和对现实现象的错误评价，会导致"从思想上和策略上解除革命者的武装"，而"吹牛撒谎是道义上的灭亡，它势必引向政治上的灭亡"。[①]

毛泽东历来强调共产党人要讲真话，报纸要报道实情。他在 1925 年 12 月为《政治周报》写的发刊词中就提出，报刊"要忠实地报告我们革命工作中的事实"。面对反动派对广州革命政府的种种诬蔑和诽谤，他主张无须用辩论进行反攻，只须用事实就行了。1945 年 4 月在党的第七次全国代表大会的报告上，毛泽东告诫全党同志"要讲真话，不偷、不装、不吹"。1959 年，毛泽东

---

① 《列宁全集》第 9 卷，第 213—303 页，人民出版社 1987 年版

在写给各级干部的党内通信中意味深长地提醒全党同志“假话一定不可讲”。他指出：“老实人，敢讲真话的人，归根到底，于人民事业有利，于自己也不吃亏。爱讲假话的人，一害人民，二害自己，总是吃亏。”①

刘少奇在1948年10月对华北记者团的讲话中指出，新闻工作“第一要真实”。他对记者们说：“你们的工作第一要真实，不要故意加油加醋，不要戴有色眼镜，群众是反对我们就是反对我们，是欢迎我们就是欢迎我们，是误解就是误解，你们不要害怕真实地反映这些东西。”他要求新闻工作者不但要宣传党的政策，还要去考察党的政策到底对不对，“如果你们发现党的政策错了，允许你们提出这个问题，你们有这个权利”。②

从上面所列举的这些无产阶级领袖人物对新闻真实性问题的阐述中，我们可以看出，他们在理论上和实践上是何等重视新闻的真实性！

### （三）坚持真实性原则是无产阶级新闻事业的光荣传统

我们党历来强调宣传报道工作应当联系实际，实事求是，坚持说真话。1947年，针对当时解放区一些报纸在土改宣传中出现的某些失实报道和错误报道倾向，我党在解放区开展了一场反“客里空”运动。这场运动是在晋绥解放区首先开始的。同年6月25、26日两天，《晋绥日报》发表了一篇题为《不真实的报道与“客里空”之揭露》的长篇编辑部文章，检查了该报自1946年5月以来出现的一些严重失实报道，并揭露了一些记者在土改和减租减息运动中美化、袒护地主，伤害农民的错误立场。9月1日记者节当天，新华社发表了题为《学习晋绥日报的自我批评》的社论，高度评价了晋绥解放区的反“客里空”运动并分析了产生不真实报道的根源。11月9日，中宣部发动了关于开展反对“客里空”运动的指示，号召将这一运动推广到各地，将其精神贯彻到各种工作中去。这场运动不但对解放区新闻宣传队伍的思想建设和业务建设起了重要作用，同时也大大提高了解放区报纸在群众中的威信，密切了报纸与群众和党与群众的关系。

建国以后，广大新闻工作者认识到，在社会主义条件下必须继续保持真实报道的好传统，实事求是地报道和反映现实生活。在工作中，我们的新闻报道力求做到：既讲成绩，也讲问题；既讲经验，也讲教训；既报好的，也报差的；既报光明的、美好的东西，也不避讳黑暗、丑陋的东西。因为我们相信自己所从事的事业是正义的进步的事业，而正义的和进步的事业是无须借鉴造假和欺骗来粉饰自己的问题、缺点和失误的。

---

①《毛泽东新闻工作文选》，第213页，新华出版社1983年版

②《中国共产党新闻工作文件汇编》下册，第256—257页，新华出版社1980年版

应当说，建国以来的50多年中，我们的新闻报道在多数情况下还是注意坚持实事求是的思想路线，较为客观、真实地反映社会现实生活的。但是，由于极“左”路线的影响，接连不断的政治运动，从1957年反右斗争以后，阶级斗争的弦越绷越紧，社会政治气氛越来越紧张，敢讲真话的人越来越少，而讲假话在一段时间里非但不受惩罚，还会成为一种时髦。到了1958年，浮夸风蔓延全国，什么“人有多大胆，地有多大产”、“不怕做不到，就怕想不到”这些根本违背唯物辩证法的语言竟成了严肃的政治口号，一时间，到处放高产卫星，到处插跃进红旗，全国几乎都沉入一片“乌托邦”的梦幻之中。及至“文化大革命”时期，在极“左”路线的控制下，一些新闻报道更是明目张胆地信口雌黄，假话、大话、空话充斥了报纸版面。

“文化大革命”10年，新闻报道黑白颠倒，是非混淆，党的新闻事业的威信降到了最低点，报纸没人愿看，广播没人愿听，新闻事业已远远脱离了过去曾经信赖和支持过自己的广大人民群众。这10年，成为党的新闻史上最黑暗的10年，它留给我们的教训真是太多、太深刻了！

拨开笼罩了10年的迷雾，经过真理标准讨论，党的许多优良传统得到恢复，实事求是的思想路线重新被确立起来，新闻的真实性原则也重新得到重视和加强。我们的新闻报道真话多了，实情多了，可信度提高了，声誉也越来越好了。然而，不无遗憾的是，在我们的新闻报道中，失实现象仍时有发生，人民群众对新闻报道的信任程度还不尽如人意，当前，坚持新闻真实性原则仍然是全体新闻从业人员的一项重要任务。

## 二、新闻真实的三个层次

新闻怎样才是真实？长期以来新闻界意见并不一致。1985年5月，中国社科院新闻研究所等单位举办了新闻真实性研讨会，集中研讨了新闻真实性的科学定义。有关同志归纳了会上的各种学术观点，提出新闻真实的三个层次，得到了比较广泛的认同。

### （一）新闻报道的具体事实必须真实

我们所说的新闻真实性是指新闻媒介对客观事物的如实反映、如实报道。它要求一切新闻报道都必须完全按照客观事物的本来面目反映事物、报道事物。事实怎样，新闻就怎样；事实是多少，新闻就反映多少，既不夸大，也不缩小；事实没有的，就不应该弄虚作假、“合理想象”，更不能无中生有，凭空捏造。

新闻报道的具体事实必须真实，指新闻报道的时间、地点、人物、事件、原因、过程、结果以及人物的思想、语言、行动、事实数据和各种细节描写，都必须与客观实际相符合。必须实实在在，一是一，二是二，不能主观臆造，也不能“基本真实”。

新闻报道的具体事实必须真实的具体要求有以下几点：

1. 构成新闻的基本要素（时间、地点、人物、事件等）必须准确无误。人要确有其人，事要确有其事，时间、地点也须毫无差错。这是对新闻报道最起码的要求，也是新闻真实最基本的条件。

2. 新闻中引用的材料，包括引语、数据、事例等必须准确、可靠，即使是每个细节也须完全与客观实际相符，既不夸大，也不缩小，更不应该弄虚作假，生编硬造。

3. 新闻中使用的背景材料必须完全真实，而且要做到全面、客观，实事求是。不能用现实主义的态度选取背景材料，不能任意取其所需，弃其不欲，更不能有意掩盖真相，不讲实情。

只有严格按照上述几个方面的要求去做，新闻报道的具体事实才能做到真实、可信。

现实中，虽然我们不断地与新闻报道中的“客里空”现象进行斗争，但制造和导演新闻的事件仍时有发生。《解放军报》曾登过一篇《专家驱车追战士》的新闻，就是导演出来的。事情是这样的：作者所在单位有个战士在部队养猪，表现不错，退役前部队给他联系到山西忻州一个养殖研究所工作。这本来是一件很普通的事情，可是作者却想了个“专家驱车追战士’的点子，即写这位战士要去的那个单位的一位专家对这位战士很“重视”，如何亲自到火车站去“追”战士。为什么要“追”这位战士呢？作者又编造了这位战士在部队喂猪时在发酵饲料上有所贡献的事迹。作者按照设想做了一番安排、导演之后，没等某战士上车，就带着早已写好的稿件来到报社，稿件写道：

> 10月28日晚6点49分，北京开往太原的473次列车驶进了忻州车站。车轮尚未停稳，站台就响起急促的找人广播：“退伍战士伍忠同志，请马上带好行李下车，出站口有人接。”小伍本该到太原下车，他在忻州没有亲戚，谁会在这里接站呢？他万万没想到，接他的竟是山西省政协常委、著名养殖专家岳安林。
>
> 岳安林为什么要亲自接伍忠中途下车呢？这事还得从部队培养两用人才说起。

导演者万万没有想到，那位战士误了火车，改乘部队的小汽车从部队到了忻州他要去的单位，就是说这个导演的新闻完全落了空，而稿子还是按照事前的安排给了报社。当编辑反复询问此稿的真实性时，作者再三保证属实，以致稿子见报后，读者纷纷来信揭发。

由此可见，在坚持新闻报道的具体事实必须真实的过程中，还必须反对弄虚作假，坚决制止这种制造和导演新闻的现象。

### （二）新闻报道中事实的概括必须真实

新闻报道中有具体的事实，也有概括的事实。具体事实要真、概括的事实也要符合实际，能准确地概括事实的全貌，不能以点带面、以偏概全。对新闻事实的解释和概括要合乎客观事实自身的逻辑，要力求从事实的整体和联系上深刻反映事物的内在规律，要防止简单、片面的认识事物的方法。

新闻报道中事实的概括必须真实，就是要全面地看待事物。有些报道虽然不是失实，但群众总感到“不是那么一回事”。比如，把新闻事实当做“面团儿”，为了政治需要，任意地捏来捏去，也就是通常所说的“强扭角度”。这是新闻报道中事实概括的严重失真。据《中国报刊报》报道，1987 年 11 月上旬，党的十三大刚闭幕，一家省报的“在十三大精神鼓舞下”专栏中，却编发了三条这样的新闻：十三大闭幕后，晋华纺织厂捷报频传，10 月份完成了生产计划，进入 11 月以来，棉纱、棉布分别比计划超产 31 吨和 16 000 米；神头发电厂完成了全年发电任务，向十三大献上了厚礼；沁水县丝织厂在十三大期间加快科研步伐，研制出“古香缎”和“桑波缎”两种新产品。

这些报道，读后使人感到牵强附会。十三大是 10 月 25 日至 11 月 1 日召开的。在此之前，人们尚不了解大会的精神，所以也就谈不上“鼓舞”。但是作者硬要把神头发电厂到 11 月 4 日提前完成全年发电任务，晋华纺织厂完成 10 月份生产计划，都说成是“鼓舞下的成果”。十三大仅开了 8 天，沁水县丝织厂就研制出两种新产品，这也分明是编者把过去至现在一段时间的成绩都“统”在“鼓舞”的“名”下。这种不顾客观事实，不注意新闻报道中事实的概括要真实，把实际工作中的成绩作为“面团儿”，根据“需要”捏来捏去的做法，是十分有害的。

新闻报道中事实的概括必须真实，不仅要全面，还要深刻，不深刻就不会全面。就像画家给人画像一样，如果勾不出人物的特征，不能深刻反映人物的精神面貌，不管画得多美，也还是不像的。我们报上有一些综合消息、动态报道，就普遍存在这个问题，文章看来很全面，方方面面的事例和代表人物的言论都有，事例也是真的，但读者看完了之后，总觉得不真实，没有反映出事物的本来面貌。原因就是记者对事例未进行深入的分析，提不到一定的理论高度，一些事例仍然是零碎的、现象的、无系统的，得不出一个总的概貌来；或者事例虽然是客观存在的，思想观点却不是经过深入分析这些事实提炼出来的，而是记者自己主观“合理想象”的，貌合神离。因此，要深刻就得下苦功作调查，作分析，以达到全面、深刻地了解客观事物。

### （三）新闻报道的事实和这类事实的总体要一致

新闻报道中不只是每条新闻报道的事实都要真实，而且这些新闻报道的事实要和整体实际相符合，也就是说，新闻报道的事实从质上来衡量，看这个新闻报道的事实能不能准确地代表客观事物的整体情况。比如，在我们社会主义社会光明是主要的，但消极的东西也总是会有的。新闻报道要报喜也要报忧，当然也要以报喜为主，这就基本符合实际。如果报上只讲好的，不讲问题，即便件件事实都准确无误，从现实整体上看也不真实；对于这类报道，读者尽管不能具体判断每件事情的真假，但把报道与实际生活一经比较，立即会感到报道真实或不真实。这种报道事实的真假，虽然不是以某一具体客观事实为标准来检查，但归根结底还是以事实的总体来验证，所以，我们称之为新闻报道的总体事实真实。

新闻报道的事实和这类事实的总体要一致，也可以说是宏观真实与微观真实的统一。新闻报道不仅要做到具体事实的真实，还要做到在同类事实的总体中也是真实的。那种只注意具体事实的真实而忽视总体的真实，是难以保证新闻真实性的，反之，只注意总体的真实而忽视具体事实的真实，也是不能保证新闻真实性的。比如，报道灾年收成，决不能把个别收成好的村和乡拼成一版，或以这些收成好的单位为例作出总评价，而给人以“丰收”的假象；同样在报道丰收年时，也不能把个别歉收的村和乡拼成一版，或以这些歉收单位为例作出总评价，而给人以“歉收”的假象。

新闻真实性的“三个层次”的立论者认为，新闻真实性的科学含义，包括了三个层次，即新闻报道的具体事实必须真实，新闻报道对事实的概括必须真实，新闻报道的具体事实和这类事实的总体必须一致。但是，对于新闻真实性的理解和要求不能到此为止，还要从联系和发展的观点去把握客观事实，通过新闻报道尽可能揭示事物的本质。

## 三、新闻评析的真实性原则

1980 年 9 月 28 日，美国的《华盛顿邮报》发表了该报女记者库克的新闻：《吉米的世界》，引起了极大的反响，获得当年美国最高的新闻奖——普利策奖。然而，事隔不久，经调查核实，“吉米”这个黑孩子根本不存在。库克最后承认她完全凭灵感和想象虚构了一篇报道。她因此在报上发表了正式声明：“我向我的报纸道歉，向我所从事的职业、向普利策奖金委员会和追求真理的人们道歉。面对真理，我今天已提出我的辞呈。”评奖委员会取消了给库克的普利策奖。这一新闻史上的丑闻告诉我们，在新闻评析中严格把握新闻真实原则是何等重要！

真与假，是生活中常见的一对矛盾，有的事物，人们能够一眼见底，分清泾渭；有的事物，往往给人以假象，而将其真相隐蔽起来，令人一时琢磨不透，因此给人们分辨真与假带来了困难。

新闻真实，包括现象真实，也包括本质真实，还包括历史真实。所以，在新闻评析中，把握新闻真实性原则必须做到以下几点：

### （一）正确认识新闻的本源

新闻的本源是什么？是事实。这是陆定一同志阐述的关于新闻定义的一个唯物主义的基本观点。有事实才有新闻，没有事实便没有新闻。新闻，只能以客观事实为其本源。这是无产阶级新闻本源观的原则。我们的新闻报道中不时出现的虚构和夸大，除了那些有意造假者外，其主要原因就是对新闻的本源弄不清，对事实与新闻，第一性与第二性的关系还不十分懂得，在实践中便自觉不自觉地陷入了"客里空"的泥坑。

在认识上弄清了无产阶级新闻本源观，还需要在实践中处理好这样几个关系，即习仲勋同志在新华社50周年纪念会上所提出的"真、短、快、活、强"五个字要求之间的关系。这五个字是写好新闻、办好媒体的关键。既要保证新闻"真"，又要处理好"短、快、活、强"与"真"的关系。因为在实践中有的正是为了追求"短、快、活、强"而忽视了"真"，出现了报道失实的现象。

1．"短"与"真"的关系。短，是新闻写作的一个重要特点，它要求文章短小精悍，以便更快更多地传播信息，最大限度地满足广大受众的要求。但是有的作者借口短，不能详细交待事实的背景，不能照顾到事实的方方面面，而在报道中出现了种种不准确的情况。这种借口是站不住脚的。短，不是无限度的短，是要以说清基本事实为原则的，是要求一句话能够说清的不要用两句话。短，是指文字简明扼要，文字短而内容不能"短"，所以，新闻评析中要特别注意短新闻的真实性问题。

2．"快"与"真"的关系。快，是新闻的规律所决定的，不快就会丧失时机，使新闻成为旧闻、历史，失去新闻本身所固有的价值。但有的记者为了抢时间，采访不深入，甚至道听途说，事实不核对。信手拈来就用；写作时不推敲，甚至发现事实的真实性有可疑之处也不摒弃或重新调查，结果造成报道失实。采写新闻要抢时间，这只能在有限的时间内提高工作效率，做到既快又好，决不能为了抢时间而偷工减料，造成报道失实，因小失大。评析中要留意"抢"来的新闻。

3．"活"与"真"的关系。活，是增强新闻可读性的必要条件，它要求记者在有限的篇幅内，做到语言具体、生动，行文流畅，情节有起有伏、引人入胜。但有的记者为了把文字写活，不去向事实要细节，不去向被采访对象要语言，而是自己冥思苦想，闭门造车。有的记者当编辑叫他再改时或者要他补充事例和情节时，自己不再采访，往往根据已采访的一些线索，想当然地加以增加或发挥，造成虚构失实。这当然是明知故犯，与新闻要“活”毫无共同之处。所以，评析中把握新闻要“活”，是在事实的基础上予以提炼、加工，靠思想抓人，靠情节感人，绝不是虚构、撒谎。

4.“强”与“真”的关系。强，是指新闻的思想性要强，针对性要强，服务性、指导性要强。它要求记者要广泛采访，深入挖掘，认真分析。抓住那些真正具有新闻价值的题材，精写精编，突出处理，以收到应有的社会效果。但有的记者懒得跑，拣芝麻当西瓜，宁愿在一棵树上吊死，也不肯多采多跑多比较；为了使这粒“芝麻”变成“西瓜”，成为有思想性、有指导性的“好”新闻，便戴上“放大镜”，小事化大，无中生有。报道出来后，除了名字、地点、时间是真的以外，其他全成了“画中人”，使所要求的“指导性”成了“破坏性”。评析中要能明辨一些新闻中哪些是事实，哪些是夸大其词的内容。

### （二）划清真与假的界限

近几年来，在新闻真实性的探讨中，从实践到理论有过多方面的研究。对于那些蓄意造假的报道，是容易一目了然的；但对于那些夸大的、虚构的报道，在究其原因时，大家看法则很不一致。有的认为，这是因为只讲“现象真实”不讲“本质真实”所造成的；有的则认为，正是强调了“本质真实”，才为失实的报道开了方便之门。

所谓“现象真实”与“本质真实”，这是从哲学中引出的一对新闻学概念。主张新闻“现象真实”的同志认为：记者对事实负责，只要所报事实是真实的，就尽到了责任；当前新闻不真实的原因，在于强调了“本质真实”，忽视了现象真实，为不真实的报道开了方便之门。主张新闻“本质真实”的同志认为：当前新闻不真实的原因，正在于只看现象，不看本质，使报道常出现夸大、片面的弊病。这种争论是很有益的，至少说明大家都在动脑子刹假风。但是新闻失实是个复杂的问题，需要具体问题具体分析。

其实，所谓“现象真实”与“本质真实”是一个问题的两个方面，是保证新闻真实性的左膀右臂，缺一不可。所不同的是在不同的对象、不同的报道形式上有所侧重罢了。我们所运用的报道形式，从系统性来分，有三大类：一是动态性报道，也可叫做客观报道；二是深度报道，包括解释性新闻、事件性新闻、新闻综述、新闻分析、新闻故事、特写等；三是评述性报道，它介于动态性报道与深度报道之间，包括新闻评论、工作通讯等。在这三大报道形式中，动态消息是对新近发生的新闻事实进行迅速、及时的报道，是最常用的消息种类。动态性报道形式，由于受时间、事件的深度和广度等客观性的影响，一般只能回答“现象真实”。也就是只能回答“是什么”，很难深入回答“为什么”，说明事物的本质。比如，某地发生一桩凶杀案，第一报道就是动态消息，只说明发生了这么一件事情，至于为什么发生了这件事，凶手是谁，则是在以后的连续报道中要回答的。如果在这种动态性的报道中，也要求回答“本质真实”，那是要求过高了，实际上是做不到的。否则，什么事都要弄清它的来龙去脉、前因后果以及它的内部种种联系后才报道，那我们就很难有“昨日新闻”，更谈不上“今日新闻”了，新闻的“快”字就要受到极大的影响。

深度报道形式则与此不同。深度报道是运用解释、分析、预测等方法，从历史渊源、因果关系、矛盾演变、影响作用、发展趋势等方面报道新闻的形式。它可以全面、及时地反映事件的全过程，将事情完整地揭示出来。在事件发生前，可用深度报道发预告新闻；在事件发展中，可发解释性新闻、事件性通讯，既及时提供消息，又随即提供新闻背景，描述事件的发生、发展过程，交待来龙去脉；事后还可发综述、新闻分析，进行后续报道。它既全面又有一定的声势，而且还有纵深的具体分析，表现出一定的政治力量和权威，尤其是新闻分析常用于一些十分棘手、复杂、不宜用评论表态的重大事件上。这就使受众在千头万绪的报道中，不仅可看到新闻事件的来龙去脉和前因后果，而且能够深入地看到其内在的实质和外部联系，以及意义、影响和发展趋势等非显而易见的内容。它既能注意“现象真实”，又特别提供“本质真实”的保证。

评述性报道形式介于两者之间，是一种边述边评、夹叙夹议的新闻文体。它同深度报道相比，既有相似之处，又有不同之处。它们的相似之处是，都允许记者在报道新闻的同时对新闻进行分析、判断，采用夹叙夹议的手法。它们的区别是，评述报道有主张、有褒贬、讲是非、有定论，深度报道则主要是对新闻事件进行客观的解释和分析，它讲正反两方面，只剖析，有倾向，无定论；评述性报道讲究一事一议，深度报道则是将一串事实或情况汇集在一起，显示出一种倾向，这种报道形式兼顾了“现象真实”与“本质真实”。

在深度报道和评述性报道中，不仅要做到现象真实和本质真实，而且还要做到历史真实，才能保证事实完全真实。历史真实主要包括两个方面的含义：一是报道中所引用的历史背景材料，要符合历史的本来面目。不能以为它是过去的事情，就抱着一种侥幸的心理，马虎从事；二是所报道的事实要经得起时间的检验、历史的检验，若干年之后，仍然要是无懈可击的。实现这后一方面的要求，不仅对保证新闻真实有着重要的现实意义，而且对保证未来的历史的真实，有着重要的历史意义。今天的新闻就是明天的历史。作为一个新闻工作者，不仅要对今天的事实负责，也要对明天的历史负责。

针对上述三种不同类型的报道形式，在新闻评析中要把握它们的不同特点和要求，并以此决定考察新闻作品内容真实性的具体标准，即由于报道形式的不同，而对现象真实、本质真实、历史真实的要求也各有侧重，但这三者的统一是新闻评析的真实性原则的基础，不能把“现象真实”与“本质真实”对立起来，而应该看到这是一个问题的两个方面，是保证新闻真实性的左膀右臂，缺一不可。

## 第二节 时效性原则

新闻传播要快。快是保证新闻时效性的一个重要因素。新闻从它诞生的那一天起，无论它以怎样原始的形式发挥自己的功能，总是以尽可能快的速度传播着最新的事态，争取最佳的时效性。新闻要快，要新鲜，就必须“抢”，这有利于政治大局，也有利于引起受众的兴趣。否则，很难达到预期目的。

### 一、新鲜是新闻的灵魂

新闻工作、司法工作、史学工作都是同“事实”打交道的工作。新闻记者奔走于发现新闻事实，执法者潜心于破获犯罪事实，治史者孜孜于挖掘历史事实。他们都是发现、发掘、发布事实的行家。但这三种职业面对的是三种不同的“事实”：司法工作面对的是违法事实，史学工作面对的是历史事实，而新闻工作面对的是新鲜的事实。

新鲜是新闻的特征或标识。只有那些新鲜的事实，才有可能成为新闻。历史事实都是陈旧的事实，但在历史上也曾是新闻。今天的新鲜事实，若是重大事实，过若干年后，也就成为历史事实了。新闻若失去了新鲜感，就成为旧闻或历史了。因此，如果说真实是新闻的生命，那么真实的事实不新鲜，就像只有躯壳而没有灵魂一样，只能成为历史，而不能成为新闻。所以新鲜是新闻的灵魂。

#### （一）新鲜的含义

新闻是新近发生的事实的报道。“新近发生”，意为新鲜，它包括两层含义：一是从时间概念上说，“事实”的发生或“变化”必须是“新近的”，而且是越近越好；二是指内容要新，越是首创的东西，第一的东西，其新闻价值越高。前者表明报道的时效，后者表明事实的状态。

在西方，新闻有“易碎品”之称，这是对新闻的新鲜性的一种形象的比喻，意指新闻的寿命是短促而脆弱的，随着时效的消失而终止。《纽约时报》前副主编罗伯特·赖斯特曾说，如果说第二次世界大战之前，新闻界普遍认为，最没有生命的事物莫过于昨天的报纸的话，那么，今天的看法就是：最没有生命的事物莫过于几小时以前发生的新闻了。我国新闻界也以“活鱼”、“鲜花”来比喻新闻新鲜性的重要。因为，任何事物的效用都具有一定的时间性。木材过时要腐朽，钢材过时要锈蚀，水泥过时要失效，由这些材料构成的建筑物，时间长了也会倒塌；生物更是如此，树木年老了要枯死，蔬菜过了季节要枯萎，瓜果过时要腐烂；即使是人类，也无法逃脱这个自然规律。所不同的是，有的事物生命力强些，效用久些，有的事物生命力弱些，效用短些。新闻的社会效用也有一定的时间性，超过了这个特定的时间，它的效用就会成为“昨日黄花”，一去不复返，这是事物发展的一般规律。

事物效用性的强弱、长短、快慢，都是比较而言的。作为单一事实形态的某篇新闻的社会效用，与其他作为单一事物形态的某篇文学作品或历史论文的社会效用相比，要短暂得多。比如，报道雷锋事迹的消息的社会时效，就比后来根据雷锋的事迹创作的艺术品——电影《雷锋》的时效要短得多。如果现在把几十年前雷锋的艺术形象搬上舞台或者银幕，也许能赢得许多观众。可是要把他的事迹再用新闻的形式向全国发布，不仅不会收到什么好的效果，而且还会受到指责。因为雷锋的去世及事迹已经不是新闻，而是世人皆知的历史。新闻的这种新鲜性，是由新闻自身的原则所决定的。

### （二）新鲜性的具体内容

在上面我们讲到了新闻的新鲜性包含着两层含义，即从时间上讲，新闻要尽快抢先报道；从内容上讲，新闻要是最近发生或变化的事实。那么，我们首先从时间上看，新闻的“新”有哪些内容。

新，从历史发展的角度来看是相对的。过去当交通工具还不发达，人类还没有发明电报、电话、广播的时候，要得知一条新闻线索是不容易的，要把一条新闻线索写成新闻传播出去更不容易，需要很长的时间。因此，那时的新闻的“新”，也许以一个月为限，也许以一年半载为限，它是受当时历史条件影响的，也是因历史条件而异的。但是，不管历史条件如何，它都必须在当时历史条件下以尽可能快的速度报道最新发生的事实，这一点是十分明确的，也是必须遵循的。

进入到现代，交通工具和传播手段高度发达，新闻一旦成立便可以立即甚至现场同步予以报道，这就是新鲜性最强的新闻。现在的标准是：新闻报道要用最快的速度把最近发生、刚刚发生和正在发生的事实传播给公众，时间上稍微的拖延都是新闻报道所忌讳的。一般说来，新闻事实发生的时间与新闻报道之间的时差，越短越好。

然后，我们再从事实的新鲜性上看，新闻的“新”具体内容有哪些。

1. 事物总是处在不断的运动状态之中。在这种运动中，总有许多过去从没有发生过的事实发生，这种新鲜事实是大量的、常见的，在新闻报道中比较容易把握。在这类事实中，还包括新的发明创造，即人们的劳动成果、科技成果；还包括新的精神产品的发表，一部著作或一部电影、一个戏剧问世，引起社会轰动，便成为新闻。这些也都是常见的。

2. 世间万事万物都在运动之中，运动中的事物都有这样那样的变化。事物的变动，有正常与异常之别：正常的变动，即按部就班地发展，不大可能成为新闻；异常的变动，即异乎寻常、违背常规的变化，任何事物出现异常变动，都是新闻。大事物出现异常变动是大新闻，如近年来，东欧、前苏联政局的异常变动是世界性的大新闻。小事物出现异常变动大多是小新闻。

3. 有些事实发生在过去，但由于种种原因未能公布于世，事过境迁后，一旦被人发现，便成为新闻。这种新闻，在国内外几乎年年都出现。许多新发现的事实比新发生的事实更引人注目。比如，关于第二次世界大战期间日本军队曾强迫本国和其他国家（朝鲜、中国等）妇女充当“慰安妇”的历史记录，是一名日本记者偶然发现的。这一重大发现引起了亚洲一些国家的政府和公众的极大关注。

4. 在政界有一些秘而不宣的内幕，由于政治斗争的需要，或保密时限已过，在事后通过报道披露于世。公众原先对此一无所知，待到事实披露出来，则大为惊异。这种事实，大多属于政治斗争方面的社会事实。虽然它既不是“新发生”的，也不是“新发现”的，但它是当事人自己向新闻界宣布的，是新披露的事实。

5. 事物运动总是有一定规律可寻的，把握这种规律，依靠科技进步和科学思维，人是可以预测未来事态的。事物产生或消亡的征兆是可以感知的，有些重大社会事态的发展是可以预测的，如海湾战争前各国记者对这场战争即将爆发的种种预测。

以上说的是新闻内容即事实的新鲜性。记者要善于把握事实本身是否新鲜。一般地说，事件性新闻，把握其新鲜性比较容易；非事件性新闻，把握其新鲜性比较难。如何把握呢？主要通过比较分析。新事实常常是在同旧事实的比较中见其新鲜的。有横向比较，即同周围、外界事物的比较，不了解周围、外界同类事物就无法进行比较和识别；有纵向比较，即同以往的事物的比较，不了解过去历史上的事物也无法进行比较和识别。在某单位发生的新事，在本单位看是难得出现的新鲜事，在外界人士看来是平常小事一桩。新闻是一种社会现象，社会上普遍认为新鲜，即鲜为人知的事实，才是新的事实。

新鲜性除了上述的时间“新”与事实“新”外，在某种层次上还包含着角度“新”的含义。所谓角度新是指表现手法新，就是要不拘一格创新体。这虽不属于新闻新鲜性的本质特征，但它也是实现新闻固有价值不可少的一种手段。如果一篇人物新闻，时间新、事物新，而且所选的报道角度也新颖独特，形式不俗，有声有色，那就会使这篇新闻增色不少，更为感人。

## 二、“抢”新闻的必要性

新闻要反映新事实、新情况、新形势。即使是非事件性新闻，也要反映新经验、新人物、新动向等。可以说，新鲜是新闻报道区别于其他宣传内容的标志。做到新闻事实新鲜，必须在事实发生后于新鲜保值期，以最快的速度把新闻事实传播出去。因此，从时间上讲，快就是新闻的价值所在。

让我们来看看历史：15世纪哥伦布“发现”了美洲大陆，消息传回西班牙，用了半年时间。19世纪60年代，美国总统林肯被刺，消息传到欧洲，用了3个月。到1963年，美国总统肯尼迪被刺，美国通讯社1小时内就向世界广播了。1981年美国总统里根被刺，8分钟内消息传遍了世界。新闻的时间差在高速地缩短。

新闻的传播速度越来越快，新闻的时间差越来越短，因此，新闻越来越“新鲜”。新闻事业的发展要求记者具有强烈的时间观念，要有“抢”新闻的意识。新闻事件不管是在什么时间发生，得知后都要立即赶赴现场，快采、快写、快发。我们提倡“抢”新闻，就是要争取时间，力争早发快发。一旦发现了新闻线索，就要跟踪追击，咬住不放，哪怕不睡觉也要把它“抢”回来。

1984年7月29日上午11时30分，在洛杉矶奥运会上，我国射击选手许海峰夺得了本届奥运会第一块金牌，新华社记者立即发出了报道。这是全世界最早报道本届奥运会第一块金牌产生的消息，这自然是靠“抢”来的。据参加这场报道的新华社记者介绍当时情况说：谁获得奥运会的第一块金牌，在历届奥运会上都是比赛开始后第一天的第一条重要新闻。世界各大通讯社历来都重视抢发这条消息，争取第一，并以此为荣，当作新闻界的一块无形金牌。所以，当新华社最先用英文发出许海峰获得本届奥运会第一块金牌的消息后，备受同行们的注意。由此可见，全球的新闻界是多么重视“抢”新闻！

然而，在国内我们的新闻报道中时间观念总不那么强。香港一家报纸评论我们的新闻报道时，写过这么一段话：科学发明，使新闻工作进入高速电子传真和人造卫星传播的时代，但大陆的‘新闻’似乎停留在骆驼运货的阶段。没有时间观念，不会抢时间，不能快捷而适当地处理新闻，哪里配称新闻记者。这些话令我们深思。现实中，我们有许多记者、编辑脑子里确实没有“抢”新闻的意识，每天8小时上下班，习惯于慢慢来的机关作风，甚至有“衙门记者”之风，非请不去。这种落后于时代、落后于世界的新闻报道作风，说明这些记者没有认识到“抢”新闻意味着什么，更没有认识到“抢”新闻的必要性。

那么，“抢”新闻究竟意味着什么？其必要性又表现在哪里呢？

人类进入电子时代后，电子媒介的出现和广泛使用改变了人与人、人与世界的关系。通信卫星、广播、电视、网络等传播媒介以光速传递信息，使世界各地人们之间的时空距离骤然缩短，整个地球仿佛变成了一个村落。在世界任何一个角落发生的一件新闻，只需几分钟就能传遍全球，新闻事实的寿命缩短到惊人的程度，不“抢”新闻，将面临没有新闻可报的境地。各种传播工具大量涌现，许多城市不但有多种报纸，多家电台、电视台，许多家庭还能直接接收太空中通讯卫星和通讯社的电讯。这种“全球一村”的传播竞争效率，要求新闻业内部缩短新闻报道时间以应付这种激烈的竞争，否则就将在竞争中被淘汰。因此，“抢”新闻对新闻机构就意味着生存与发展，而对于记者个人则意味着自己的“饭碗”能否保住。

简单地说，“抢”新闻的必要性具体表现在以下几个方面：

1．事物不断变化的运动状态要求我们必须“抢”新闻。新闻作为一种信息，是对事物新近运动状态的报道。事物的状态，由于自身的不断运动而不断变化。如果我们不能迅速、及时地予以报道，它所呈现的相对稳定的状态会一闪即逝。事物运动的状态变化速度越快，新闻从出现到消逝的时间就越短，不“抢”新闻就会让它从你眼前很快溜走。

2．受众的求新欲要求我们必须“抢”新闻。新闻必须是人们未知、欲知、应知的最新事实。受众的求新欲就是受众不断地抛弃旧闻、寻求最新信息的欲望。比如，一个运动会的报道，许多项目逐个比赛着，昨天受众通过报道知道了足球、篮球比赛的结果，满足了受众的需求后，又会产生了解其他项目比赛结果的新欲望，一直到全部比赛项目结束。因为，受众满足了一种求新欲之后不久就会产生新的求新欲，如此递进，以至无穷。如果不“抢”新闻，尽报道别人已经报道过的旧闻，这样的媒体将会被受众所抛弃。

3．社会需求的迅速变化也要求我们必须“抢”新闻。新闻必须适应社会需要，而社会需要由于形势的不断发展而迅速变化着。在信息时代的今天，由于信息的不稳定性和多变性而更加要求加速情况交流，迅速更新知识，以适应社会发展的需要。比如商品信息的传播，今天报道了某厂成批生产了一种洗衣机，引起了人们的关注和购买欲望；可明天又报道另一个厂试制成功了一种比这种洗衣机更先进的洗衣机，则能引起人们更加强烈的关注与购买欲望。随着后一个信息的传播，前一个信息的作用便迅速消失了。因此，社会需要的迅速变化不仅要求“抢”新闻，更要求“抢”独家新闻。

4．新闻的国际化大趋势要求我们必须“抢”新闻。在盛大的国际性会议、体育比赛等全球性活动中，各国的通讯社、电视台、广播电台、报社等新闻机构都在争分夺秒地“抢”新闻，在进行着一场无声的竞赛。每一重大事件发生后，有关媒体将公布各大媒体发布这条消息的时间，谁第一个报道，谁就夺得了这场“比赛”的冠军。在国外的这种“比赛”中，第一名与第二名往往是分秒之差。然而，在我国媒体竞争中“抢”新闻的意识还不强，而且在国际性盛会中我们并未参加这种“比赛”，报道往往比较迟缓，给人一种超然于世界之外或者没有进入国际大竞赛轨道的印象。这对于我国的政治、经济、文化的发展是十分不利的。所以，要改变这种现象，树立良好的国际形象，必须加入“抢”新闻的行列，把“抢”新闻的意识渗透到媒体竞争中去。

综上所述，“抢”新闻的必要性反映了新闻的规律性，也反映了受众的心理要求。同时，还反映了社会发展变化的必然性和参加国际大竞赛的需要。

## 三、新闻评析的时效性原则

新闻的时效性是指事实发生与作为新闻事实予以报道的时间差，同新闻面世后激发的社会效果的相关量，即新闻产生应有社会效果的时间限度，时间性是时效性的基础，时间性差的新闻，不可能有理想的时效性。一般说，事件性新闻时效较短，非事件性新闻时效性较长。时效性受到社会生活节奏和信息传播技术的制约，对它的追求是现代新闻事业的目标之一。在新闻评析中，把握新闻时效性原则的关键是：新闻的事实是否新鲜、发布的时间是否快捷、选择的报道角度是否新颖。

### （一）新闻的事实是否新鲜

新闻是时代的号角、舆论的向导，它要反映时代最新的业绩、时代最新的精神、时代最新的风貌。事实新是媒体报道的基本特点。如果不具有事实新或很少具有事实新，就不像一张新闻纸。

新闻要具有新鲜的事实，这是众所周知的常识。但什么样的新闻算是事实新鲜，什么样的新闻算是事实不新鲜呢？由于观念不同，目前仍有不同的理解。有的认为，只有“事件性新闻”才能做到事实新鲜。而“非事件性新闻”很难做到事实新鲜。其实，新闻的事实是否新鲜，并不在乎是“事件性新闻”还是“非事件性新闻”。因为“事实新”包含着事件新、思想新和语言新三个方面的内容。具体表现为：事件新，是人们欲知、未知而想知的事实；思想新，能开阔眼界，启迪思想，揭示事物发展的新趋势；语言新，新闻语言要同时代相适应，与事件的特定环境和人物的特定性格相适应，不落俗套。事实是否新鲜，也不是由产生形式——突发式或渐变式事件来决定的，而是由构成新闻质的规定性——新闻的本体和根据所决定的。当然，即使要从新闻形成的形式来看，突变与渐变只有新闻价值因素的大小不同，而无事实新旧的根本区别。

事件新，就是要报道最近的事实，反映最新的信息，这是新闻事实新的本质所在。一般来说，判断一个事件新不新，主要看它是不是首变，具不具有新意。在这里，首创的东西，第一的东西，可以具有新意；那些普遍存在于事物之中的特性、特质，也可以挖掘出具有新意的东西来；新奇、反常，能引起人们惊异、疑虑和给人以知识，则新意更浓。那些虽是新近发生的事实，但它是屡变，是同一事物过去再三变动了的，一般来说，则不具有更大的新意。

思想新，就是主题思想要新，要能反映时代的最新精神，这是新闻事实新的魅力所在。它能开阔受众的思想，拓宽生活的领域，改变人们旧的思想认识、吸引人们去进行新的探索，从而给人以力量。这种新思想，常寓于事物变动的本体之中。这就需要记者深察细揣，比较分析，“沙里淘金”，经过一番提炼才能得到。

语言新，是指新闻语言要“着装入时”，同时代的曲调合拍，与事件的特定环境相吻合，和人物的身份、性格相符，不落俗套；也要求用语精美，用最少的文字反映最多的内容，用最生动的语言反映并不有趣的事实。做到这一点，既要有去伪存真、散光聚焦、以一当十的剪裁和表现的功夫，又要有聚声于笔、“声如其人”的语言功底。这里最重要的是，在语言运用上要立足于“动”，随形势变化而“动调”，随事物的发展而“动声”，随人物的活动而“动词”。这个时期的调子不能同于另一个时期的调子，这个事物的声音不能同于另一个事物的声音，这个人物的言词不能同于另一个人物的言词，要通过语言反映出不同时期、不同事物、不同人物的特点来，这才能使事实新具有时代感。

### （二）新闻发布的时间是否快捷

新闻的时间性是新闻时效性中的重要因素。这是指从新闻根据成立到新闻公开发布之间，速度的快慢、相隔时间的长短而言的。一般来说，相隔时间越短，新闻发布得越快，新闻的时间性就越强，新闻的社会效果也越好；反之，相隔的时间越长，发布得越慢，新闻的时间性就越差，也必然要影响到新闻的社会效果。

新闻要以最快的速度进行传播。快，就要做到新闻根据一旦成立便立即报道。但新闻根据的成立又是因事而异的，它可能在事实变动时成立，还可能在事实变动后若干时间成立，还可能在事实变动的过程中就成立。掌握后一种情况，比掌握前两种情况的难度更大，因为要准确、及时把握事实在变动过程中新闻根据是否成立的情况，以便及时报道。在这里，记者必须熟悉变动的事物，了解变动着的事物的进程和方向，把握可靠的依据，并及时作出正确的判断。比如，1982年12月2日，中央人民广播电台在22点45分的《体育节目》

中，以《我国体育健儿在第九届亚运会上取得金牌总数第一已成定局》为题，提前一天第一个向全世界宣布了这个我国体育战线取得的带有突破性胜利的消息，引起了正密切关注这届亚运会比赛结果的我国听众的强烈反响，当晚和第二天收到听众几百封祝贺电、信，获得了很好的社会效果。如果记者不了解中国体育代表团和第九届亚运会的情况，就无法在2日晚上发出这条消息。这说明采写这条消息的记者很好地把握了新闻的根据，把握了新闻的基本规律。这正是新闻求速求快之道。

新闻的时间性是新闻报道中的一个重要课题，它直接影响到新闻报道的社会效果。当前，新闻界尽管希望从新闻根据中找到某种“理由”，能够尽快提高新闻的时间性，但实际上仍未摆脱新闻时间性差的状况。这除了因为没有把握新闻时间性的标准，把具有时间性的新闻也当作没有时间性的新闻舍弃之外，还有下列原因：首先是新闻工作者的头脑里缺乏应有的时间观念，不管事实是什么时候具备新闻根据的，总采取“只要我抓住了它，写出来报道出去的就是新闻”的态度；二是报道纵向的经验太多，且不注意运用新闻的由头，而报道横向的信息又较少，因而我们的新闻总是给人一种“不新”的印象；三是作风不深入，未能及时掌握新闻线索，往往是临时抱佛脚，抓到什么算什么；四是新闻机关衙门化，层层传递，作业流程长，稿件在编辑部压的时间太长；五是新闻传播技术手段落后，再加上交通工具受限制，除了本市的新闻外，外地的新闻一般很难在三两天内得到发表，从而影响了新闻的时间性。

在新闻评析中，要加强新闻的时间性，关键在于改变传统观念。只有改变传统观念，才能统一对新闻时间性的看法，使我们能将新闻发布的时间是否快捷作为衡量新闻作品好坏的一个重要标准。我们的新闻工作，过于重视经验，重视纵向知识，而忽视动态报道，忽视横向信息，忽视新闻的社会性，这种状态不改变，就很难重视新闻规律特别是新闻价值法则的运用，也很难重视传播手段的现代化和工作作风的改变以及横向信息的传播，因而很难达到提高新闻时效性的目的。

### （三）新闻报道的角度是否新颖

新闻角度是记者在采写新闻中认识和表现新闻事实的着眼点和侧重点。即记者从什么立足点、什么视角、什么突破口，去寻找、挖掘、认识、选择和表现新闻事实，以更充分、更鲜明地体现新闻事实的新闻价值。一般包括：选题角度、立意角度、表现角度等。新闻角度可以精心选择，但不能脱离客观事实而随心所欲地编造或强扭。选择新闻角度，首先，要客观真实地反映事物的本来面目，体现事物所固有的内涵；其次，要竭力突出事物的个性特点；第三，要力求新颖、巧妙。

一件新闻事实有多种新闻角度，但并不等于每一种角度都是理想的。角度选择的恰当与否，在一定程度上决定着新闻的成功与否。最佳角度的选择，可以变平庸为新鲜，变枯燥为生动，变肤浅为深刻，甚至可以变旧闻为新闻。

有些客观事实本身具有新闻价值，值得报道，但是如果按照一般的“通用”角度来写，便显得一般化，没有新鲜感。假定你选择了一个最佳角度，可以使一般的新闻变得新鲜有味。

请看1986年9月2日《经济日报》发表的一篇报道：

**在第七届世界杯体操大赛中**
**谁是“最紧张的观众”?**

［本报讯　记者张婉丹报道］9月1日晚，在第七届世界杯体操赛闭幕的时候，有的新闻记者开玩笑地说：如果要评选本届大奖赛中“最紧张的观众”，我投刘小明一票。

四十多岁的刘小明是天津春合体育用品厂厂长。本届体操大赛所用的全套器械都是这个厂在三个月内赶制出来的。

世界性体操大赛全部使用中国器械，这还是第一次，而且要求采用国际体联公布的最新标准，这对在体育界已经享有一定声誉的春合体育用品厂，无疑是一次严峻的考验。

在三天的赛程里，“身经百战”的刘厂长始终处于紧张状态中，运动员赛到哪里，他就跟到哪里，不停地观察、拍照。他的信念是，在世界十几亿电视观众面前，中国生产的器械不能出一点岔！

刘厂长和全厂职工所作的努力得到了满意的结果。在世界杯体操赛决出女子全能名次以后举行的记者招待会上，获得女子全能冠军的苏联选手舒舒诺娃和女子全能亚军的罗马尼亚选手西利瓦斯，都赞扬中国生产的体操器械很顺手。从苏联代表团传出信息：这套体操器械达到了世界先进水平，苏联运动员在这套器械上发挥得很好，他们正在考虑向中国订货。

这篇消息有两个比较突出的特点：一是角度新。企业报道，总是离不开产品、赢利、管理、销售等具体工作性内容，就工作报道工作，角度单一，内容枯燥。而这篇消息则从世界杯体操大赛上发现了经济报道的好素材，找到了把经济与体育紧密结合的切入口，把枯燥的内容变得新鲜而生动了。二是有新意。消息不仅传达了运动员高度评价该厂产品的信息，更有弦外之音——为创一流产品，企业家要紧盯市场！这是通过刘厂长的言行表现出来的。在三天赛程里，刘厂长“始终处于紧张状态”，“运动员赛到哪里，他就跟到哪里，不停地观察、拍照”，目的是希望“生产的器械不能出一点岔”。这是在世界十几亿观众面前亮相，他怎能不紧张！消费者和市场决定着产品的命运、企业的存亡，刘厂长深深懂得这一点，记者也很好地把握住了这一点。

## 第三节 倾向性原则

任何一条新闻都或多或少地表现出一定的倾向性。所谓倾向性，是指新闻媒介或明或暗表现出的特定的政治立场，也指记者通过新闻事实暴露出来的思想倾向。全球所有的新闻媒介无不控制在一定阶级或社会集团的代表人物手中，因此无不具有一定的政治倾向性，或倾向于进步，或倾向于保守，或倾向于中间。这一倾向最鲜明地表现于社论或评论中，但新闻报道或版面安排也能巧妙地表达一定的倾向。新闻报道是由具体的人——记者、编辑经过采访、选择、写作和加工而传播的。每个传播者不可能没有自己的立场、理解和态度，在选择事实或解释事实时往往寄寓着一种无形的意见以影响受众。将新闻或评论置于主要地位或置于次要地位，是否加按语，如何加按语等都表现出新闻媒介的政治倾向。倾向性一般以隐蔽为高明，越是隐蔽，越显得客观公正。但有时在重大问题上也可以毫不隐蔽，开门见山。

### 一、新闻的倾向性

新闻的倾向性主要表现为政治性、指导性和趣味性，即政治新闻具有政治倾向，重要的经济新闻和社会新闻具有发挥教育作用的指导性，而知识性、娱乐性新闻大多数也具有趣味引导动机。

#### （一）新闻的政治倾向

政治新闻必须考虑政治需要，从报道者的政治利害得失着眼，来决定事实的取舍。任何政治势力，都不会匆忙地、无动于衷地去报道政治性事件。对于政治动向中的各种重要事实，哪些发表，哪些不发表，以及怎样发表，发表到什么程度，都有一个政治标准。这样做虽然违反了新闻客观性的原则，但在任何充满政治斗争的社会中，几乎所有的政治派别都以对己有利的政治标准选择事实，确定报道的分寸。由此，引起了各种政治派别新闻观的斗争。然而，这些派别无一不是以自己的政治立场抨击对方的新闻选择原则，如果说他们有什么不同的话，那就是他们从事的是哪一种政治，这种政治能否代表人民利益。正如恩格斯所说："绝对放弃政治是不可能的；主张放弃政治的一切报纸也在从事政治。问题只在于怎样从事政治和从事什么样的政治。"[①]判断新闻政治倾

① 《马克思恩格斯全集》第17卷，第449页，人民出版社1963年版

向性的是非，不在于是否有倾向，而在于新闻内容是否站在人民的立场上，表现人民的意志。

政治新闻在阶级社会中都是为一定阶级集团利益服务的。新闻的政治性即阶级性，使新闻不是纯客观的报道，而是通过新闻事实表达一定阶级的政治概念、政治主张，宣传一定的政见。这样，政治新闻的倾向性主要表现为：(1) 按照某个阶级政治集团的利益取舍事实，或压或抢发新闻；(2) 在新闻中明显发表各种议论、宣传本阶级集团的观点，政论多、消息中议论多是政治新闻表现倾向性的主要手段；(3) 直截了当地宣传某个政党的方针、政策，或抨击对立派别的政治立场，使新闻直接成为意识形态斗争的一部分。

这类新闻事实在没有报道之前，就具有潜在的倾向性，但却无法强烈地显露出这种阶级倾向性，一旦它经过报道者的加工和调色，就涂上鲜明的政治色彩和阶级色彩了。迄今世界上的一切新闻传播者都在一定阶级、一定政治或经济集团之中生活，传播者的立场不可能不渗透到新闻写作过程中。当这些记者把新闻用于政治、经济、文化等利害问题上的时候，新闻所具有的利害倾向使新闻媒介都具有了主体的功利性。

认识新闻的政治倾向性及其所反映的阶级利益，是认识新闻本质属性的一个重要方面，但这不是问题的全部，因而不能把新闻的阶级性绝对化。不同阶级、国家、社团虽然有不同的观点和认识，但由于历史和现实的共同生活原则和共同交往方式，使不同阶级和国家之间的伦理道德、思想意识、审美标准等方面也有许多相同之处。即使不同立场的新闻发布机构，在一定条件下，也可能对同一个事件抱有一致的态度，只是他们表现事实的方式又总是把他们态度中的细微差别，以一种明显的倾向提供给不同的受众。因此，那些“据实以报”的新闻对不同阶级和政治立场的读者、听众来说，都各有不同的受益，接受者总是根据这些倾向作出自己的分析。那么，不同新闻媒体对同一事件报道的各种观点、观念的细微差异，又可能给人们全面、深刻认识这一事件提供完整的认识模式。

表达新闻的政治倾向，必须建立在忠于事实的基础上。按照政治意图“改造”客观事实，使新闻的政治性完全陷入歪曲、虚构事实的泥坑，必然导致报道的彻底失败。对于客观事实来说，政治是第二性的、派生的、被决定的因素。如果不尊重事实，一味地迎合“政治倾向”，那就会为了“政治性”而改造事实，这就会使造谣新闻泛滥成灾。依靠虚构事实来进行政治斗争，靠谣言新闻维持政治主张，正是政治力量走向衰败的征兆。陆定一同志曾在《我们对于新闻学的基本观点》中指出，事实与新闻政治性二者之间的关系，万万颠倒不得。新闻工作者必须尊重事实，而且尊重事实与政治上的革命性是密切结合，不可分离的。

### （二）新闻的指导倾向

凡是新闻都有指导性，是指有关人们日常经济生活、精神生活和各种社会交往生活的新闻，对人们如何认识错综复杂的社会现象，从而正确从事社会活动具有引导作用。

新闻的指导性同报道的目的性密切相关，是以目的性为基础的。采写任何新闻都要有目的，有明确的报道目标，即为什么要报道这条新闻，它要告诉公众一些什么，让他们得到一些什么。因此，任何一条新闻都应该有所为而发，而且应该有利才发，这"有所为"和"有利"，就包含着指导性问题。新闻报道引导人们关心国家每一时期的中心任务，正确认识经济、政治形势，这是新闻发挥指导性的普遍现象。社会管理部门为了保证中心任务的完成，需要多方面的配合，其中就包括运用新闻报道宣传这些中心工作，使人们积极响应国家的号召，执行国家的政令和法令；一条介绍成功或失败的工作经验的新闻，直接指导实际工作应该怎样做或者不应该怎样做；根据某种思想、观点、立场，反映某种情况，推荐先进人物或先进思想，使受众增长见识，提高觉悟和道德情操，从而帮助他们正确认识现实，正确地行动，这些都属于指导性。任何新闻，只要事实挑选得好，报道时机确当，表现有力，都可以在不同的方面产生不同程度的指导作用。

新闻报道是国家指导社会生活和各项工作的重要渠道，但它不能代替政府部门的工作部署，对受众发号施令。要求一切社会工作和一切生产任务的具体进程、具体方法、措施和经验，都在新闻报道中得到反映，给予指导，实际上也是不可能的。新闻报道的对象是全国各阶层的广大群众，也包括一部分领导干部，因此并不排斥新闻从领导的角度出发，介绍一些成熟的具体工作方法、措施和经验，指导干部和群众做好实际工作，但从更大量、更重要的方面来说，面向广大群众，针对群众思想和实际工作中存在的问题，用某种观点和政策来教育公众，吸引他们关心和正确认识各种社会问题，指导他们的行动，却是大量新闻所具有的指导作用。

### （三）新闻的趣味倾向

那些充满趣味性、异常性的新闻，其倾向性往往表现为对事实中人物命运的同情、赞扬或是揭露；对异常自然现象和社会滑稽事件的报道是赋予高尚的情趣，还是进行低级下流的描写，也都表现为新闻的趣味性倾向。但是读者不同，他们的兴趣、爱好也各异，因此，一条新闻事实对不同记者来说，可能以不同的趣味倾向来报道，使不同立场的读者获得各自的感受。然而，任何受众，不管他如何玩世不恭，他对于其他人的生活与命运总会产生某种同情心和关注感。这种兴趣，通常包括日常生活中发生的两种极端的事实，即令人高兴、振奋和忧虑、幽默两类事。记者使用不同的笔调，就可能使受众对某一事物感受到强烈的刺激，产生兴奋的专注的神情，这就意味着记者给新闻事实注入了一定的趣味倾向，而注入的手段则是通过加强新闻的兴趣性实现的。

关于人员伤亡、灾祸报道的同情兴趣，会激起读者的恻隐之心。大多数幽默报道中总有一个遭到小小不幸的人。这类事件都包含“不寻常”的意思。世界上任何地方的人都爱热闹，喜欢听到“最……”什么事。对不同寻常的人，对新奇、美丽的地方，对令人兴奋的冒险活动，受众急于想知其一二，这类消息必然吸引着受众。广大受众由于无法看见神奇的事物和气宇轩昂的人物，不能亲临发生奇变事件的现场，于是就更加急于想读到听到或看到有关这一切的新闻报道，从富有刺激性的新闻中获得乐趣。高尚的兴趣使人们获得善良、正义的追求，而低级趣味却败坏人们的品德与情操，这是趣味性新闻具有的两种不同的影响效果。

科学领域中的新发现，一贯被认为是不寻常的。在现时的原子时代，人们对科学技术进步的兴趣不仅继续存在，而且越来越浓。自然界的奇变，梦幻般的天文信息，动植物的各种轶闻，人类自身的神秘发现，等等，成为重要的读者兴趣因素。

生活本身就是搏斗，体育竞赛、罪行、冒险、英雄主义的各种报道，都吸引大群看客。而看客们总是为高尚者喝彩，为卑微者叹息，因为大多数人崇拜正义、勇敢，而新闻以道义、献身为歌颂对象，也就越发激起兴趣这种社会情绪。

在新闻中，如果主角中包括儿童、情爱和妇女的话，所谓的人类兴趣就会因此而倍增。考古挖掘者已经发现，原始人用象形的符号发出反对年轻人道德沉沦的警告，证明青春期的问题自古就存在了。早在古代武士对弱者的侠义行为出现之前，人们就同情弱者；妇女通常被视为丽质与温柔的化身，人们对女性的担心也多于男性。也正由于这一人类兴趣的惯性的原因，新闻对弱者和女性的描写，使新闻能够激发高尚或低级的趣味。少男少女情感失落，年轻人见义勇为，女演员、女模特陡遇风波之类的新闻，使关于青年的报道更加绚丽多彩。电视与新闻摄影的发展，有助于满足人类这一愿望。但这类报道表现新闻事实有截然不同的趣味倾向，其中有赞美高尚灵魂的，也有追逐红粉佳丽的，还有歌颂为人类多作奉献的，等等。

但无论如何，新闻要表现健康的趣味，排斥平庸低下的流俗，更要抵制充斥色情的作品。新闻的趣味倾向始终应使人类获得自我完善的美感、诗乐般的雅兴和无穷的向上力量。

## 二、新闻的局限性

新闻是社会现实的具体反映。不同思想信仰和不同环境中的人，对社会和自然界中变化着的各种事实，有完全不同的反应或评价。在社会主义国家，记者对新闻事实的选择，直接涉及新闻的针对性、思想性、倾向性，决定新闻的舆论导向，体现出新闻宣传的艺术性，是实现新闻与宣传双重价值、取得新闻最佳社会效果的关键环节。因此，记者在选择新闻时不可能是纯自然的，它受着诸多因素的制约，这些制约可称之为新闻的局限性。其具体表现为：

### （一）新闻受制于报道思想

所谓报道思想是指新闻机构对在一定时间内组织宣传的指导思想和具体实施的设想。它包括报道的目的、预期效果、内容重点、范围、步骤和要求，是编辑部具体工作计划的指针。由有关上级的方针、政策和中心任务、基层的实际情况和编辑部掌握的线索以及编辑日历而定。

报道目的，是指通过新闻报道所要达到的结果。它要求记者围绕这一设想，有目标、有方向地去搜集新闻、组织报道。

报道内容，是指新闻报道所要再现的事实，以及这些事物所蕴含的思想内容。它包括报道的题材、主题、事件、人物等。比如，我国一些新闻传播机构常常要求：国庆期间多报道祖国的新面貌、新成就；元旦、春节前后要多报道各条战线、各行各业的新景象、新事物；深化经济改革时，要注意报道其动向和经验；某一重大事件发生后，则要注意报道其社会反响等等，这就是对报道内容的规定。报道内容是由报道目的所决定的。

报道范围，是指新闻报道所涉及的区域、行业的界限。这一方面是由于不同的新闻传播机构，其受众的需求不同所规定。比如，一些地方报纸要求以报道本地新闻为主，同时“面向全国”，适当报道一些外地新闻。另一方面是由于不同的报道任务，其对象的不同所规定的。比如，提高服务质量，加强岗位责任制，主要是针对城市里的服务性行业；农业承包责任制的报道，自然主要针对农村。

报道重点，是指新闻报道内容和报道范围的着重点。不同时期，根据党和政府不同的工作重点，根据实际工作和生活中存在的具体情况，新闻机构都会对新闻报道的内容、范围有所侧重。比如，以报道知识分子为例，宣传知识分子在四个现代化建设中的重要作用；宣传党对知识分子的关心，注意在知识分子中积极慎重地培养、发展党员，合理使用知识分子等等，都是应该的，但是，这些内容，不是每个时期都要均衡报道的，而要分主次、轻重，否则，主攻目标不明确，重点不突出，新闻报道便难以达到预期的整体效果。

报道思想与新闻采访的关系，是指导与被指导的关系。任何一次采访，都是在一定的报道思想指导下进行的，不是以正确的报道思想作指导，就是以错误的报道思想作指导；不是自觉地接受某种报道思想为指导，就是盲目地接受某种报道思想为指导。

报道思想与采访之间的指导与被指导的关系，除了表现在政治方向的把握上之外，还具体表现在这样两个方面：

1. 报道思想指导新闻素材的获取。有了正确的报道思想的指导，记者在采访中，面对纷繁复杂的大千世界和复杂的社会生活，就会头脑清醒，目标明确，而不至于该采集的没采集，采集了的又都没有用。

2. 报道思想指导新闻主题的提炼。报道思想与新闻主题是两个不同的概念。新闻主题有其客观性，只有通过采访得到材料之后，才能在客观材料的基础上来谈主题的提炼。如果把报道思想这种设想、意图当作主题，然后下去找例子说明它，这便陷入了唯心主义的“主题先行论”的泥潭。但是，报道思想又与新闻主题有着十分密切的关系。任何新闻主题都有一定的时代性，必须符合社会和受众的需要。而报道思想正是一个时期、一个阶段中社会需要和受众需要的产物；它所力图反映的正是这一时期或阶段客观事物的发展变化，以及人们对客观事物认识的新情况、新问题。因此，从时代性这个角度来说，报道思想与新闻主题的要求是一致的。

### （二）新闻受制于编辑方针

所谓编辑方针，是根据办报、办台方针和现实情况对报纸、节目内容、形式所作的相对固定的总体设计。这种设计包括：确定受众、报道的范围和重点、媒体的水准（如内容的深浅程度）以及报纸的风格等。

也有一种意见认为，应把媒体的主旨、媒体的立场和态度也列为编辑方针的重要内容。

编辑方针是编辑、记者进行编采活动必须遵守的基本原则，从搜集材料到写作稿件，从稿件的选择与修改到版面或节目的编排，都要以编辑方针为指导。编辑方针是有关新闻工作的重大决策，需要媒体领导机构根据媒体主办者的旨意，协同各方研究确定。

新闻媒体的编辑方针侧重点因其类型、对象和地域的不同而不同。如日报与晚报，由于其类型不同，其编辑方针有所不同：日报侧重于宏观的、政策上的指导性；而晚报则侧重于微观的、生活上的服务性。因此，在新闻选择上，日报注重新闻事实的重要性、显著性，选择报道那些政治上重大的、对人民生活影响深远的事实。晚报则注重新闻事实的新鲜性和趣味性，选择报道那些人民日常生活中有意义的、有新意的事实，强调的是娱乐性和服务性。

青年报与老年报，由于其对象不同，编辑方针也不同：青年报注重选择那些与青年人相关的以及青年人所关心的事实进行报道；而老年报则注重选择那些与老年人相关的以及老年人所关心的事实进行报道。不同地域的报纸在选择新闻时则注重其地域上的接近性，报道本地区所发生的、本地区老百姓所关心的事实。由此可见，不同的新闻媒体各有其自己的编辑方针，而不同的编辑方针则直接制约着新闻事实的选择。

编辑方针是整个新闻报道组织工作的灵魂。每天有大量的稿件进入编辑部，整个报道机能周而复始地运转着。这种运转并不是自然地、分散地进行，而是受一定原则支配、并在一定组织系统中展开的。因为，没有一个完整的报道体系，就不能把彼此孤立的稿件输入传播领域。因此，任何新闻报道都离不开组织工作，而新闻报道的组织工作之核心是编辑方针。总编辑或总编辑部门（总编室、总编办公室等）迅速准确地发表指令，是报道组织工作的第一个环节，也是首要的环节。指令包括近期的报道计划、一周的报道内容、每天的报道要求。这种指令不是总编辑本人的主观臆断，它来自于编辑方针、报道思想和编委会的精心研究。反过来说，编辑方针也就制约着新闻的选择。

### （二）新闻受制于报台利益

报台利益是近几年才出现的新名词。随着社会主义市场经济的发展，新闻媒体逐步市场化的转变，报台利益在新闻选择中所起的作用渐渐为新闻界所重视。复旦大学李良荣撰写的《论新闻选择》一文，就论述了报台利益在新闻选择中的表现。

1. 从新闻政策到报台利益

报台作为一个企业（或事业）单位，有它自身的利益。在资本主义社会尤其是这样。报纸作为一个自负盈亏的企业，一般公开招股，由董事会来掌握。报纸绝对不去触犯董事们、股东们的利益，绝对不会去刊登董事、股东的丑闻。1947年，上海的国际饭店电梯出事，砸死一位名演员，上海各报以显著地位登此消息，惟独《新闻报》不登，原因很简单，国际饭店的老板钱新之兼任《新闻报》的董事。报社还有许多“关系户”，报纸最大的关系户是广告客户。在资本主义社会，绝大多数报纸的主要目的是赢利，报社并不是靠发行而是靠广告收入来维持生计的，报纸上70%左右的版面是广告，广告部控制编辑部，一批大的企业所刊登的广告是一家报社“饭碗”的保证。报纸上的内容绝对不敢得罪这批企业主，以免砸掉自己的饭碗。因此，在新闻选择中，编辑部必须考虑这批企业主的利益，把不利于他们的新闻抽去。

以捍卫党和人民利益为宗旨的我国新闻事业，除了报纸的销路以外，本来不应该有自己的私利，而应该无私无畏地去反映现实，捍卫真理。但目前，在党风和社会风气尚未根本好转的情况下，难免存在一些从一社（台）之私或从个人私利出发处理稿件的情况，对党领导下的报台起一种腐蚀作用。在新闻改革中，这是一个亟待解决的问题。资本主义社会报纸的“关系户”是维系报纸的命脉所在，不能丢弃；而我国报台的“关系户”是由党风不正、社会风气不正造成的。随着党风和社会风气的根本好转，“关系户”问题将逐渐解决，新闻选择过程中对这一方面的考虑将会越来越小。

2. 从报台利益到新闻价值

“新闻政策”和“报台利益”两个关卡，都起过滤作用，即把危害国家和统治阶级利益、危害报台利益的内容排除掉，留下的都是能够报道的事实。然而，报台有它自身的特点，选择什么样的事实才适合报台发表呢？这就是新闻价值考虑的问题。新闻价值这一关卡的作用是除去“杂质”，即排除不适宜报台传播的事实。

我们知道，在报台产生以前，人类早就有了新闻活动，口头新闻、书信新闻、手抄新闻是主要的传播方式。这种新闻活动的共同特点是：传播是在个人之间进行的，对象单一，要求明确，实际上是一种“你问我答”的形式。但报纸和广播、电视产生以后，传播方式就不同了。报纸、广播、电视的受众，各行各业、各阶级、各阶层、各种年龄、各种经历的都有。报纸要有销路，广播、电视要有听众、观众，它们才能维持下去；要有销路和听众、观众，它的内容就必须能引起众多受众的共同关心，使大家都欢迎它。新闻价值所要解决的，就是选择什么样的事实来发表才会引起受众的共同关心。新闻价值就是事实本身所包含的引起人们共同关心的素质，正是这些素质能够构成供报台传播的新闻。人们把这些素质归结为“六性”：

真实性：事实准确，内容真实；

新鲜性：迅速及时，内容新鲜；

重要性：和受众的切身利害密切相关；

接近性：地理上接近，心理上接近，引起读者的共鸣；

显著性：受众所熟悉的名人、胜地；

趣味性：新闻事实奇特，充满情趣，富有人情味。

上述六条中，第一条“真实性”和第二条“新鲜性”是构成新闻的必要条件。任何一个报台是以真实、新鲜作为自己生命的，离开真实，新闻就成了文学；没有新鲜，新闻就成了历史。一个事实具备了第一条“真实性”和第二条“新鲜性”，再加上其余四条中的任何一条即可构成供报台采用的新闻。而一个事实所具备的素质越多，其新闻价值就越高，就越受受众喜欢。

## 三、新闻评析的倾向性原则

上面我们论述了新闻的倾向性和局限性。可以说，每个新闻机构、每个新闻工作者在报道新闻时都要站在一定的政治立场上，通过精心选择新闻事实、报道角度和确定报道形式、传播时机来表达自己的主观意向和政治立场。这种倾向性和局限性有时是通过新闻报道作为某一阶段、某一政党和社会团体的政治代言人自觉体现出来的，有时则是通过新闻报道者自身因政治倾向、伦理规范、文化素质和价值取向所产生的思维定势自然流露出来的。在新闻评析中要把握好新闻的倾向性原则，必须注意以下两点：

### （一）正确处理新闻的客观性与倾向性的关系

要用辩证唯物主义的观点来认识新闻的客观性与倾向性，两者是对立统一的关系。我们既不能只强调客观性而否认倾向性，犯客观主义的毛病；也不能只强调倾向性而否认客观性，犯主观主义的毛病。那么，到底怎样处理新闻的客观性与倾向性之间的关系呢？

其实，新闻界常说的“用事实说话”就是对新闻的客观性与倾向性之间关系的一种通俗、简练而又准确的概括。这里的“说话”，就是指发表看法、表明观点，“用事实说话”，就是将自己的观点、看法、倾向寓于所报道的事实之中。所以，报道本身就是一种倾向性的流露。

在我们的新闻报道中不乏运用客观报道手法表现倾向观点的优秀作品。请看下例：

**某连白菜丰收　机关纷纷伸手**
**万斤白菜“卖”了七元钱**

王超志　慈爱民

11月11日，本报收到驻京某连队几个战士的来信，反映近几天，机关同志向连队要白菜的电话不断，连队无法招架。12日上午，记者前往调查，下面是采访实录：

记者：听说你们连白菜丰收后，来要菜的人很多？

连队干部：（面有难色）战士给报社写信我们不知道，不过他们反映的情况确实有。今年我们种了5亩大白菜，实在费劲不小。经过几个月风风雨雨精心管理，白菜长得不错。收菜前派了6个人整夜看，穿着皮大衣，拿着凉席，睡在地里。一直到11月4日收菜，一共收了近6万斤。谁知，白菜丰收了，要菜的电话也跟着来了。

记者：从收菜到现在，你们接到多少要菜的电话？

连队干部：几乎每天都有，最多的一天接到27个电话，连队干部每个人都接到过要菜的电话。没有办法，我们采取两个对策：一是统一口径，不管是谁，要拉白菜就交钱，一毛一斤，二是我们谁也不接电话，让通信员接，就说连长、指导员不在。就这也不行，我们只好东躲西藏。后来人家干脆就来了，对通信员说，我已跟你们连长、指导员讲好了，把白菜就装走了。

记者：你们的菜被拉走了多少？

连队干部：大约有一万斤。菜收回的当天就拉走了600斤，以后又来拉了十多次，还有十多个没有拉，估计早晚得来。我这里有电话记录，最少有300斤，最多的要一卡车，大多数是五六百斤，而且都是拣好的拉。只有一份交了钱，300斤，给了7元。

记者：你们的电话记录能否给我们看看？

（他们开始连说不行，经过记者一再说明替他们保密，才让看了记录。记者看到上面记了28个要菜的名字，其中有科长、股长、参谋、干事、营里干部等。）

记者：这类情况过去有没有？其他连队有没有？

连队干部：每年都是这样。去年，我们连的白菜下了窖还往外拿。不仅要菜，别的东西也要。我们养了80多头猪也不敢杀，都拉去卖。别的连队也和我们一样，有的连队种萝卜，人家也要。连长们碰到一起，都发誓明年不种菜了，买菜吃，但这是气话，不种怎么行呢？

（原载1988年11月13日《解放军报》）

这篇报道通篇没有记者的议论，只是客观地报道了某连队遇到的向他们伸手要菜不给钱的事。然而，读完报道，读者会明显地感到记者对这种恶化部队环境、腐蚀机体的不良习气的强烈抨击。记者运用“采访实录”，不仅忠实地记录了对话的内容，而且呈现出人物微妙的心态，渲染出真实的场景气氛，使之具有强烈的感染力。报道出来后，上级有关部门狠抓了这件事，并在军报上展开讨论。由此对纠正不正之风、协调部队上下级关系起到了推动作用。正因为此，它在1988年度全国好新闻评选中以全票获得一等奖。

正确处理新闻的客观性与倾向性的关系，还必须正确认识客观主义与主观主义两种不良倾向的表现。持客观主义倾向的人盲目追求什么“纯客观”的报道，不负责任地从现实生活中任意撷取一些事实材料，作“纯客观”的记录或作机械的摹写，而不去触及事物的内在本质，把握事物的整体和相互间的联系，结果往往造成不良的社会后果。

“纯客观”的报道，对于一则新闻来说，我们不能说绝对没有。比如，报告某一自然界的珍闻，公布某一科技成果，发布某一市场信息，等等，作者只是传播一条信息，报告一个情况，或许并不存在什么倾向问题。但这种报道在整个报道中毕竟只占极少数。而且，即使是这种报道，有时也能体现出报道者的某种思想倾向，表明他欣赏什么，提倡什么，或是肯定什么，支持什么。

“纯客观”的报道，对于一家新闻媒体整体来说，则是完全不可能的了。任何一家新闻媒体恐怕都无法说自己的报道全是“纯客观”的。因为它不可能在任何情况下从不表达任何政治立场和思想观点。旧中国的《大公报》极力标榜自己的“客观”、“公正”，把“不党、不私、不盲、不卖”的口号喊得很响，但关键时刻，还是投入了国民党的怀抱。

有时一些新闻媒介对某一事件中相互对立的双方采取平衡报道方式，既不袒护这一方，也不迎合那一方，表面看是客观、公正，不偏不倚，似乎没有倾向问题，其实这种报道本身就是一种立场。比如，中国新闻媒体关于两伊（伊朗、伊拉克）战争的报道就是这样，我们确实不存在偏袒哪一方的问题，但这种平衡报道正是要说明我们的一种立场：两伊都是发展中的兄弟国家，争斗对双方都不利，应当尽快结束战争，恢复和平，重建家园。

有时对一些明明很有新闻价值的新闻事实采取“有闻不报”的做法也是一种表达倾向的方式。

由此看来，现实中是不存在绝对“纯客观”的报道的。我们所说的客观性只是一种相对的概念。一般说来，新闻报道的主观色彩少了，相对就显得客观些。如果一家新闻媒体的报道能坚持从实际出发，能尊重事实，善于用事实说话，能如实地反映现实生活，不虚报、不造假、不回避和掩盖事实的真相，那么，就可以说这家新闻媒体的报道是客观的。

持主观主义倾向的人往往不是从客观实际出发，而是从主观愿望和臆想出发来对待新闻报道。他们习惯于用实用主义的态度选择和拼凑材料来说明自己先验的观点。这种报道往往容易给人一种强加于人的感觉，非但得不到预期的传播效果，有时甚至还会引起受众的反感情绪和逆反心理。显然，这种主观主义的倾向与客观主义的倾向一样也是十分有害的。

### （二）确定新闻倾向性的标准

新闻的倾向性取决于新闻事实的选择和对事实的评价。对社会负责的新闻媒体或记者，应当在新闻中表达正确的倾向，用正确的思想去引导公众，这样，他们选择事实必须站在人民的立场上，肯定进步，抛弃腐朽，坚持正义，歌颂光明，反对黑暗，使新闻报道成为主持公道、推进历史前进的力量。

选择和评价事实，坚持下述标准已经被我国新闻界所公认。

1. 充分反映人民群众的伟大精神面貌，用先进思想和先进人物的榜样，为人们提供丰富的思想教材，指出社会前进的方向，树立新的风尚。注意把先进思想和先进人物的范例变成广大群众共同的精神财富，使其在群众中产生精神和物质作用，提高人民的参与意识、主体意识和社会公德的水准。这是一个移风易俗的问题，是改变千百年来在广大群众中留下来的旧习惯势力的问题，是社会精神文明的思想建设问题。历史的创造者是人民，新闻报道的中心应当是人民群众。列宁曾指出，榜样的力量，只有在政权转变为无产阶级掌握以后，在剥夺者已被剥夺以后，才第一次有可能表现自己的广大影响。先进思想和先进人物的报道，反映了人民群众的伟大精神面貌和高尚的思想品质，它是时代前进的动力。

2. 新闻不断满足人民了解世界变化的需要，以反映人民的愿望和心声为基本要求。这就要求新闻敢于向人们说真话，维护人民的最大利益。毛泽东同志在《论联合政府》里指出："共产党人一切言论行动，必须以合乎最广大人民群众的最大利益，为广大人民群众所拥护为最高标准。"①新闻要反映人民的要求，评价事实要适合人民的切身需要。这种需要虽然有时是枝节的、琐碎的，但凡是人民需要知道的实情，都应真实地报道，并作出实事求是的分析。从一定意义上来说，新闻对党和人民的意志、要求、情绪反映得越充分，新闻的倾向性就越接近人民的立场。

3. 新闻选择与事实评价要反映现实生活的主流与本质，抓住现实生活中主要的关键性问题，因为这些问题是大多数群众所关心的东西。新闻如果不抓主流、不抓重大事件，而去平均使用力量，抓了生活琐事，把重大事实搁置一边不理，就不能反映社会运动的真相和本质。所谓抓本质，就是要对事实进行准确、深刻的判断、推理和分析，把受众对事实的认识提高到正确的理性水平。

记者所选择的大量事实应当反映社会的普遍规律，使受众从报道中寻求出事物内部特殊性和普遍性的两方面及其相互联结，给人以深刻的印象和启示。事实评价要把事物放在时代背景下加以观察和剖析，善于纵向或横向对比。生活中的许多事物或现象之所以成为新闻报道的题材，首先因为它们是先进的、新生的、有生命力的。我们在报道的时候，必须说明这些事物产生的时代背景和社会根源，使其具有鲜明的真理性，并被全面、深邃地展示出来，这种倾向性将是客观真理性的自然再现。

## 第四节　审美原则

新闻必须用事实说话，事实则具有固有的外在客观实体形象。任何新闻作

① 《毛泽东选集》第三卷，第1096页，人民出版社1991年版

品，都离不开一定的人物、景物、环境、场面等有形的客体形象，这是新闻事实赖以相互区别而存在的物质外壳。其中的人物形象通常以其音容、性格及其行为方式区别于其他人物；景物形象，通常以其风貌、传统文明及其自然结构区别于其他环境；场面形象，又通常以其不同的人、物、景及其气氛区别于其他场面。在新闻作品中，要恰当地反映这些形象，关键在于通过完美的形式传达出这些形象的基本特征，使受众在获得新闻信息的同时还得到美的享受。而且在新闻报道中，通过挖掘，采取适当手法表达新闻事实中所固有的人物、自然景物、特定环境、场面等客观实体形象，增强新闻的形象力量，是广泛吸引受众、提高新闻可受性的基本途径。

## 一、新闻文体

新闻文体是新闻体裁中以文字表现的各种写作形式。新闻文体是在长期实践中，为适应受众和传播事实的需要而产生的，并逐步形成了区别于其他文体的特征。主要表现为：题材贴近现实，多数为新鲜事实；反映准确、及时；文字简洁生动，少用华丽词藻；篇幅不长，不蔓不枝，布局安排有其基本结构形式，如消息通常是高潮在前。

新闻文体分为三大类：一是新闻报道类，包括消息和通讯及调查报告等；二是新闻评论类，包括编者按、编后、评论员文章、社论等；三是新闻摄影类，包括新闻照片、专题照片等。每类又可细分为若干种，每种都各有其特殊要求。这里我们重点介绍几种最基本、最常用的新闻体裁。

### （一）新闻报道类

在新闻报道类中，我们主要介绍消息和通讯两大类。

1. 消息。消息是以最直接、最简练的方式报道新闻事实的一种文体，是最经常、最大量运用的报道体裁。消息常被称作“报纸的主体”、“报纸的主角”。传播媒体中，各种各样的事实主要靠消息传播。

消息刊登时一般在文首加电头或“本报讯”字样。消息分为导语和主体两部分，写作时一般采用“倒金字塔”式结构，把最重要、最新鲜、最精彩、最吸引人的内容放在前面。也有其他结构形式，如“金字塔”式、“自由式”等等。

消息的种类很多。依篇幅长短分，有长消息、短消息、简讯、一句话新闻、标题新闻等；依报道对象分，有事件性消息、农业消息、政治消息、体育消息等。目前，我国新闻界倾向于把消息分为动态消息、简讯、综合消息、评述性消息、人物消息、特写性消息等等。

采写消息是记者的基本功。消息写作要求完全真实，不能有虚假成分；还要写得短小精练；要特别讲求时效性。近年来，新闻界一直提倡消息要短、新、快。“中国新闻奖”的评奖标准和要求中明文规定：文字消息在1000字以内，广播、电视消息在4分钟以内。

2. 通讯。通讯是运用多种表现方法比较深入而又详细地报道真实的客观事物的新闻文体。其主要报道范围是新闻事件的发展过程、新闻人物的成长经过、某项工作的详细情况及某地风貌的概况特色等，是新闻最常用的报道方式之一。

目前一般对通讯作如下分类：按照报道内容，分为人物通讯、事件通讯、工作通讯和风貌通讯；按写作形式，分为一般通讯、小故事（小通讯）、特写、巡礼、速写、侧记、散记、采访札记等等。

通讯与消息一样，要求内容完全真实，讲求时效，但它比消息的容量更大，写作更活，表现力更强，报道范围更广。通讯的主题是通讯的灵魂。通讯写作要求主题正确、鲜明、集中、深刻。应围绕主题精选典型材料——事件、人物、风貌、经验、情节等等。

中国早期报纸的通讯，脱胎于描写性消息及古代记叙性散文，篇幅较短，事件要素交代不全，表现手法也较简单。早期报纸称通讯为“通信”，或以“记”、“录”等字样来区别于其他文章，后逐渐发展成为独立的新闻文体，出现了纪实性的事件通讯、战地通讯、日记体的纪实性通讯、游记体通讯等种类。20世纪初，远生通讯的出现，使通讯这一文体的地位得到承认并日趋巩固，逐渐成为最吸引人的新闻体裁。几十年来，通讯在新闻文体中一直占有重要地位，形式日趋完备，技巧日趋纯熟，出现了很多有影响的通讯名篇。

### （二）新闻评论类

新闻评论，是新闻工作基本的新闻手段之一。它是结合新近发生的重要新闻事实，针对当前人们普遍关注和存在的实际问题和思想问题，通过新闻媒体所发表的一种具有倾向的、以广大读者为对象的论说性文体。目前，新闻评论文体，概括起来有社论、评论员文章、短评、编者按语(包括编后)、专栏评论、述评，以及广播评论、电视评论等。新闻评论是上述各种评论文体的总称。

新闻评论和新闻报道是社会主义新闻工作缺一不可的基本的新闻手段。如果说，新闻报道是主体、是基础，以叙事为主，那么，新闻评论则是旗帜、是灵魂，以议论见长，兼具新闻性和政论性的特点。评论与报道互相配合，结合实际，及时地宣传国家的路线和政策，从而团结人民，引导舆论，祛邪扶正，推动实际工作，指导革命实践。

从新闻事业的发展来看，新闻评论不仅业已在报纸和一些刊物上成为一种不可缺少的重要体裁，而且在通讯社、广播、电视诸种新闻媒体中也逐渐得到了更加广泛的应用。这里我们重点介绍社论、评论员文章和短评。

1. 社论。社论是代表新闻媒体编辑部的权威性言论，在广播、电视中称之为“本台评论”。它集中反映并传播一定政党、社会政治集团或社会群众团体对当前重大事件和迫切问题的立场、观点、主张，一般代表同级党组织的意见。社论是报纸的旗帜，是新闻评论中最重要的体裁，历来为新闻界所重视。

2. 评论员文章。规格介乎社论与短评之间的中型评论文章。它与社论没有严格的界限，必要时可升格为社论。它不像社论那样直接代表编辑部集体或同级党委（包括其他组织领导）的意见，但它反映编辑部的观点和倾向，也具有某些权威性。

3. 短评。短评是篇幅短小、内容单一、分析扼要、使用灵活的编辑部评论，是编辑工作中经常运用的一种评论形式。它常常配合新闻报道就现实生活和实际工作中某一方面的问题，代表编辑部发言。它在题目、评论范围、篇幅等方面，比社论轻便灵活，属于新闻评论中的“轻骑兵”。

### （三）新闻摄影类

新闻摄影也是新闻报道的一种形式，它采用摄影的手段，选择正在发生的典型事实进行有说明的照片报道。新闻摄影形象直观，通俗易懂，为人们所喜闻乐见。

新闻摄影的新闻属性规定了它报道的是受众想知道而又不知道的事，想看而未看见的事。真实是新闻摄影的生命。所报道的事实是摄影者目睹的客观现场纪实，既不能事后补拍，也不能随意改变当时形象，文字说明要有根有据，准确无误。

新闻摄影的社会功能是及时反映实际，传播形象新闻，满足受众“百闻不如一见”的心理要求。运用摄影术传播新闻，兼具社会生活美和艺术造型美的两重性，是名副其实的、普及的审美教育媒介。

拍摄新闻照片，摄影者须通过深入采访，亲临现场观察，迅速分析判断，摄取有代表性的典型瞬间景象，所以新闻照片具有很强的说服力量。评价新闻照片的标准是：新颖及时，真实准确，鲜明生动。

新闻摄影比起文字报道的历史要短得多，仅有150年左右的历史。1839年摄影术的发明也孕育着新闻摄影的出现。1842年5月，德国汉堡一连4天大火，当时即有人拍摄了灾情照片，其中一张保存至今，堪称是世界上最早的新闻照片。1911年武昌起义爆发，上海《申报》首先刊登了革命军设于武昌蛇山的炮台的照片。中国的新闻摄影正是与近代中国革命同时发展起来的。这里我们重点介绍新闻照片和专题照片。

1. 新闻照片，又称新闻图片，其要求是所报道的事实必须有新闻价值，并有鲜明的视觉形象。新闻照片虽然不要求每张照片都有艺术性，但艺术性强的图片可以提高新闻照片的价值，引起受众的关注，增强照片的生命力。新闻照片的本源是事实，是摄影记者目睹的客观存在，必须坚持时间、空间和对象三位一体的真实原则，并有充足的新闻根据，做到毋庸置疑。

2. 专题照片，又称专题摄影、照片通讯，是新闻摄影的一种体裁。专题照片通过多幅画面集中地阐述一个主题思想，深刻、细致地刻画人物的精神面貌，或概括、深入地反映事件的发展过程，是报纸杂志经常采用的一种报道形式。专题照片的外部结构往往有一两张骨干照片，或叫破题照片，其他照片围绕题旨向纵深拓展。

## 二、新闻的表现技巧

新闻的传播渠道主要有报纸、广播、电视三大媒体，虽然它们的表现形式与方法不同，但无论哪种媒体在表现新闻时都需要新闻稿。可以说新闻是不同媒体的不同类型作品的核心和基础。我们在这一节里无法将所有新闻的表现技巧一一加以叙述，所以选取新闻表现中最基础、最核心的部分：新闻导语、新闻结构、新闻语言和新闻标题四个方面来探讨新闻的表现技巧。

### （一）新闻导语的写作技巧

郭玲春是近年来颇有成就的新华社记者，写出了一些脍炙人口的新闻作品。特别是她写的新闻导语，构思奇巧、不同凡响。万联众同志研究了她的新闻导语写作后，称赞她“开阔了新闻工作者的眼界”。

1. 筛选最吸引人的新闻事实

1983年2月10日，首都电影界250余人举行茶会，祝贺《城南旧事》和谢晋荣获第二届马尼拉国际电影节“金鹰奖”。

就这一新闻事实来安排新闻结构，传统的结构手法是：“电影《城南旧事》和谢晋荣获第二届马尼拉国际电影节‘金鹰奖’，首都电影界人士250余人今天在京西宾馆大厅举行茶会祝贺。”

另一种传统结构手法是：“首都电影界人士250余人今天举行茶会，祝贺《城南旧事》和谢晋荣获第二届马尼拉国际电影节‘金鹰奖’。茶会是在京西宾馆大厅里举行的。”

这两条导语虽则符合导语写作基本要求，但是很平淡，感染力不强。一经郭玲春妙笔点染，这条消息顷刻变得光彩夺目了。

> ［新华社北京2月10日电］　电影艺术家谢晋坐在京西宾馆大厅的主座上笑了。这是在今天首都电影界祝贺《城南旧事》和谢晋荣获第二届马尼拉国际电影节“金鹰奖”举行的茶会上，著名演员郑振瑶正向与会者

介绍、谢晋在国歌声中走上领奖台时，难以控制的激动状。

这是报道喜事消息导语的成功例子。那么，报道悲事消息导语是否也可以写得生动吸引人呢？多年来，有关追悼会消息的写作，几乎形成一个固定的模式。但郭玲春报道金山逝世的消息，却突破了老框框。

[新华社北京1982年7月16日电] 鲜花、翠柏丛中，安放着中国共产党党员金山同志的遗像。千余名群众今天默默走进首都剧场，悼念这位人民的艺术家。

这里，作者一反成规，用描写导语报道名人逝世，这是比较新颖的。

2. 善于从普通事实提炼意境

就一些新闻事实来说，有的本身生动感人，有的本身抽象枯燥，需要从普通事实中提炼出新意境。

1983年7月27日，《王大观画展》在北京中国美术馆开展。传统的消息导语写法是："《王大观画展》今日在中国美术馆开展。"

另一种传统消息导语的写作手法是："今日在北京中国美术馆举行的《王大观画展》开展。这批个人美术作品重现了30年代北京古城的风貌。"

这两条导语写法均是叙述式的，符合传统的导语写作要求，但不够吸引人。

同一新闻事实，到了郭玲春的笔下，就立时被升华到一个新的意境。

[新华社北京7月27日电] 当首都已向现代化城市迈进的时候，人们是否还记得旧日北京的风情？今天在中国美术馆开幕的《王大观画展》重现了30年代古城的形象。

这条导语巧妙地把新闻事实融于广阔的时代背景下去认识，既使人们联想起过去，又加深了人们对新近发生的事实的认识，从而激发读者去参观这个展览的兴趣。

全国优秀新闻工作者表彰大会在北京开幕。议程无非是领导作报告，宣读贺电，老实说，实在难以写出新意境，而郭玲春笔下却出现了新颖奇异的构思。

[新华社北京11月28日电] 以新闻报道为己任的350余名记者、编辑、播音员，今天成为被报道的新闻人物。这些常年活跃于社会各阶

层，反映人民群众的成就、愿望和呼声的新闻群英荟萃北京，参加建国35年来首次举行的全国优秀新闻工作者表彰大会。

这条消息导语的写作确实出手不凡，构思奇巧，发人深思。这里，尤其是“今天”这个确切的时间词语构思得极妙。它既是与“过去”相呼应的对比，又是发电稿的时效表述，可谓一语双关，寓意深长。

3. 导语与结尾的紧密呼应

记者应当十分重视新闻作品首尾的呼应。美国的威尔·格里姆斯利的体会是：一篇好的报道是具有对称美的。它必须有一个好的开头。然后，它应该平稳流畅地过渡到文章高潮；如果可能的话，要用一个出乎意料的结局使之达到高潮。郭春玲的新闻作品在这方面也是很讲究结构技巧的。

她写的《从“第二梯队”走到“前沿阵地” 我国青年电影导演开始显露才华》的消息导语是：

[新华社北京1月2日电] 在电影亟待提高质量的一片呼声中，有关人士注意到了一种希望的苗头：中青年导演已开始在银幕上显示自己的能力和才华。中国艺术研究院电影研究所向我们提供了这样的数据：1982年全国摄制完成的近百部故事片，有49部出自40岁左右的导演之手。

消息结尾是：

“第二梯队”的成员，应当站到“前沿”去，成为战斗中坚。那需要自身的更加勤奋，也需要领导和群众的支持，包括批评。倘能多给些实践的机会，多创造些有利条件，他们的步子会迈得更加坚实。文艺评论家冯牧作了这样的比喻：文坛上的中青年一代恰如长江滚滚波浪似地前进。

这条消息导语与结尾前后呼应。导语是抽象概括，只报道了新闻事实。而结尾用“恰如长江滚滚波浪似地前进”比喻中青年导演的成长情形。这个比喻生动、形象，给人留下深刻的印象。

## （二）新闻的结构形式

新闻结构是新闻写作中表达内容、体现主题的谋篇布局，即一篇新闻组织材料、安排层次段落的构思设计。这一般包括突出中心，处理详略；确定表述次序，划分层次段落；设计开头、结尾，考虑呼应和过渡等等。新闻结构必须符合客观事物发展的规律和内在逻辑联系，为充分表现新闻主题服务，并要具体考虑到不同新闻体裁的特点及其不同要求，力求结构严谨，重点突出，层次清晰，简明扼要。

1. 我国通用的四种结构方式

早期的新闻结构形式比较简单，变化极少，也不分段落。1919年5月6日上海《申报》发表的一条关于“五四”运动的北京电讯，就是这样：

> ［北京电］ 今日午后两点，各校师生5000人入×馆界，执旗书“誓死争青岛”及“卖国贼曹陆章”字样。后又拥至曹宅，初极文明。警察弹压，激动公愤，有举火烧宅者。警察逮捕，被捕甚众。经钱派员慰谕，尚相持未下，东交民巷已戒严。

这条新闻完全按事情发生的顺序写作，类似今天的金字塔式。

随着新闻事业的发展，新闻结构的形式复杂多了。现在我国通行的大体上有下列四种：

一是倒金字塔式。

这种结构形式的特点是：头重脚轻地安排组织材料，把新闻高潮或结论，把最重要、最精彩、最为广大读者所关注的事实摆在前面，以事实的重要性递减的顺序来安排材料。例如，新华社报道阿尔巴尼亚部长会议主席谢胡自杀身亡的消息（见本书第二章第一节），是一条典型的倒金字塔式结构。它的高潮是谢胡突然“自杀身亡”，没有这一事实，便没有这条新闻。层次段落之间是用彼此的逻辑关系连接的。先是“权威”方面对这一非正常死亡原因的“解释”，接着由“解释”引出有关背景材料，实际是对“解释”的质疑，最后进一步提供背景，告诉读者，死者一直是阿尔巴尼亚党政领导核心人物。

这种结构有快、新、短的长处，简洁明快，既适合读者心理，又能刺激读者的新闻欲。但是，都用一种形式，容易流于单调、老一套。单纯地按照事实重要次序安排，生动性差，作者的创造性受到限制，尤其对非事件性新闻、富有故事性和人情味的新闻，采用这种结构反而写起来不顺畅、不生动。

二是金字塔式。

这种结构与倒金字塔式结构相反，作者完全按照事实发生的顺序来写，故事的开头就是新闻的开头。也称编年史式，多用于有生动故事情节的事件新闻。这种写法，有亲切、自然的特点，易为读者接受和理解，并具有生动性和吸引力。请看《两名大学生玩命》：

> ［北京晚报1月24日报道］ 1月22日下午7时，北大分校物理系18岁学生吴某，与3名女同学到学校附近的铁道边散步。

> 吴对女同学们说，国外曾有人趴在路轨中间，火车过后安然无恙。
>
> 这时，一列火车正巧从西直门方向驶来，吴和一女同学欲亲身一试。他们迎着火车趴在路轨中间。
>
> 火车司机发现后，立即采取紧急制动措施。车头和一节车厢从他们上面驶过之后停了下来。
>
> 女同学从车下爬出，侥幸留下了性命。吴某却没出来。他的颅脑受到严重损伤，已经丧生。

这种写法，保持了故事的完整性，把情节步步推进，事件的高潮在后面出现，读来兴趣盎然，引人入胜，有一种渐入佳境的感觉。近几年来，西方记者中，有人极力提倡这种结构方式。美国内华达大学新闻学副教授威廉·梅茨则说，有时为了抓住读者的情感或寻找独特的角度，把突出之点置于篇末，效果更好。

三是倒金字塔与金字塔相结合式。

这种结构，通常第一段用倒金字塔结构，开门见山，新闻感强烈，发挥了导语突出主要事实的作用。导语之后，就按事情发展的顺序来写，给人以事实具体、完整、叙述清楚的感觉，比较适合中国读者的阅读习惯。

请看 1980 年 2 月 14 日《中国青年报》上的一则报道：

> 青年绣花女工陈春花，应邀于本月 11 日乘飞机赴美国作绣花工艺技术表演。
>
> 陈春花是浙江温岭花边厂工人，11 岁开始学绣花，有十多年绣花历史。……前不久，美国百佬汇百货公司决定于今年 2 月在美国洛杉矶举办中国工艺品展卖会，邀请我国派一个绣花员到这个会上进行现场工艺技术表演。我国有关部门接受邀请，决定从绣花产品在国际市场上有一定影响和声誉的温岭花边厂选派。温岭花边厂在全厂进行了考核，选拔操作过硬、技术全面、成绩拔尖的陈春花去美国。

这种结构形式，采纳了前两种结构之长，避免了它们之短。

四是自由式结构。

无论在中国和外国，新闻写作都在向自由、活泼的方向发展。实际生活要求新闻的结构形式多种多样、多彩多姿，尤其是广播、电视等形象化新闻手段的迅速发展，向报纸新闻提出了挑战，要求新闻“镜头化”，更加新颖、形象、富有立体感和吸引力。这样，新闻结构的方式越来越自由灵活，变化多端。有的是感想随笔式的，有的是对话式、问答式的，有的则是夹叙夹议式的……。

例如，新华社1979年4月15日所发的新闻：《邓副委员长一行在京都等地游览》，主要讲中日友谊，记者对邓副委员长一天的游览、参观，叙述、描绘得活泼自如，又紧扣主题，现摘录如下：

> 今天，这个日本最大的、状似琵琶的湖泊，水面上碧波粼粼，白帆片片。连接东西两岸的一公里多长的琵琶湖大桥和两岸的重峦叠嶂倒映水中，构成一幅动人的山水画。
>
> 湖面上，群众乘着游艇穿梭行驶，有的挂着写有“中日友好万岁”的大幅标语，有的放出五彩气球。当中国客人的游览船驶过时，一些船上的男女青年热情地招手致意。
>
> 在流水潺潺、垂樱含笑的“清流园”庭院内，中国客人欣赏了身穿美丽民族服装的日本女琴师们演奏的《樱花》、《六段调》等名曲，并观看了日本的茶道、花道艺术表演。
>
> 垂樱迎着风，落英缤纷。邓副委员长称赞说：“抬头看樱花，低头看落花，樱花花开时是美的，花落时更美。”高桥所长说：“一般人只知道樱花开花时的美，而知道落花之美，才是真正了解日本的人。”

这篇按时间顺序记叙的新闻采用了散文形式，将春光美景与浓郁的友情，通过游览活动、宾主对话以及描写、抒情等文学手段，淋漓尽致地表现出来，从而颂扬了中日两国人民的深厚友情。

2. 通讯的结构方式

善于根据采写对象的特点，采用不同的通讯结构，有助于增强感染力。

通讯的结构方式一般有四种：

第一，以时间的推移来划分、安排层次。

这种方式能比较全面地记叙事件的全过程，让读者了解来龙去脉。例如，记叙张志新英雄事迹的通讯《一份血写的报告》（1979年6月5日《光明日报》），通过张志新向林彪、“四人帮”作斗争而英勇牺牲的事迹，歌颂她为真理而献身的崇高精神。这就必须写出原因、经过和结果，给读者一个完整的印象。为适应这一内容上的需要，作者采用了纵向结构方式，按照事件发展来划分、安排层次，全篇分四个层次：①写张志新坚持正确的观点，交代她受迫害、被逮捕的原因。②记叙张志新被捕的经过。③记叙她在监狱里进行的顽强斗争。④记叙她壮烈牺牲的经过，同时交代为她平反昭雪，号召向她学习。

第二，以空间变换为标志来划分、安排层次。

围绕一个主题，从横的方向来记叙各地区、各单位的新人新事，采用这种方式比较适合。1981年7月21日《文汇报》的通讯《深夜，当人们有急需的时候……》，采用的就是这种结构方式。这个主题要求通过若干商店的侧面来表现，所以作者把通讯当中事件发生的时间确定在深夜，然后按照空间变换，分六个层次来展开：①在星火日夜食品商店。②在第一医药商店的通宵服务处。③在成都南路铜白铁合作修配门市部。④在延安西路的新民饮食店。⑤在南京路口一家自行车日夜修理店。⑤在福州路劳动日夜烟店。

第三，以时间为“经”，以空间为“纬”，采用“纵横交错”的办法来划分、安排层次。

既有时间上的推移，又有空间位置的变换，事件比较复杂，人物多、场面多，尤其要注意结构的巧妙安排。在这种情况下，划分层次最好是把时间的推移和空间位置的变换精密地编织起来，使整篇通讯杂而不乱，条清缕晰。著名通讯《为了六十一个阶级弟兄》，采用的就是这种结构方式。作者把时间的推移作为情节开展的一条“经线”，把空间位置作为一条“纬线”，把同一时间不同地点发生的种种事情巧妙而紧凑地“编织”到一篇通讯之中，既从“纵”的方面反映了时间上的连贯性，又从“横”的方面反映了空间上的平列性。这样，虽纵横交错，但穿插自然；虽头绪繁多，但变而不乱。

第四，依据材料的性质来划分、安排层次。

这种结构方式要求对材料进行分析，根据主题的需要，把性质相同的归到一起，划分到一个层次里，并且以此来安排层次，让各个层次共同担负表现主题的任务。

例如，《人民日报》发表的《市委书记的“古怪”性格》，记述武汉市委书记辛甫精神风貌的几个方面，就是按材料性质来划分、安排层次的：①“倔脾气”。写辛甫严格要求自已和全家，决不搞特殊化的小事。②“婆婆心”。写辛甫耐心做思想工作的几件小事。③“豹子胆”。写辛甫敢同违法乱纪的坏人坏事作斗争的几件事。④“饭馆迷”。写辛甫关心群众生活的几件事。

客观事物丰富多彩，千变万化，反映客观事物的层次自然也应当多种多样。因此，有经验的作者总是不断从生活中、从借鉴前人和他人作品中，提炼出、创造出新颖独特的结构方式，通过美的结构来表现美的主题。

### （三）新闻语言的基本要求

新闻语言的基本要求，来源于新闻报道的特点，这些特点可归纳为三点：时间性很强；篇幅有限；受众面广。新闻语言必须适应新闻报道的这些特点。

对于新闻语言的基本要求可以归纳成10个字：准确、具体、简洁、通俗、生动。

1. 准确。所谓语言准确，就是在新闻写作中必须用准确的语言表达事实，要求做到事实准确、思想准确、措词准确。

事实准确，应当实事求是，该一是一，该二是二，要恰如其分。60年代初，北京一家报纸刊登一条新闻，题为《北京工业品质量普遍提高》，周恩来同志看了报道后，把报社负责同志找了去，语重心长地说：普遍，就是毫无例外的意思，北京的工业品的质量是不是毫无例外地提高了呢？

思想不准确，往往出现在人物思想描写上的“合理想象”，如写英雄人物牺牲前想到祖国、人民等一大串美好事物后再做出壮举，这时的思想活动别人是无法知道的，作者是怎么知道的呢？

措词不准确，更为常见，如滥用高级形容词“最”、“很”、“大”、“一贯”、“经常”等。常言说：“蝼蚁之穴能溃千里之堤。”一字之假，也能毁全文之誉。被报道的先进人物常受孤立，固然有社会根源，然而由于我们报道不慎，措词不准确，想渲染一下感染读者，被读者认为是吹牛造假，给先进人物帮了倒忙。难怪一些先进人物怕记者。写批评稿件，更要注意准确。白纸黑字，批评过火或欠准确，就会适得其反，引起读者对被批评者的同情，对报纸不满。

怎样才能做到语言准确？这里既有严肃认真、一丝不苟的态度问题，也有语言修养的问题，等等。仅就写作技巧而言，有人提出了三点，值得参考。

第一，少用形容词。新闻语言的美，不是靠妙笔生花，而是看记者有没有准确反映事物本来面目的本事。古人所说的“豪华落尽见真淳”，“看似平常最奇崛”，同样适用于新闻语言。

“少用形容词”，“要像挑选宝石与情人一样挑选形容词”，这是外国新闻学教授给学生立下的新闻写作规则。在新闻写作专著中，还可以经常读到忌用形容词的警告：“形容词太多是危险的”，“形容词是会戏弄人的”，“只有懒惰而又蹩脚的记者才会在报道中堆砌形容词。”有一位报纸主编甚至对一对新手说：“你若要使用形容词，事先必须得到我的同意。”形容词往往带着主观感情色彩，所以，使用时要恰如其分，慎之又慎。

第二，恰当引用直接引语和概括的间接引语。

客观事物千差万别，不同的身份、职业、气质、文化程度，决定了人们不同的语言风格。当人物的原话生动有力，富有意义，或感情色彩较浓，很有个性时，它们往往就可以直接引入报道中。因为这些引语比记者的话要有力得多。直接引语有时被引入记者的报道，又往往因为说话人就是消息来源，所以这又是一种注明消息来源的做法，使消息更可信。直接引语除了需准确、真实外，引用的方式可以是原句，也可只引关键的词组、字眼，以节省篇幅，使报道更为紧凑。切忌不分具体情况“穿靴戴帽”，千人一词。比如，一次在火车上，广播里播出一篇表扬好人好事的稿子，念到最后做好事的人说话时，车厢里的一个小伙子也一齐说：“这是我应该做的”，正和表扬稿里的话吻合了，全车厢里的人哄堂大笑。

第三，少用含混不清的、笼统的词语。

新闻报道中，尽量不要用“不久以前”、“长期以来”、“最近”等打马虎眼的时间概念；尽量不要用“许多”、“难以数计”、“极少”、“少数”、“广大群众”等比较笼统的数词；尽量不用“大概”、“差不多”、“也许”、“可能”等模棱两可的词语。

2. 具体。新闻用的是事实，事实是具体的，表述事实的语言也应该是具体的。概念化的语言是新闻语言。

比如，我们写一个学生怎样缺乏劳动观点，如果光写两句结论性的评语：“在家里娇生惯养”，“在学校里生活不能自理”，程度也难以捉摸。如果我们用具体的事例来说明，像“在家从不洗一双袜子”，“在学校里，什么时候换衣服还要别人提醒”，这给人的印象就具体多了。用说明问题的事例来取代抽象、笼统的概念，那就具体入微了。

为了使新闻写得具体、形象，有的同志提出；在写作过程中，多用子概念，少用母概念。母概念和子概念，是形式逻辑中的专用名词。外延较大、内涵较小的概念叫做母概念，外延较小、内涵较大的概念叫做子概念。如：“水果”和“梨子”两个概念，就是具有母子关系的一对概念，“水果”是母概念，“梨子”是子概念。一般来说，越是小的子概念，就越具体。越是大的母概念，也就越抽象。

举一个简单的例子比较一下，看究竟是使用母概念好还是使用子概念好：

①一个人正在吃东西。

②一个孩子正在吃水果。

③一个婴儿正在吮杨梅。

很显然，这三句话表达的是同一件事。但哪句更好呢？第二句比第一句好，第三句比第二句好，一句比一句更具体、生动、形象。特别是第三句，看后你会想象出婴儿吮东西的情形，如果你吃过杨梅，就会联想到杨梅的酸味，兴许还会馋涎欲滴。

由于子概念的内涵总比相应的母概念内涵大得多，丰富得多，所以，多用子概念更能引起人们的形象思维。也就是说，多用子概念，少用母概念，新闻就会生动起来。

3. 简洁。简洁、明快是新闻的本色，是新闻语言的一大特色，也是对一切新闻体裁的共同要求。美联社专门把“简短”作为编辑守则中的一条，规定：“学不会把文字写得简洁有力的人，不必想为美联社写作。”

简洁、明快的风格，在新闻报道中随处可见，而在一句话导语中最为明显：

“欧洲大战于昨天拂晓爆发!”
“德国于今日黎明时分对荷兰、比利时、卢森堡不宣而战!”
“日本投降了!”
“肯尼迪总统今天在这里遭到枪击身死!”
“人类今天登上月球。”
“尼克松宣布，为了国家利益，他决定辞职。”
“今天，最后一个美国兵离开了越南。”

出自于西方记者笔下的这些导语，最长的十来个英文单词，最短的“日本投降了”不过三个英文单词，言简而意赅，历来为一些新闻学者所称道。

4. 通俗。在所有公开传播的文章作品中，没有一个能像新闻那样拥有最广泛的受众。上至国家领袖，下到老百姓，有大学教授，也有不识字的老奶奶、小孩子，每天都在和新闻打交道。新闻要传播，就必须让人懂，就得通俗。

什么叫通俗？国外一般要求新闻写得使中学生能看懂。我们的新闻，应该写得能使广大的工人、农民、解放军战士看懂。

总结过去的经验，下列做法有利于语言的通俗化：

第一，写新闻时，能用常用词说明的，就不用读者感到生疏的词和生僻的字，也不用那些半文半白的词语；能用短句写的就少用长句；长句子要拆开来说，最好做到每句不超过20个字。说话要直截了当，避免转弯抹角，不用和少用“由于”、“因而”、“从而”、“随之”、“以及”、“然而”、“而且”等转弯抹角的虚字眼。

第二，对专业性、技术性很强的语言，要尽可能作些解释、说明，不可照搬照抄到新闻里去。

第三，尽量采用群众口语中新鲜活泼的语言，但又不乱用方言土语。群众语言是生动、活泼的，“新闻语言”却成了干巴、枯燥的同义语。要使我们的消息、通讯生动、活泼起来，就要用群众语言写稿。有个谜语：“它不是蜜，却粘住万物。”它是什么东西？它就是语言。语言是一切事物、思想的衣服。人民的报纸，只有用人民群众的语言，才能充分而又准确地反映人民的工作、生活、思想、感情、经验和教训。

5. 生动。新闻语言的生动，不同于文学语言的生动，它要求使用准确、简洁、具体的语言，深挖事实本身所包含的生动活泼的因素，即生动的情节和细节。

为了使语言生动，有经验的新闻工作者，经常使用以下几种手法。

一是白描——使新闻有真意，去粉饰，少做作，勿卖弄。

新闻作为一种记叙文体，白描手法是经常使用的。它抓住事物的主要特征，用简洁的文字，不施浓墨重彩，不加渲染、烘托的朴素描写，勾勒出事物的鲜明形象，把新闻事实生动、立体地展现在读者面前，使新闻增添神采。1985年2月14日《人民日报》的通讯《春节肥西行》，记者用的就是白描手法：

> “我们来到馆驿花圃大院，扑面的春风，扑鼻的花香呵，这里是花的海洋：腊梅吐蕊、茶花火红、迎春烂漫、月季清香……还有牡丹、广玉兰、君子兰、雪松、龙柏等70多种。这是馆驿乡王营子村农民毛文章和另一户合伙承包的花圃，承包后，在他们的精心养护下，加上自家原有的苗圃，去年纯收入竟达3万9千多元。”

这段白描式的叙述，逼真地反映了农村实行联产承包责任制前后的可喜变化。

新闻报道，无论是消息、通讯、特写，还是报告文学，往往都是抓住事件或人物的特征，作白描式的勾勒，反映事件或人物的本质，显现事件或人物的意境。

二是形象化——使新闻报道“镜头化”。

如果说，真实是新闻的生命，鲜明是新闻的气质，那么，形象化的语言，则是新闻的外部表现。通过形象化的语言，去表达现实的客观生活，使新闻报道思想性强，感情丰富，格调清新，文采夺目，进而使新闻报道有更高的新闻价值。

举例看看形象化的新闻语言在新闻报道中的作用：

> “数以千万的饥肠辘辘的老鼠正入侵尼罗河谷，并已抵达首都开罗大门。……这些老鼠重的可达半公斤，由鼻子至尾巴末端长35厘米。老鼠啮齿开路，它们越过乡村和农田，在当地人民中引起恐慌。它们至少以6对1之比多过当地居民……在东部省，一头脚部流血的骆驼遭老鼠袭击，被活活吃掉，除了副白花花的骨架外，什么也没有剩下。……在大群老鼠的袭击下，家禽和牛根本招架不住……”

这是“镜头化”的场景，通过这些形象化的新闻语言，使读者仿佛看到了当年埃及鼠患成灾的严重情景。

应该指出，新闻语言和文学语言在形象化的表现方法上是不一样的。文学语言在细腻描绘客观事物、热烈抒发主观情感时，可以合理想象、联想、夸张，而新闻语言则须精确描述客观事物的本来面目。

三是风趣、幽默，寓庄于谐，别具风采，充满情趣。

《参考消息》1979 年 12 月 7 日刊发一则短闻：《大平夫人看望“欢欢”》，就是一篇风趣、活泼、幽默之作：

> “新娘子，让我来看看你的脸蛋吧！”正在访问中国的大平首相夫人志华子，7 日下午到北京动物园看望赠送给日本的熊猫“欢欢”。
>
> 陪同参观的卓琳同志满面笑容地说：“‘欢欢’还害羞呢！”可能是理解首相夫人的话，“欢欢”终于把脸转过来，夫人非常高兴，说：“多么可爱！”并且眯着眼睛说：“今后必生个小熊猫。”……北京动物园业务组长说：“‘欢欢’嫁给康康的日子不远了。”

这则新闻，引用好几个风趣、幽默的拟人化句式，不仅把呆板、单调的事实写得真实、动人、亲切，而且逗引出读者对熊猫的喜爱之情。阅读这则新闻，有一种亲临其境、置身其中的感觉。

### （四）制作新闻标题的三个技巧

黎信著文介绍，在西方发达国家的报馆中，有一个“标题撰写人”的行当。从事这项工作的，都是资历较深的高级编辑，他们的任务是精心制作标题，同版面编辑一道，对一个或全部版面负责。而记者，尤其是通讯社记者，通常不在标题写作上下过多的功夫，这说明新闻标题制作的确是一种专门艺术。

那么，西方报纸的标题撰写人是怎样制作标题的呢？

第一个技巧是“浓缩”，即把新闻导语中包含的事实“浓缩”为简洁、明了的词语，使之成为既短小又醒目的新闻标题。试举一例，1984 年 10 月 30 日，印度前总理英迪拉·甘地夫人在新德里总理府遭枪击身亡。随后印度全国陷入种族骚乱，不少锡克族人在骚乱中丧生。11 月 3 日，美联社对这一事件进行报道，导语说：

> ［美联社新德里 11 月 3 日电］　在一场由印度教徒发动的、连续 30 个小时的攻击中，300 名居住在新德里一处贫民区的男人、妇女和儿童（其中多数是锡克族人）惨遭杀害。

11 月 4 日，香港《南华早报》全文刊用了美联社这则消息，所用的标题是：

大屠杀

300人丧生血海之中!

再举一例，1974年8月9日，美国前总统理查德·尼克松因水门事件败露被迫辞职，巴黎出版的《纽约先驱论坛报》在报道此事时用的标题是：

尼克松辞职——

"为了国家的利益"

标题下的消息导语是：

[本报讯] 尼克松总统今晚宣布，"为了国家的利益"，他将辞去总统职务。

在上述两个例子中，标题与导语显然重复。这究竟有无必要？完全有必要。在人们生活节奏高度紧张的今天，报人必须设法使读者用尽可能少的时间获得尽可能多的新闻，这种浓缩式的新闻标题，把新闻事实用最简洁的语言提炼出来，同时用最醒目的方式登在报上，这就使那些工作繁忙、无暇细读报纸的人投之以一瞥，便可知道新闻事件的大概。另外，用这种方法撰写标题，还迫使记者精心写好导语，熟练掌握倒金字塔结构，使得标题撰写人只需读完导语，便可以作出精彩的标题来。美国新闻学家麦格杜戈尔教授在论述倒金塔新闻结构时指出，这种结构的长处之一是"便于标题撰写人制作新闻标题"。

第二个技巧是解释。西方报纸上还常见所谓解释性标题，在多数情况下，主标题画龙点睛地报道事实，副标题则扼要地进行解释，以加深读者对新闻人物和新闻事件的理解。1984年6月，中国国防部长张爱萍访问美国，美国《太阳报》于6月12日发表了该报驻北京记者约翰·伍德罗夫撰写的关于张部长访美的背景专稿，主标题是：

**张爱萍为中国军队现代化艰苦奋斗**

副标题是：

在力图摆脱游击作风的中国军队中他是现代化象征

细读全文，便可以发现，主标题是新闻的浓缩，而副标题则是新闻背景材料的浓缩，对张部长访美的重大意义，作了相当清楚的说明，对于美国读者了解张部长其人和他在中国军队中的地位也有很大作用。

这种解释性标题，在报纸的事件性新闻中经常使用。有趣的是，有些消息的主标题是解释性的，而副标题则是事实性的。1945年8月16日美国空军用原子弹轰炸日本广岛，次日，《纽约先驱论坛报》在报道此事时所用的主标题和副标题是：

**原子弹使战争发生革命性变化**

以20000吨TNT威力打击日本

再比如,《华盛顿邮报》在报道中英签署关于香港问题的联合声明时,所用的主标题与副标题是:

北京认为

**香港为台湾树立榜样**

中、英签署联合声明

《纽约时报》报道同一事件时所用的主标题和副标题是:

**撒切尔夫人:香港前途光明**

中、英意见一致

这种解释性主标题为什么会出现呢?这是因为在发达国家,电子传播工具已成为了公众获得新闻的主要手段,这就迫使报纸新闻朝着深化的方向发展,于是出现了解释性报道蓬勃兴起的局面。可以想象,美国空军用原子弹轰炸广岛和中英签署联合声明的消息,早在报纸出报之前若干小时就被电子传播工具报道了,听到过广播或看过电视的报纸读者固然希望通过阅读报纸的报道了解事情的详细经过,但更希望了解事情的意义和影响。解释性主标题,就是为满足读者后一个愿望而设计、制作的。

使用修辞或其他手段,把标题写得趣味盎然,这是西方报纸标题制作的第三个技巧。报人要想把报纸办得有吸引力,使读者能看完全部新闻,就要在标题制作上下功夫。打一个不十分恰当的比方,报纸好比是商店,标题就是这"商店"的"橱窗"。聪明的"店主"无不用心设计"橱窗",使得过路人不由得驻足观看,进而步入"商店"探奇乃至购物。1983 年 12 月 9 日,法新社在一篇发自华盛顿的电讯中报道了里根总统的日常生活,《太阳报》在刊载这篇电讯时所用的标题是:

**里根总统:一只关在镀金笼子里的鸟儿**

"一只关在镀金笼子里的鸟儿"是里根在同记者谈到自己处境时说的话。他用这句话自比,是说白宫警卫森严,为了保证他和夫人南希的人身安全,不准他们单独走出白宫大门自由活动。编辑把这句话从稿件的第三段中抽了出来,做成一个比喻式标题既生动,又妥帖,同时促使读者想知道为什么,于是不得不读下去。

突出新闻事件的冲突性、戏剧性和人情味也是把新闻标题写活的手法。《南华早报》曾刊载法新社专稿,报道我国电讯事业发展中存在的各种问题,所用的标题是:

**有急事要通知吗?请骑自行车**

这里说的是我国那时打电话难,打长途电话更难,在边远地区打电话通知一件事情往往不如乘火车、汽车乃至骑自行车当面通知来得快。实际情况虽然并非都是如此,但这个标题确实写得精彩,值得我们借鉴。

关于标题中的人情味，有这样一个例子，1984年8月，邓小平的女儿毛毛在《人民日报》上发表了一篇3000字的文章，回忆父亲在十年动乱中的种种遭遇。适逢邓小平同志80诞辰，而我国并没有举行任何庆祝活动。于是，这篇文章理所当然地引起了全世界报界的注意，其中法国某报转载了文章的摘要，标题是：

**坚强的战士　伟大的父亲**

——邓小平同你我一样，都是爱子情深

这里所说的“爱子情深”，指小平同志在下放江西期间护理受迫害致残的儿子邓朴方。这个标题，准确地概括了小平同志高尚的革命情操，使读者感到小平同志既可敬、又可亲，因为出现在他们眼前的邓小平既是“当今世界伟人”（《时代周刊》语），又是慈爱的父亲。

写到这里，可以把新闻标题制作的技巧归纳为三条：一是要简明扼要，具有新闻性；二是要注意深度，具有解释性；三是要生动活泼，具有可读性。这三条，无不体现“为读者服务”的思想，其目的是使标题具有吸引力，进而使新闻报道的社会效益得到充分发挥。为了达到这个目的，标题的制作、新闻报道的写作等等完全可以不拘一格，不必拘泥于现成的公式。

## 三、新闻评析的审美原则

新闻媒体每天发布的新闻，都有一个能否为广大受众所喜爱、所接受的问题。而新闻传播的目的，在于得到受众的欢迎，实现新闻价值（包括应有的宣传价值），取得良好的社会效果。因此，如何选择适应受众审美要求的表达方式、受众喜闻乐见的体裁形式，以及生动活泼的写作方法，从而抓住受众，吸引受众，便成为实现传播目的的关键所在。

新闻作品和新闻现象中存在各种形态的美，需要我们去发现它，去研究它。新闻评析中对作品表现手法与技巧的评判，就是运用美学规律和原则去总结新闻作品中各种美的形态，并对其进行审美方面的评价与分析。由此，便产生了新闻评析的审美原则，即分析记者如何运用美学所提供的规律和原则去主动地指导新闻实践，从而创造出符合人们审美要求的优秀作品来。

新闻评析的审美原则在新闻评析实践活动中主要表现在以下两个方面：

### （一）客观性与多样性的统一

新闻评析的审美原则的确立，首先表现为客观性与多样性的统一。新闻是事实的报道，而事实是客观存在的事物，新闻的客观性规范和限制着人们对它的评析活动。这是新闻评析的真实性原则，惟其求真，新闻作品的各种完美的表现形式才是有价值的，可以说真实性是审美原则的前提条件。

构成新闻审美需要的重要素质是可信。因此审美原则必须建立在真实性的基础上。人们从新闻媒体中获得新闻，首先是希望从中得到真实的信息。据1982年首都新闻学会调查组对北京市居民的抽样调查，认为我们报纸“不可信”或“不大可信”的读者占3.6%；认为“可信”或“基本可信”的占70.8%；而回答“说不准”的则占25.6%。这说明，仍有一些人对新闻真实性持怀疑态度。为了维护新闻的客观真实性，对那些蓄意制造假新闻的记者和通讯员，只是一般的批评是不够的，必须采取一些强有力的措施，如通过对假作品的评析在媒体上曝光、责令其在报纸上作出公开的检讨等，甚至绳之以法，绝不姑息。

新闻评析的审美原则的多样性，主要表现在审美标准的多样化。究其原因，首先因为审美标准是发展变化的，一是由于社会发展变化带来审美差异而产生的多样性；二是新闻本身的发展变化而带来的标准的变化。其次，由于民族、阶级的不同和新闻体制的差异，也会带来审美标准的多样性。其三，表现在评析者自身的价值观念的差异性上。新闻评析中对作品的审美判断，是带有个性色彩的，评析者自身的文化修养、审美经验的积累、审美理想和审美趣味的差异，致使他们的审美判断必然会有差异。其四，评析者采用的评析方法与角度也是各不相同的，这种不同也会带来审美标准的差异。

新闻评析的审美原则所具有的客观性与多样性应统一在对新闻作品本质的认识上。各种形式、体裁的新闻作品铺天盖地而来，这些作品中哪些是受众喜欢的，哪些是受众不喜欢的，哪些表现手法好，哪些表现手法差，都需要我们从审美角度上去总结，从而找出其成功的经验、失败的教训，归纳出有指导意义的写作规律来，便于记者在今后的采写中不断提高表现技能。

### （二）新闻评析标准的审美性

新闻能不能满足人们的审美要求是评价新闻的重要标准之一。具体地说，新闻是评价记者能否用完美的形式将有价值的新闻事实传达出来，衡量作品是否能给受众带来强烈的影响力和感染力。由此，新闻评析的审美原则具体表现在以下几个方面：

1. 主题思想美

主题思想是一篇新闻作品的主脑、统帅和灵魂，主题思想是否成立，直接关系着新闻作品的成败；主题思想美不美，直接关系到受众爱不爱看，看后印象深不深。主题思想是新闻作品的生命，是打动人心的关键所在。判断主题思想美不美，主要是看作品是否反映出时代的最强音。具体地说，记者能否捕捉那些带方向性，具有重大指导、教育、鼓舞作用的重要题材。重大题材就是社会上的重大问题，或某一时期某一方面的主要矛盾所在，只要我们及时抓住它，对它进行恰当的报道，就有可能在社会上引起强烈反响。但是，要收到很理想的社会效果，还必须在重大题材报道上体现出美来。重大题材往往能够表现出崇高美，如英勇、雄伟、豪放、激烈、悲壮、高峻等。主题思想的审美要求包括：

① 报道典型人物事迹，要反映出他们高尚的共产主义思想情操和为事业奋不顾身的斗争精神，体现英模人物的美好心灵。

② 报道新成就、新创造、新发明，要反映出人民群众的首创精神，反映出人民群众美好的创新风貌。

③ 报道工作中的新情况、新问题和新经验，要揭示其与客观规律相一致的实质，给人一种向上向前的力度美感。

④ 报道热点和难点问题，要有利于解决这些问题，促进两个文明建设，体现出战胜困难后的胜利美感。

⑤ 批评性的报道，要揭露鞭挞假的、恶的、丑的，弘扬真的、善的、美的东西，为人民展现出一个美好的世界。

2. 结构美

新闻结构，就是新闻报道中事实材料的排列组合形式。世间万物，都有其独特的结构形式，不同的结构形式，往往构成不同的事物。结构艺术已为越来越多的人们所重视，人们的审美意趣也越来越倾向于结构形式。形式是由内容决定的，为内容服务的，真正美的作品是：美的内容与尽可能完美的艺术形式的高度统一。

新闻作品除了具备一切文章结构要服从于主题思想的需要，适应不同文体的特点和要求，要匀称、严谨、完整外，为了使其具有美的特征，具有充分的审美价值，还必须做到下面几点：

① 新。结构要新颖，并不断根据主题需要和不同材料及效果进行创新，在结构上要敢于标新立异，不落俗套。只有新，才能吸引读者。

② 巧。结构要巧妙，要殚精竭虑巧妙构思文章，无巧不成书，无巧不出奇，要以巧制胜，用巧妙的结构去反映美的主题，就能出佳篇。

③ 奇。结构要奇特，要使结构既在情理之中，又出常人之外，奇特的结构往往能够反映新奇的主题，给人留下难忘的印象。“出奇制胜”是结构文章的一个法宝。

④ 自然。按照事物的内在联系和发展规律结构文章，顺其自然，不加任何的调整。

除此之外，结构文章还要注意安排好层次，段落要“单一完整”。

3. 语言美

新闻报道是用语言文字来传情达意的，也有一个语言美不美的问题，不少新闻界老前辈都要求年轻的新闻工作者要练好语言的基本功。一篇语言优美，节奏和谐，读起来抑扬顿挫、琅琅上口的新闻作品，受众就喜欢。而一篇逻辑混乱、语法不通、错别字连篇的新闻，就没有人愿意领教。

新闻作品的语言美，就是要善于运用鲜明生动的语言对事物进行具体的描述的形色美，尤其是广播、电视新闻要精心安排其押韵、对仗、节奏，使之具有悦耳动听的音乐美。新闻语言的审美要求包括：

① 字美。新闻语言要简练，用字要准确、生动、传神、响亮，能用一个字讲明的，不用两个字。

② 词美。用词要注意词性，多用动词、名词，少用形容词、副词，注意词的褒贬、色彩、情感、新旧、健康与否，用词要帖切精当，并注意词序与搭配。

③ 句美。要善于选用不同的句式，或使句子抑扬顿挫，富于变化，或使句子有疾有徐，疾徐互生，或造成一种排山倒海的气势，或形成一种回环往复的旋律。

④ 标点符号美。标点符号运用不可草率，逗是逗，句是句，不能含糊，一定要准确无误，否则就不美了。

4. 标题美

制作标题是新闻编辑的主要工作之一。报纸编辑用标题来概括、评介新闻的内容，帮助读者阅读和理解新闻。读者拿到报纸首先就是浏览一下标题，一遇到好标题，眼睛就会为之一亮，即刻阅读全文。在某种程度上说，标题就是报纸的生命，没有一个好的标题，这张报纸就会无人问津。人们把标题比做人的眼睛，透过它，可以探知文章独特的主题和意蕴。好的标题能一下子就抓住读者，使之非看下文不可。所以，新闻作品的标题美不美，有没有力度，直接影响宣传效果。标题的审美要求包括：

① 标题要有力度。好的新闻标题要有较强的动员、组织、鼓舞、激励作用，要有较强的号召力，要体现出阳刚、崇高之美，给人以力量，给人以震撼。

② 实在。新闻标题的思想内容在新闻中要有充分的事实依据，概括要真实，一是一，二是二，实事求是，不拔高，不戴大帽子，要充分体现事物的真实美。

③ 鲜明。新闻标题要旗帜鲜明，记者要立场坚定，表扬什么，批评什么，要直截了当，一目了然，不能含糊其辞。

④ 生动。要运用一切修辞手段，充分反映出新闻中最动人、最精彩的内容，以优美的文采和生动的事实打动读者。

⑤ 精练。用最精练、最简洁的语言把最重要的新闻亮点提到标题上，做

到一语中的，简洁明快，使读者在匆匆的一瞥之中了解到新闻的主要内容。如果说新闻的主体需要精练的话，那么新闻标题的精练要求更高。

⑥ 新颖。新闻标题的制作，在充分反映主要新闻事实的基础上，要在形式和语言上不落俗套，不断创新，要以新颖独到、活泼生动的新闻标题来吸引读者。

## 思考题：

1. 简述新闻真实的三个层次。
2. 为什么说真实是新闻的生命？
3. 为什么要“抢”新闻？
4. 结合实际谈谈新闻的倾向性的具体表现。
5. 试述新闻评析的审美原则。

# 第六章　新闻评析的基本类型

## 第一节　赏析与感受作品

赏析与感受作品是建立在评析主体感觉和认知基础上，对新闻作品进行鉴赏和分析的一种最基本的评析类型。新闻作品的本质是一种含有新闻事实的信息载体，它被报纸、广播、电视、互联网等各种媒体予以传播，被赋予了传播信息的使命。可以说，传播信息是新闻作品的首要功能。受众在第一时间接触新闻作品，通过阅读、收听、收看、浏览的方法，旨在对新闻信息进行感知和把握，而在此基础上的赏析也是最基本的赏析，是在获取新闻信息的同时，对新闻作品进行的一种附带的评价，主要是对新闻作品信息功能的评价和判断，它有待于受众上升到对新闻作品舆论功能、价值功能、审美功能的评价和判断。

受众对新闻作品的赏析与感知是一个复杂的心理过程，具有一定的心理学基础，它是各种心理因素之间相互渗透、相互作用的结果。受众对新闻作品的感受，建立在感觉和知觉两种心理因素之上。感觉表现为受众对新闻作品个别属性的反映。知觉表现为受众对新闻作品个别属性之间关系的整体的、综合的反映。受众对新闻作品的赏析，建立在情感的心理因素之上，表现为受众与新闻作品之间的关系，具有浓厚的主观色彩，或褒或贬，或扬或抑。对新闻作品的赏析，其实质是受众对新闻作品的一种主观评价。

### 一、赏析与感受作品的具体方法

无论是报纸新闻、广播新闻、电视新闻，还是网络新闻，受众在第一时间接触和感知它们时，最感兴趣、愿望最迫切的是从中获取新闻信息。受众感知的对象是作为形式的新闻的整体处理和结构，以及作为内容的新闻事实的各种要素。受众在赏析与感受作品时，不可避免地存在着感知与赏析的侧重点，不同的侧重点与不同的传播媒体的特性之间有着密切的关系。可以说，受众在赏析与感受作品时，最关切的是媒体新闻形式和内容的和谐统一，是新闻作品的完整性。

受众阅读报纸新闻时，最先遇到的是视觉冲击力问题。新闻作品在报纸版面中占据的地位如何、配发新闻图片与否（新闻图片的色彩、大小）、新闻标题的处理如何（字体字号的选择、套色与否等），这些都是受众感知的具体对象。视觉冲击力强的作品，受众感知的兴趣就浓，关注的时间就长；反之，视觉冲击力弱的作品，受众感知的兴趣就淡，关注的时间就短。报纸新闻作品的视觉冲击力解决新闻作品本身是否被关注、被感知并进一步被赏析的问题。除了形式的因素外，新闻作品的内容对受众感知的兴趣和程度产生着更为重要的影响。新闻标题是否赏心悦目，新闻导语是否先声夺人，新闻事实的各种要素是否一目了然，新闻语言是否平易通达，这些都是受众感知和评析的具体对象。在对新闻事实的各种要素进行感知时，新闻的真实性、重要性、时效性、贴近性等特性是既重要的感知客体，也是重要的评析标准。

受众收听广播新闻与阅读报纸新闻有很大的差异。报纸有很强的选择性，受众可以主动决定阅读内容、调节阅读时间，而广播的特点是稍纵即逝，而且广播新闻的顺序和内容对受众来说是既定的，广播播出的顺序决定了受众收听新闻的顺序，广播播出的内容决定了受众收听新闻的内容。因此，受众在赏析与感受广播新闻时，更侧重于广播新闻导语是否简明扼要、新闻的各种要素是否交待清楚、重要新闻是否作了强化处理、广播语言是否通俗易懂、播音口齿是否清晰等，此外，由于声音具有表情的功能，受众还会对新闻播音员的音质、语气、语感等进行感知、评判和赏析。

电视新闻最大的特点在于以声音或文字作中介的同时，以生动、直观的图像直接作用于受众的视觉，如实地向受众再现新闻事实的过程、人物的活动以及事件发生的现场。受众在感知电视新闻过程中，最关注的是电视画面的现场感、生动性，电视画面不仅要求逼真，而且要求能再现现场；其次，声音与画面是否同步也是受众感知和赏析电视新闻的侧重点。

互联网跻身新闻媒介业已是不争的事实。网络新闻最大的特点是反应迅捷、更新速度快、传播便利，几乎与新闻事实保持同步，这是传统媒体所无法比拟的。但是，由于“把关人”的缺失，致使网络新闻的真实性始终受到怀疑。因而，受众在感受和赏析网络新闻时，所依据的评判标准正是迅捷性与真实性两大方面。

## 二、赏析与感受作品的特点

从总体上说，赏析与感受作品是一种传统的、大众化的评析方法，受众对新闻作品的赏析与感受主要体现在信息反馈活动中。受众在第一时间接触到新闻作品后，根据自己的需求、兴趣、认知能力和知识背景，对新闻作品进行整体性的观照和构成要素上的理解，产生一种主观评价，并且自发地将这种评价通过信函、电话、电子邮件等方式反馈给新闻媒体。赏析与感受作品的评析方法具有主观性、直观性、微观性的特点。

1．主观性。任何评价都是主观的产物，或多或少都具有主观性的特点。这里把主观性单独列出来，意在说明赏析与感受作品的评析方法相对而言主观性色彩更浓厚一些，它建立在评析主体对新闻作品感觉和认知的基础上，带有很大的自发性和随意性。评析主体对新闻作品的评析往往从主观愿望出发，评析侧重点也是随评析主体的兴致所致。

2．直观性。由于没有受过新闻专业知识和新闻评析理论的教育，评析主体在对新闻作品进行赏析和感受时，其方法是朴素的，主要凭直觉和感观，往往不会在深度和广度上进一步挖掘和阐发，就事论事者多，就事论理者寡。

3．微观性。评析主体在对新闻作品进行整体感受后，往往对一些细节问题十分关注：如报纸新闻中是否出现漏排错排，是否出现提法错误，有没有错别字；广播新闻是否按规范口语播音，有没有出现常用字误读现象；电视新闻画面是否生动自然，画面与解说是否帖切对位；网络新闻与传统媒体新闻口径是否一致等。

赏析与感受作品的优势在于评析主体的大众化、广泛性。只要具备一定的认知能力和文化水平，关注新闻，对新闻作品具有一定的兴趣，都可以参与到新闻评析中来。也正是因为这种评析方法具有直观性、主观性、微观性的特点，使之流于简单、肤浅、缺乏理论深度。

## 第二节 新闻结构功能与意识的分析

对新闻结构功能与意识进行分析是从西方结构主义文学评论方法中借鉴过来的新闻评析方法。结构主义首先是在语言学研究中提出来的，其后被广泛运用到社会学、历史学、文学和美学研究之中，其主要特征是把研究对象符号化、模型化，以便了解对象的本质和规律。“每一种结构主义活动的目标，无论是反省的还是创造性的，都在于这样来重造一个对象，这一重造活动能提示对象据以发挥作用的法则，……结构式的人接过既定的或约定俗成的东西，把它分解再组合；……在这种情况下，创造或反省并非是世界的逼真逼肖的复写，而是与本来世界另一世界的真实创生，但它并不是企图模写本来世界，而是想要使其成为可解释的。”①结构主义理论认为，任何文化传播都是包含着一个内部关系上自我决定的结构，新闻传播也是如此。这是新闻结构功能与意识分析方法的逻辑起点。

新闻结构功能与意识的分析方法由两部分组成。一部分是新闻结构功能的分析，指任何新闻作品都可以被视为一个由各种形式因素相互结合相互作用的

① 巴尔特：《批评文集》，据布洛克曼《结构主义》，第14页，商务印书馆1980年版

结构整体，而且任何新闻作品的结构都具有一定的功能，功能的变化与结构有着直接的联系。另一部分是新闻结构意识的分析，这种方法主要通过分析新闻作品的语言组织结构（包括广播新闻的声音语言组织结构、电视新闻的画面语言组织结构）进而分析新闻传播者的哲学意识结构。

## 一、新闻结构功能分析的具体方法

任何新闻作品的结构都具有一定的社会功能，功能的变化与结构的变化有着直接的对应关系。消息是以最直接、最简练的方式迅速及时地报道新近发生的新闻事实的一种体裁，它结构短小，线索单一，快速敏捷地截取生活中值得关注的片断，捕捉社会生活中精彩的一瞬间；通讯则是比消息更详细深入地报道新闻事实的体裁，它信息容量大、结构略显复杂、写法灵活多变，能够更深入、更全面地表现社会生活的广阔画面；新闻特写是对报道对象富有特征的片断、细节、瞬间动态，予以鲜明而突出、形象而生动再现的新闻报道体裁，它把社会生活中新闻人物、新闻事件的最富有意义、富有特征的部分突现在受众面前，使之获得强烈的、清晰的视觉印象，增强作品的表现力和感染力。不仅如此，具体到每一篇新闻作品，由于五个 W 和一个 H 的交待顺序、材料的详略处理不同，其复现新闻事实、再现社会生活的功能是不同的，所达到的社会效果也是不同的。同一个新闻事件，中央媒体和地方媒体、机关报和都市报、日报和周报所刊载出来的新闻作品在材料结构上是不尽相同的，有时甚至有很大的差异，其所负载的信息、所蕴含的思想和舆论导向在质和量上都是不同的。由此可见，任何新闻作品在传播信息、引导舆论和传播知识方面所具有的特殊性，及其复现新闻事实、再现社会生活的能力，影响和感染受众的独特魅力，都与它在结构上的材料处理密切相关。

对于新闻作品来说，社会功能选择是一个很有价值的评析角度。一个时代社会生活的内容和精神特征对新闻作品结构的功能具有一定的选择性。社会习惯于排斥新闻作品体裁结构中不利于自己的功能，而发扬和促进有益于自己的功能。这样，随着社会历史的发展，各种结构功能也会发生相应的变化，一部分功能相应地萎缩和消失，必然引起结构的相应丧失和变更；另一部分功能相应地发展和增强，必然引起结构的相应繁殖和丰满。20 世纪 90 年代以来，为什么都市类报纸大行其道、消息变得“头大肚小”（指标题更突出，主体部分更精练）、“平民视角”新闻大受欢迎？为什么几乎与此同时，各种媒体相继推出的各类深度报道形式赢得了广大受众的“眼球”？为什么一些传统的新闻体裁正在被逐渐淘汰，而更多更灵活的新闻体裁不断丰富着报纸版面和电视荧屏？这些变化与我国社会政治、经济、文化的发展密切相关，与我国社会进入转型期密切相关，可以毫不夸张地说，是社会、是人民群众选择了新闻作品的结构。

此外，在新闻作品评析中，我们常常习惯于、满足于对作品内容的研究和评析，相对地忽视了对新闻作品结构形式的考察；往往把形式作为内容的附属加以分析，很少注意到形式的独立价值。然而，新闻事业迅猛发展的客观现实告诉我们，新闻作品的结构形式正日新月异地向前发展着，报纸、广播、电视、互联网的新闻作品结构形式处于不断的创新发展之中，不注意到这一点，就不是唯物主义的态度。运用结构功能分析方法，可以透过形式（态）的表面直接找到社会审美意识的支配和催化作用。应该说，一种新闻作品结构形式（态）的确定，是一个不断积累和不断完善的过程，包含了众多新闻工作者的辛勤探索，凝集了无数的社会投入。从另一个角度讲，这就要求我们的新闻工作者不要墨守成规，要勇于在社会生活的实践中去创造新的、适合时代和社会发展的新闻作品结构形式（态），这也要求新闻评析工作者们解放思想，遵循真理，去努力探索和研究新的新闻作品结构形式（态）。

## 二、新闻结构意识分析的具体方法

新闻是新闻工作者对社会生活的能动的反映，它所反映的社会生活是经过记者过滤过的社会生活，从这个意义上说，任何新闻作品都不是对客观现实的机械照搬。“新闻作为人化的‘第三自然’，蕴含和投射着主体的独立品格。”[①]体现在作品的组织结构上就具有一定的主观性。因此，我们可以通过新闻作品的语言组织结构透视其时空结构，进而探讨新闻记者的哲学意识结构。这种方法多运用于对名记名篇的评析。

从结构主义的理论出发，任何新闻作品的语言组织结构都可以分解为外结构和内结构。所谓外结构，就是指新闻作品语言组织形式的结构状态，是可以被评析主体感知的表层结构；所谓内结构，是指潜藏在新闻作品群中的模式，它从一系列作品的内在系统中显示着支配作品、影响作品的全体形式的功能。凝集在新闻作品中、影响乃至支配作品形式面貌与风格的内结构，尤其是其中蕴含的世界观、人生观、价值观、社会历史观等，往往是记者主体力量的体现，包含着他的许多无意识的情绪和心理。对新闻作品进行结构意识分析，能够准确深入地把握与透视作品中丰富复杂的内涵，掌握被评析记者主体发展的独特性，准确细致地洞察到被评析记者思想意识的变化和进步。

对新闻作品进行结构意识评析，关键是要找到作品中的核心元素，要在作品复杂的结构意识内容中发现决定一切的灵魂性的核心元素，这种元素决定着整个意识结构的性质和组合方式，影响和推动着其他元素的运动和变化。刘建

① 刘建明：《媒介批评的结构主义方法》，《国际新闻界》，2000年第6期

明提出，新闻作品的结构内容从里到外、从内容到形式可以划分为五个层次：主题意义、材料组合、存在要素（五个W）、叙述方式和语言运用。[①]当然，作品的结构内容并不完全等于作品的构成元素，但是它至少为我们寻找核心元素划定了范围。

对新闻作品进行结构意识分析，特别是对名家新闻作品进行评析，仅仅孤立地就某一篇作品谈作品是不够的，还必须放开眼光，结合该记者的其他作品，从中分析和发现他的意识结构特点，力求做到微观分析与宏观分析相结合，使评析具有更强的概括力和说服力，全面反映被评析记者带有规律性的思维特征和写作特点。

此外，运用结构意识分析方法的角度也应是多种多样的。既可以从作品结构形式入手，然后逐层深入到意识结构中去（归纳法）；也可以首先把握住意识结构的核心元素，然后再分析作品形式结构和内容结构上的发展和变化（演绎法）；还可以从时空结构和社会历史发展的角度来探索意识结构。

## 三、新闻结构功能与意识分析的特点

新闻结构功能与意识的分析方法是从西方结构主义文学批评理论中借鉴到新闻评析中来的，它对拓宽新闻评析的思路、开阔新闻评析的视野、促进新闻评析理论朝纵深发展和横向拓展具有深远的方法论意义。新闻结构功能与意识的分析方法具有借鉴性、抽象性、宏观性等特点。

1. 借鉴性。哲学上的结构主义企图从整体的组织结构上把握事物，在各种形式因素的相互关系中抽象出能够解释事物的模式，其实质是一种形式主义的思想方法。从整个结构主义的发展状况来看，结构主义与其说是以统一的哲学流派、不如说是以独特的结构分析和结构认识的思想方法形成了一种文化思潮。这种思想方法已经渗透到社会科学的各个领域，在社会学、历史学、心理学、语言学、文艺学等学科中产生着深远的影响，其被借鉴和运用到新闻评析理论才刚刚开始。

2. 抽象性。新闻结构功能和结构意识的分析方法是从西方结构主义理论中借鉴而来的，然而，由于结构主义理论的发展，“结构”这个词已经成为了具有哲学意味的专门术语。我们不能狭义地将“结构”理解为新闻作品的一定的组织形式，更不能将“结构”等同于新闻写作中的写作结构。结构表征的是一种要素与其他要素的联结，具有中介性的特点，它是一个高度抽象了的概念。正因为如此，致使新闻作品结构功能与意识的分析方法也具有了抽象性的特点。

① 刘建明：《媒介批评的结构主义方法》，《国际新闻界》，2000年第6期

3．宏观性。无论是新闻作品结构功能分析方法，还是新闻作品结构意识分析方法，都注重从宏观上把握新闻作品，或侧重于新闻作品结构对应于社会生活的变迁，或侧重于新闻作品及其作者带规律性的认识，运用这种评析方法所获得的结论对新闻写作实践具有一定的启发和指导意义。

我们在运用新闻作品结构功能与意识的评析方法时，要避免模式化的倾向，不能把结构看成生硬的、僵化的模式，而应善于挖掘新闻作品内部更丰富更深层的内涵。当然，正如我们已经提到过的那样，结构主义方法被运用到新闻评析当中才刚刚起步，新闻作品结构功能与意识的评析方法尚处于探索阶段，它有待于实践的检验，也有待于进一步的充实和完善。

## 第三节　新闻表现艺术与技巧的分析

评析新闻表现艺术与技巧是从新闻文体学和新闻写作学的角度出发，运用美学规律和美学原则，对新闻作品的表现手法和写作技巧进行分析与评价的方法。长期以来，有人嘲笑新闻是“豆腐块”，没有任何写作技巧可言，更不必奢谈表现艺术；也有业内人士认为新闻是“易碎品”，因而无需在写作上绞尽脑汁，更不必“语不惊人死不休”。这些观点是极其错误的。在当今时代，我们无时无刻不被新闻媒体及其所发布的新闻所包围着，可是在新闻作品的汪洋大海中，真正被广大受众所接受、所喜爱的新闻作品却十分有限。只有那些适应受众审美需求、具有一定的美学价值、表现手法别具一格、写作技巧胜人一筹的新闻作品才能真正被广大受众所喜闻乐见。杨健曾经将新闻的美划分为十个层次，依次为：“万古长青，只有一真耳”——新闻的真实美；“力拔山兮气盖世”——新闻的崇高美；“一枝红杏出墙来”——新闻的典型美；“笼天地于形内，挫万物于笔端”——新闻的形象美；“言外之味，弦外之响”——新闻的意境美”；“豪华落尽见真淳”——新闻的质朴美；“林无静树，川无停流”——新闻的流变美；“以少总多，情貌无遗”——新闻的文约美；“清冰一片光照人”——新闻的主题美；“回眸一笑百媚生”——新闻的标题美等。[①]对新闻表现艺术与技巧进行评析正是对优秀新闻作品审美功能和美学价值的评判。

### 一、新闻表现艺术与技巧分析的具体方法

新闻的传播手段是报纸、广播、电视，以及新兴媒体——互联网。虽然它们表现新闻的形式和方法各有千秋，但是无论哪种媒体在表现新闻时都离不开新闻稿。可以说，新闻稿是不同媒体不同类型新闻作品的基础和核心。我们在

① 杨健：《新闻审美》，新华出版社 1999 年版

这一节里无法将新闻的所有表现艺术和技巧一一叙述，所以选取新闻表现形式中最基础、最核心的部分：新闻导语、新闻结构、新闻语言和新闻标题四个方面来探讨新闻表现艺术与技巧的评析方法。

### （一）新闻导语

新闻导语是“消息”这一新闻体裁特有的概念，它是消息的开头部分，紧接在消息头的后面，一般由最新鲜、最主要的事实或依托新闻事实的精辟议论所组成。导语在消息中的地位正如陆机在《文赋》中所云：“立片言而居要，乃一篇之警策”，它是牵引全文的核心。导语的目的就是唤起受众注意，引起受众对新闻的兴趣。

那么，究竟什么样的导语才是优秀的导语呢？根据所写新闻稿的类型，答案各不相同。但是，有一条原则却适用于对所有导语的评判：一条优秀的或者有效的导语应该能实实在在地吸引受众的注意力，并将他们导向记者认为是新闻的基本点或报道角度的地方。

新闻导语的写作有一些基本的要求，如选取最吸引人的新闻事实、突出最有价值的新闻要素、抓住新闻事件的核心和精华、突出最新的内容和最新的时间概念、叙述简明生动等。要达到这些基本要求并不困难，难的是艺术地达到甚至超过这些要求。优秀的导语往往出奇制胜，奇在构思巧妙，意境新颖，语言富有感染力。郭玲春是一位颇有成就的新华社记者，近年来写出了一些脍炙人口的新闻作品，特别是她写的新闻导语，常常不同凡响。她曾经说过：我有一个追求，那就是：我要写得和别人不一样。我们对新闻导语的写作技巧进行评析，就是要紧紧抓住“这一个”与别人“不一样”的地方：“这一个”如何“不一样”、“这一个”的“不一样”妙在何处、“这一个”的“不一样”对广大新闻记者的写作有什么启迪意义等等。

### （二）新闻结构

狭义的新闻结构特指消息这一新闻文体的内部构造成分及其组合方式，包括标题、消息头、导语、背景、主体和结尾等部分。广义的新闻结构指新闻写作中表达内容、体现主题的谋篇布局，即一篇新闻组织材料、安排层次段落的构思设计，通常称为新闻的结构形式。我们这里讨论的是后者。

一般说来，新闻结构形式必须符合客观事物发展的规律和内在的逻辑联系，为充分表现新闻主题服务，还必须具体考虑到不同新闻体裁的特点及其不同要求，力求做到结构严谨、重点突出、层次清晰、简明扼要。这是新闻写作学对新闻结构形式的要求，也是对新闻结构进行评析的立足点。

在消息写作中，通常采用四种结构方式，即倒金字塔式、金字塔式、倒金字塔与金字塔结合式、自由式。在通讯写作中，归纳起来也有四种基本的结构方式，一是按时间顺序的推移来组织材料、安排层次；二是按空间顺序的转换来组织材料、安排层次；三是以时间为“经”、空间为“纬”，采用“纵横交错”的方式来组织材料、安排层次；四是依据材料的不同属性来组织材料、安排层次。这些虽说是新闻结构的基本方法，可是其中也隐含着一些新闻表现艺术与技巧的空间，如：怎样从结构方式上突出中心或主题？怎样依照结构的要求剪辑材料，使材料详略得当，错落有致？怎样做到前后呼应，首尾照应？怎样自然过渡，不着痕迹？怎样埋下伏笔，巧设线索？怎样画龙点睛？这些都体现着新闻结构的表现艺术和技巧，值得新闻记者去追求和实践，也值得新闻评析工作者去探索和总结。

### （三）新闻语言

语言是新闻作品的重要构成要素之一。作为新闻的物质材料和表达手段，语言使新闻信息具有了可传播的属性。按照传播媒体的不同，新闻语言可分为文字语言、声音语言和图像语言三大类。

新闻语言是用以传播新闻的，因而必须符合传播的要求。此外，它还必须适应新闻报道时效性强、篇幅有限、受众面广的特点。对新闻文字语言的要求可以概括为10个字：准确、具体、简洁、通俗、生动；对于新闻声音语言来说，则必须做到规范、通俗、清晰、明快；而对新闻图像语言的要求则是清晰、生动、形象、丰满。在这三种新闻语言中，我们简要讨论对文字语言表达技巧的评析。

汉字是表意的文字，这为汉语言的丰富、生动和形象创造了条件。我们对新闻语言进行评析，必须深入到词汇、句式、词与词之间的关系、句子与句子之间的关系等各个层面。例如，词汇有标准语和方言、书面语和口头语、高雅语和粗俗语或中性语之分；句子有长句、短句、整句、散句之别；词性的运用也颇有讲究，特别是动词、形容词等的运用；词与词之间、句子与句子之间不同的关联和组合会形成不同的语言张力，产生不同的表达效果。新闻语言虽然不必刻意追求铺陈摆阖，但也决不可随意为之。

此外，语言问题实际上也是文风问题。我们的新闻作品是呈现给广大人民群众阅读、收听、收看、浏览的，因而在语言上尤其要注意做到群众化、民族化，要从语言开始，形成良好的新闻文风，使我们的新闻作品真正具有“为中国老百姓所喜闻乐见的中国作风和中国气派”。①这一点，也是我们在对新闻作品语言的艺术特点和技巧进行评析时必须时刻注意的。

---

① 《毛泽东选集》合订本，第500页

### （四）新闻标题

新闻标题是对新闻内容高度概括和浓缩出来的题目，或者说是提示新闻内容的简明而醒目的文字。狭义的新闻标题仅指消息的标题；广义的新闻标题指包括消息、通讯、特写、评论等在内的所有新闻体裁的题目。我们这里讨论的新闻标题是广义上的新闻标题。“题好一半文”，对于新闻作品来说尤其如此。新闻标题一般以文章内容为命题的依据，或揭示文章主题，或评点文章内容，对文章起着能动作用。

制作新闻标题有许多基本的技巧，如“浓缩”法，即将新闻事实浓缩为简洁明了的词语，制作成短小醒目的标题；“解释”法，即用主标题画龙点睛概括事实，用副标题对主标题扼要解释，以加深受众对新闻人物和新闻事件的理解；“修辞”法，即单独或综合运用多种修辞手法，或比拟、或双关、或引典、或对偶，将标题写得趣味盎然，文采斐然。

我们对新闻标题的制作艺术和写作技巧进行评析，始终离不开这样几点：一看标题是否简明扼要，是否准确地概括和揭示了新闻内容，即标题是否具有新闻性；二看标题有没有深度，是“一目了然”，还是“曲径通幽”，即标题是否具有解释性；三看标题是否生动活泼，有没有吸引人、感染人的魅力，即标题是否具有可读性。

## 二、新闻表现艺术与技巧分析的特点

新闻表现艺术与技巧的分析是对新闻作品从写作学的角度进行评价的，它是从实践中来的，并且经过了由感性认识到理性认识的飞跃，由新闻评析获得的结论必然可以回到新闻写作实践中去。因而，新闻表现艺术与技巧的评析具有实践性和指导性的特点。

1. 实践性。新闻本身实践性非常强。新闻作品是新闻工作者创作实践的结果，凝聚着他们的智慧和辛勤的汗水。对新闻作品从表现艺术和写作技巧的角度进行评析，必然也具有强烈的实践性色彩。它绝不是空穴来风，而是从实际的新闻作品中来的。当然，正如古人所云，“文无定法”，新闻作品的表达艺术与技巧非常丰富，从这个意义上说，我们的评析方法还应该、也还必须在实践中得到丰富和发展。

2. 指导性。对新闻表现艺术与技巧进行评析，其目的是为了总结优秀新闻作品的写作经验，集腋成裘，不断丰富和发展新闻写作理论，最终据以指导新闻写作实践，以便使新闻作品更有利于传播，更符合广大人民群众的审美情趣，更有利于受众的接受和喜爱。

**思考题：**

1．谈谈你对最近一期《南方周末》报纸第一版的印象和感受，并试着对第一版上的新闻作品进行评析。

2．分别运用新闻结构功能和结构意识的分析方法，评析毛泽东同志的新闻佳作《我三十万大军胜利南渡长江》。

3．为什么说新闻表现艺术与技巧的评析方法对新闻实践工作具有指导意义？

# 第七章　新闻评析的写作步骤与技巧

新闻评析是对媒体公开发布的新闻作品进行评价与分析的意识活动，这种主观意识活动的最终结果反映到字面上来就形成了新闻评析文章。由于评析主体思维方式、研究方法和写作风格各有千秋，加之评析对象和评析角度的千姿百态，使得新闻评析文章呈现出摇曳多姿的斑斓色彩，每一篇文章的写作步骤和写作技巧都状态万千。从这个意义上说，新闻评析文章的写作是不应该也不可能程式化、模式化的。然而，作为一项科学研究工作，进行新闻评析总是有规律可循的，体现在新闻评析文章的写作中，也应该而且必须遵循一定的、基本的写作规范。我们鼓励新闻评析写作中的创造性，但是这种创造性必须建立在一定的共性基础之上。因此，对新闻评析的写作步骤和写作技巧进行适当的阐述是必要的，这正是本章所要完成的使命。

## 第一节　选　　题

一篇新闻评析文章的写作，从确定评析对象开始，到文章最后定稿，一般要经历选题、立意、感受、思考、分析、表达等若干步骤，选题是其中最基础、最关键的一步。选题正确，后面的步骤就会顺理成章，水到渠成；选题错误，则必然会导致事倍功半，前功尽弃。

新闻评析选题的实质是评析主体对评析客体的一种价值选择和判断。在新闻评析工作者眼里，有值得评析的作品，也有不值得评析的作品。而且就新闻作品本身来说，价值选择和判断的角度也是丰富多彩的，如信息价值、舆论价值、审美价值等等。价值是对象的一种社会属性，是对象的某种特殊素质对主体需要的满足，体现着对象与主体之间、对象与人类之间、对象与一定的社会集团之间的关系，所以，它不是纯粹的客体属性。判断新闻作品的价值，不仅要看作品本身，而且要看作品与受众、作品与新闻事业、作品与社会的关系。具体而言，选择新闻评析对象应遵循下面几种价值判断标准。

### 一、信息价值判断标准

信息价值判断标准立足于新闻作品与受众之间的关系，是新闻作品信息传播素质与受众信息需要的统一。众所周知，新闻有两大功能，一是传播信息，二是引导舆论。新闻作品作为新闻的载体，为新闻两大功能的实现提供了物质基础。

信息价值判断标准要求我们在选择新闻评析对象时，应选取那些重要的、时效性强的、信息价值大的新闻作品予以评析。把握这一标准衡量新闻作品，首先，要看作品所传播的信息是否为多数人所密切关注，是否与多数人利害攸关，是否与人民群众关系重大，是否对人民群众的思想、工作和生活具有重大影响，是否会对全局产生积极作用等，如反映 1997 年香港回归、1998 年抗洪救灾、1999 年澳门回归、2001 年北京申奥成功、揭批“法轮功”、西部大开发、中国加入 WTO 等等重大新闻事件的新闻作品。信息价值越大的新闻作品，越值得评析。其次，看新闻作品所传播的信息在事实上是不是最新出现的，在时间上是不是最快的，在报道角度上是不是最新颖的。越是新鲜、越是新颖、越是有新意的新闻作品，越值得关注、值得评析。

## 二、舆论价值判断标准

舆论价值判断标准立足于新闻作品与社会之间的关系，是新闻作品舆论引导素质与社会需要的统一。新闻总是广泛地报道社会生活中各种变化着的事件、现象以及这些事件、现象的进程和结果。“这些事件、现象存在于社会生活之中，是社会公众的情绪、意见、思想的体现，是一种普遍的社会心理。”① 社会心理的集中表现就是社会舆论，新闻通过反映、影响社会心理去反映和影响舆论，因此，引导舆论和传播信息一样，是新闻和新闻作品极其重要的功能。

舆论价值判断标准要求我们选择那些有强烈现实意义和社会影响的新闻作品作为评析的对象。新闻作品一旦形成，并经媒体发布，便具有了社会属性。新闻作品作为人类精神和意识形态的产物，是为一定的社会利益集团服务的。在现阶段的中国，新闻作品就必须为人民服务、为社会主义市场经济建设服务。把握这一标准衡量新闻作品，要看作品是否有利于社会主义物质文明建设和精神文明建设，是否有利于改革开放的宏伟事业，是否有利于满足人民群众物质和精神生活水平的提高，是否有利于弘扬主旋律等等。反映农业问题、教育问题、经济增长问题、反腐倡廉问题、司法队伍建设问题、干群关系问题等的新闻作品都在选题的范围之列。总而言之，舆论价值越大的新闻作品，越值得评析。

## 三、审美价值判断标准

审美价值判断标准立足于新闻作品与新闻事业之间的关系，是新闻作品美

---

① 吴高福：《新闻学基本原理》，第 44 页，武汉大学出版社 1993 年版

学素质与新闻事业发展要求的统一。新闻必须用事实说话，而事实具有固有的人物、景物、环境、场面等外在客观实体形象。新闻作品要恰当地反映这些外在形象，关键在于通过完美的表现形式传达出这些形象的特征，使受众在获取新闻信息的同时得到美的享受。

审美价值判断标准要求我们选取那些对新闻事业发展起着积极影响作用的，在写作思想、表现艺术和表现技巧上有新颖特色的新闻作品作为评析对象。把握这一标准衡量新闻作品，要看作品是否用完美的形式将有价值的新闻事实传达出来，是否能给受众带来强烈的影响力和感染力，是否能给新闻写作实践注入新的生机和活力。新闻作品的审美价值判断标准内含丰富而具体的内容，诸如主题思想美不美，结构形式美不美，语言表达美不美等。审美价值越大的新闻作品，越值得评析。

上述三个方面，主要阐述了从肯定意义上选择新闻评析作品的办法。此外，还可以“反弹琵琶”，从否定意义上考虑选题，即选取那些违背新闻规律、舆论导向错误、表现手法陈腐拙劣的新闻作品进行评析。一般说来，有严重问题的新闻作品是很难面世的（特殊的历史时期除外），但是，有着这样或那样缺点、不足的新闻作品在现实中还是大量存在的。对这类新闻作品进行评析，应该本着“惩前毖后、治病救人”的方针，旨在从反面总结教训，以减少类似错误或失误再产生的可能，从而推动新闻事业健康地向前发展。

## 第二节 写作技巧

新闻评析文章同一般文章在写作上有许多共同之处，但也有自己的特殊性，有自己独特的技巧要求。新闻评析文章的写作技巧主要包括：对作品的复述、对作品的分析、文章结构、语言表达等。要写好新闻评析文章，必须在这几个方面下功夫。这里应该强调的是，任何写作技巧都是从实践中来的，只有通过在写作实践上不断总结、不断积累经验，方可达到熟能生巧、妙笔生花的境界。其次，新闻评析文章的好与坏，最终不是靠写作技巧决定的，而是靠文章的选题立意、靠作者的思想深度决定的。

### 一、对作品的复述

复述指对评析对象主要内容、结构特点、语言风格等的介绍以及对作品原文的引用。复述作品是包括新闻评析在内的所有批评类文章经常运用的写作方法。可以说，复述能力是新闻评析文章写作的一项基本的能力要求。对作品复述有助于受众对评析对象有一个整体的了解，有助于评析主体对作品的深入把握，并为评析文章的写作搭建一个平台。

复述既不可对评析作品全盘罗列、机械照抄，也不可寥寥数语、敷衍了事，它是一项技术性很强的工作，必须依据评析文章的样式、选题、评析角度、结构特点等灵活掌握。一般说来，对新闻作品复述时应注意如下几点：

一是要传达新闻作品的艺术影响力和感染力，传达作品的风格特征，尤其是对审美价值强的新闻作品，在复述时要做到有血有肉，“风韵犹存”。

二是要将评析寓于复述之中。复述不是纯粹客观地介绍，除了让读者对评析对象有所了解之外，复述还有一个更重要的目的，即引导读者按照评析主体的理解和思路来接受和理解作品，因而，评析主体应在复述中巧妙地掺入自己的观点。

三是复述要运用得恰到好处。在一篇新闻评析文章中，复述的运用可集中在一处，也可分散在若干处；可以是对作品的全面复述，也可以是对作品某一方面、某一部分的复述，总之，要视评析文章的需要和作者的写作意图而定。

四是在复述时要抓重点、抓要点、抓关键点。一般而言，评析的重点就是复述的重点。对反映新闻事件的作品，复述时要抓住关键的要素；对反映新闻人物的作品，复述时要抓住人物的特点；对表现新闻现场的作品，进行复述时要抓住重要的场面和细节。

五是在复述时要恰当地引用原文。引用原文有明引和暗引之分。明引是在文中明确交待是在引用原文，通常对引文加上引号，并标明出处；大段引用原文时，通常采取独立成段、变换印刷字体的方式以示区别，并在文前或文后标明出处。暗引是在复述时不露痕迹地插入原作的文字，为了前后文的衔接吻合，可对原文作少量改动。

需要说明的是，对一些篇幅适当的新闻作品进行评析时，往往用附录的方式将作品原文完完全全地抄录下来，置于文前或附于文后，以便于读者对新闻原作有更直接、更全面的感性认识。但这与新闻评析中的复述并不冲突，即使有全文对照，在评析文章中复述也还是不可或缺的。

## 二、对作品的分析

作品分析是新闻评析文章的主体部分，它从一定的社会理念、美学理论和新闻规律出发，对新闻作品进行剖析和研究，揭示其优点或不足，明确表达作者对于作品的态度和观点。分析首先是一种研究方法，作为研究方法的“分析”，我们已经在第六章中作了详细介绍，这里主要从写作方法上对“分析”加以探讨。

分析是建立在对作品深入理解和理性把握的基础之上的。在新闻评析写作中，对作品进行分析要注意如下几点：一是分析要全面，要对作品的思想和艺术、内容和形式、优点和缺点进行全面的认识和整体上的把握，不可一叶障目；二是分析要有针对性，要根据评析的选题立意和写作意图，对作品的重点方面、重要角度进行目标明确的分析。三是分析要有逻辑性，要做到思路清晰、层次分明、方法严谨、逻辑缜密；四是分析要有深度，要有理有据，深入理解隐藏在作品深处的东西，通过分析把读者一步一步引入到问题的本质。

在新闻评析文章中，分析大多是同描述结合起来运用的。描述主要包括评析主体对作品感受过程的描述，和对作品总的印象的描述。前者往往带有叙事性的色彩，评析者对读者娓娓而谈，便于充分表露评析主体的感情，使评析文章具有可读性；后者则要求评析者将评析的触角准确而具体地指向作品的优点或缺点所在，对作品的总体印象作概括性的描述。

从表达方式上讲，描述重“叙”，分析重“议”。描述与分析相结合，简单地理解就是叙议结合。而如何将二者有机地结合，则没有约定俗成的套路。有人喜欢在文章前描述自己的感受或对作品的总体印象，引起话头，提出问题，然后加以分析；有人则喜欢在对作品进行了充分的分析之后，用描述的方式表现出来；还有人喜欢在分析中夹杂描述、在描述中夹杂分析，将描述与分析相互交错，以增强评析作品的表现力和感染力。

## 三、评析文章的结构

新闻评析文章不像一般的科研论文那样要求格式严谨、结构规范，而是十分注重文章结构的变化。而且，由于评析对象的体裁不同、评析文章的样式不同、评析的角度和方法不同，使得新闻评析文章在结构上具有了很大的弹性和宽阔的变化空间。

从评析对象的体裁划分，新闻评析可分为对消息的评析、对通讯的评析、对特写的评析、对新闻图片的评析、对新闻评论的评析等。每一类评析在写作结构上各有特点（详见本章第四节）。从评析文章的样式划分，新闻评析可分为论文、随笔、评点、书信体、对话体等，相比较而言，论文的样式运用得更为广泛一些。

新闻评析论文的结构一般分为序论、本论、结论三个部分。序论部分是文章的入题、开头，在这部分要提出问题或摆出观点，引起读者注意，以便展开下文；本论部分是文章的正文，在这部分主要分析问题，论述观点，令人信服地说明和论证文章的主题；结论部分是文章的结束，这一部分要提出自己的观点和见解，对某些问题和现象作出结论。在写作上一般采取总分式、总分总合式的文章结构方式。

随笔类新闻评析在写作结构上更灵活、更自由一些，随笔一般采用漫谈笔调就某一种新闻现象、新闻作品中某一个角度进行有感而发式的评论，往往寓理论于知识和故事之中，富有娱乐性和趣味性。随笔类新闻评析在结构方式上靠近散文，结构虽散，但是行文紧凑，形散而神不散。新闻作品创作者的创作感受和自我评析文章也多采取这种结构方式。

书信体新闻评析指新闻记者、新闻评析工作者和受众之间，用书信交往的方式，就某一篇新闻作品和某一类新闻现象发表意见和看法的文章。书信体新闻评析在格式上靠近书信，在结构和章法上则没有讲究。

对话体新闻评析是用谈话形式发表对新闻作品看法和观点的文章形式，除了常见的二人对话外，还有三人对话、四人对话等等。对话体新闻评析常常设计几个讨论话题，并在结构形式上区分开来，使得整篇文章呈现出块状式结构。

### 四、评析文章的语言

新闻评析所表达的是一种研究成果，在文字表达上要力求客观、准确、明晰、科学，此外，还要富有文采。新闻评析对复述、描述、分析等都有语言上的严格要求。

复述语言要力求具体，切忌空洞乏味；要力求清楚完整，不同复述人称的衔接点要衔接自然，要注意交待清楚复述的起始点。分析语言要实在，要特别注重针对性和逻辑性，要坚持辩证法的叙述方法，在语气上要平易近人，不可盛气凌人。描述语言要做到“有真意，去粉饰，少做作，勿卖弄”，不用或尽量少用烘托和渲染，在语气上要中肯、委婉，情理相依，在语言上要追求情趣美，行于所当行，止于所不可不止。

此外，评析文章要做到不阿庾奉承，不党同伐异，不溢美，不隐恶，运用语言一定要把握分寸，掌握一定的度，好和坏要说得恰如其分，不说过头的话，不说绝对的话；在分析和下论断时要留有余地，不可武断。

## 第三节 几种新闻体裁的评析写作

新闻体裁指新闻作品外在的基本格局和内在的基本规范。由于分类标准的不同以及其他各种主客观原因，新闻体裁在分类上历来是不统一的。此外，由于新闻采访写作正处于不断改革和创新之中，新闻体裁也在随之发生着或隐或显的变化，因而，新闻体裁的划分具有相对性。一般认为，新闻体裁主要包括消息、通讯、特写、调查报告、评论、新闻摄影、新闻漫画、附记等八种。本节将择要阐述对消息、通讯、特写、评论等新闻体裁的评析写作。

### 一、关于消息的评析写作

消息是以最直接、最简练的方式迅速报道新近发生的新闻事实的一种体裁，它是最具新闻内涵、运用最为广泛的一种新闻体裁。对消息进行评析，一般围绕着消息的特点、消息的写作结构两大方面来进行。

### (一) 对消息特点的评析

消息的特点可概括为新、快、短、实四个字。消息之新，包含三层意思：一是内容新，它总是把第一次出现的新鲜事物呈现给受众；二是认识新，它所反映的思想、说明的问题具有新意；三是角度新，能从司空见惯的事物中发掘出新闻的东西。

消息之快，指消息凭借着一定的传播技术和手段，能迅速地与受众见面。随着传播技术和传播手段的迅猛发展，特别是计算机网络技术在新闻传播中的广泛运用，使得世界在传播意义上真正变成了“地球村”，空间的距离被时间征服。消息作为最直接、最简练的体裁，在“快”上最具有优势。在网络媒体上，几乎做到了消息发布与新闻事件发展同步的程度。

消息之短，指消息的篇幅简短。它倡导“春秋笔法”，要求语言简洁，“删繁就简三秋树”，以准确地抓住事物的精髓。当然，消息的短，是以内容充实、叙述清楚为前提的，不能盲目求短，而应追求“文约事丰”。

消息之实，指消息的主要任务是报道事实，它是要依靠事实讲话。没有具体的事实，仅有空洞的议论是不成其为消息的。

消息的特点为我们评析消息提供了参照的标准。我们评析一篇消息作品时，首先就要看它是否符合消息新、快、短、实的特点，符合的程度如何，达到的效果如何等。例如，彭朝丞在评析第五届中国新闻奖消息类一等奖作品《六百勇士斗死神 雷场放飞和平鸽》[①]时，就主要是从该作品消息之“新”的角度谈的。该消息围绕“云南边防部队提前3个月完成云南边境大面积扫雷使命”这一最新的变动信息，从扫雷成果、科学的扫雷方法、工程兵专家的评价等多方面、多角度精选最新事实信息，使“边境扫雷”这一“旧闻”得以翻新。另外，彭朝丞分析道，这篇消息从外部的表层信息看，讲的是扫雷的成就、扫雷的方法，其深层的意义则在于从一个独特的视角展现了当代中国军人特有的风采，讴歌“中国军队是无私无畏，有高度文化素养的正义之师、文明之师，是维护与创造和平的重要力量”。[②]这还是从消息之“新”的角度分析的，评析的是该消息作品在认识上有新的见地。

---

① 发表于《解放军报》1994年9月25日

② 彭朝丞：《写好被别人写过的新闻——评获奖消息〈六百勇士斗死神 雷场放飞和平鸽〉》，《新闻战线》，2001年第6期

### （二）对消息结构的评析

一条完整的消息，是由标题、消息头、导语、背景、主题和结尾等几个部分组成的。在对消息进行评析时，可以针对这些组成结构中有突出特点的部分，从写作的艺术和技巧上予以评析。在对消息的结构进行评析时，有时可以考虑运用横向比较的评析方法，将不同媒体对同一新闻事实的报道作品从结构组成上予以对照和分析，从中分优劣、得结论。例如，同是刊登香港回归的消息，《人民日报》和《中国青年报》两家大报见报稿的标题就有差别：

《人民日报》1997年7月1日头版头条消息的标题是——

（引）中华民族永载史册的盛事　世界和平正义事业的胜利

（主）**中英香港政权交接仪式在港隆重举行**

（副）江泽民主席庄严宣告中国政府对香港恢复行使主权

李鹏总理等中国政府代表团成员及英国查尔斯王子布莱尔首相等出席

《中国青年报》1997年7月1日头版头条消息的标题是——

（引）中华民族的百年盛事　世界历史的永恒瞬间

（主）**中英香港政权交接仪式在港隆重举行**

（副）江泽民庄严宣告中国对香港恢复行使主权

李鹏钱其琛张万年董建华登上主席台主礼台

两相比较，《中国青年报》的标题中多了中方领导人的名字而少了英国查尔斯王子和布莱尔首相出席的文字，《人民日报》的标题提供的信息显然要更全面一些。

对导语的写作、背景材料的运用、主体的写作和结尾的方式等，均可进行类似方法的评析（还可以从作者的角度纵向进行比较），以抓住评析对象与众不同之处。此外，还可从舆论引导等其他角度对消息进行评析。如对获得第九届中国新闻奖消息类一等奖的《（主）项庄舞剑　意在沛公——（副）明传人民币贬值　实为投机牟暴利》（《中国日报》1998年8月30日）进行评析，就可以着重从其在特殊历史时期（亚洲金融风暴时期），在金融领域内引导舆论的作用和效果加以评判和分析。

## 二、关于通讯的评析写作

通讯是一种比消息更详细、更深入地报道新闻事实的体裁，它是报纸、广播、电视、通讯社等进行新闻报道的一种主要体裁。按照报道内容划分，通讯可分为人物通讯、事件通讯、工作通讯、风貌通讯；按照报道形式划分，通讯可分为集纳、专访、侧记、散记、纪行、采访札记、新闻故事、述评性通讯等。对通讯进行评析，一般围绕着通讯的主题和表现技巧两个方面来进行。

1. 对通讯主题的评析

通讯的主题是作者通过报道新闻事实所表现出来的基本观点或中心思想，它是报道的主旨，体现作者的见解、意图和倾向。主题是通讯的“灵魂”。主题是否正确、是否深刻、是否具有现实意义、是否紧扣时代的脉搏，都是衡量通讯质量高低、价值大小的标准，也是从主题入手评析通讯的角度。在我国社会主义建设的不同历史时期，涌现了一大批优秀的通讯作品，它们影响广泛、深远、持久，从某种意义上说已经成为了一种经典，镌刻在我国新闻事业发展的历史丰碑上。如魏巍的《谁是最可爱的人》，《中国青年报》记者集体采写的《为了六十一个阶级兄弟》，穆青、冯健、周原采写的《县委书记的榜样——焦裕禄》，穆青、郭超人、陆拂为采写的《历史的审判》，何平、朱幼棣等采写的《领导干部的楷模——孔繁森》，陈锡添的《东方风来满眼春》等等。这些优秀的通讯作品，不仅对我们的新闻写作实践具有强烈的指导意义，而且对我们围绕主题进行新闻评析也具有重要的启迪作用。

2. 对通讯表现技巧的评析

通讯的表现形式主要涉及这样几个方面，一是选材问题，即材料如何为主题服务，如何表现主题；二是结构问题；三是表达方式问题。

对通讯选材进行评析，是要看通讯作品是不是围绕主题选择材料，是不是选择反映事物本质的材料，是不是选择新鲜生动、富有特色的材料等；对通讯结构进行评析，要看通讯作品在组织安排结构时，是否正确反映了客观事物内在联系和发展规律，是否服从了表现主题的需要，是否严谨、完整、自然、匀称。对通讯语言表达方式进行评析，要看通讯作品的语言是否具体，是否详细地报道了新闻事实；是否准确，是否恪守了新闻的真实性原则；是否具有美感，是否有着强大的表现力和感染力等。例如，周胜林对《广州日报》1999年12月1日发表的通讯《八个男人换回来的一个生命》的评析，正是着眼于通讯的表现技巧进行的。在评析文章《平静的波澜——评获奖通讯〈八个男人换回来的一个生命〉》中，周胜林指出，该通讯“从叙述口吻和技巧来说，相当平静、平实；但细细品味其内涵，却在字里行间汹涌着感情的波澜”。评析依照原作的叙述顺序，对原作“选择一个不幸中万幸的人物，一个突出的故事，一个独特的视角，一种质朴的口吻来写，达到了以朴实胜于浮华，以自述胜于描绘，以平静胜于波澜的效果”①进行了详尽的剖析。

---

① 《新闻战线》2001年第4期

## 三、对新闻特写的评析

新闻特写是对报道对象富有特征的片断或者细节、瞬间动态，予以鲜明而突出、形象而生动再现的新闻报道体裁。它运用特写放大的表现手法，将新闻人物的一个侧面、新闻事件的一个片断或场面中最富有意义、最富有特征的部分呈现在受众面前，以求取得强烈而清晰的视觉效果。新闻特写最大的特点是形象性和片断性。所谓形象性，指它是一种描绘性新闻，旨在形象地再现新闻事实，给人以立体感和画面感；所谓片断性，指它不写事物全貌，只摄取事物典型的、精彩的片断。

对新闻特写进行评析，主要看作品在形象性和片断性上所取得的成绩和达到的效果，作品是否选择重大题材中富有特征和透视力的片断或细节加以描绘，是否渲染出了情节的高潮、写出了动态感和立体感，是否“情动于中而形于言”、具有强烈的感染力。夏浩然、樊云芳采写的特写《“飞天”凌空——跳水姑娘吕伟夺魁记》①，截取吕伟在跳水决赛中成功的一“跳”，运用极富色彩的动词和极富表现力的描写手法，惟妙惟肖地描绘出了吕伟从起跳到入水的一连串动作，使受众仿佛身临其境，目睹了这绚丽的一瞬间，获得了一种美的享受。如果要对这篇作品进行评析，则可集中围绕其表现手法进行。

## 四、对新闻评论的评析

新闻评论是对现实生活中新近发生的、具有普遍意义的新闻事件和迫切需要解决的问题而发议论、讲道理，直接发表意见的新闻体裁。它包括社论（本台评论）、评论员文章、短评、编者按、专栏评论、述评、杂感随笔、广播评论、电视评论等。新闻评论是社会舆论的集中反映，又反过来有力地引导社会舆论。它运用马克思主义的立场、观点、方法，对当前的形势、社会生活中的重大问题、重要的新闻事实作出分析，旗帜鲜明地表彰先进，针砭时弊，从而帮助群众弄清客观事物的发展方向，区分先进和落后、正确和错误，明确应赞成什么，反对什么；它主要通过对客观事物的具体分析，对群众最关心、最焦虑而又议论纷纷、莫衷一是的问题，作出明确的、实事求是的回答，为他们释疑解惑；它尽可能地从思想、理论、政策的高度提出问题，解决问题，而不只是就事论事；在有些情况下，它可以代表编辑部对当前的重要事件或问题表明态度，全国性的媒体还可以通过发表评论的方式，对国内外重大问题表明党和政府的立场和态度。

对新闻评论进行评析，一般也可以围绕其选题立论和表现艺术两个方面进

---

① 《光明日报》1982年11月25日

行。从选题立论的角度进行评析，主要看作品立论是否有针对性，是否言之有物，有的放矢，是否针砭时弊，对症下药，是否触及当前社会急需解决的社会矛盾和社会问题；还要看作品立论是否新颖，是否有新的角度、新的视点、新的见解，阅后能否给人以新的收获和启迪；立论是否准确、具有预见性和前瞻性，提法是否科学，实事求是等。从表现艺术的角度进行评析，则主要看作品标题是否贴切、具体、鲜明、生动、精练；作品的布局是否合理，层次是否明晰，是否合乎逻辑；在论述时是否做到了论据和论点的统一，论证方法是否灵活多变；评论语言是否平易近人，深入浅出，是否形象生动，爱憎分明，是否入情入理，情景交融，是否朴素精练，要言不烦等等。例如，徐寿松在对1993年到2000年《人民日报》、新华社、《解放军报》三家权威媒体发表的160多篇反"台独"评论进行分析后，撰写了评析文章《论辩逻辑与论辩艺术——1993~2000：人民日报、新华社、解放军报反"台独"评论评析》，文章解读了这些新闻评论正确反映、影响、引导舆论的重要作用，并着重从论辩表现艺术方面进行了评析，文章通过分析，归纳出了这些新闻评论的一些共同特点，即"事理的力量：缘事说理、虚实结合、抓住要害；史实的力量：以史为鉴、严肃凝重、历史感强烈；逻辑的力量：精于思维、注重论争；情感的力量：攻心为上、激起共鸣"[①]等四个方面，并详细进行了论述，使评析文章本身呈现出一种深度。

## 思考题：

1. 很多新闻评析都是针对在各种新闻奖评选中获奖的新闻作品，对此你有什么看法？

2. 试撰文评析通讯《在大海中永生——邓小平同志骨灰撒放记》（发表于《人民日报》1997年3月3日）；

3. 试撰文对获得第十届中国新闻奖言论类作品的标题进行评析。

① 《新闻战线》2000年第12期

# 第八章　报纸新闻作品评析

报纸、广播与电视同为现代三大传播媒介，它们既有共性，又各有个性。它们的共性表现为：同为现代新闻事业的一部分，同是社会舆论工具，又是政党的喉舌。其“产品”新闻具有共同的特征——真实、新鲜、公开、服务；共同的功能——传播信息、表达舆论；共同的作用——鼓舞、批判、推动、影响事物的进程。因此，它们具有共同的规律性。

然而，报纸、广播与电视又各有自己的个性，其中，报纸是最古老的传播媒介，其报道方式多样，报道门类齐全，报道形式灵活，所以对报纸新闻的研究目前仍是新闻研究的主流。广播与电视则是后起之秀。在当今社会的传播媒介中，三大传播媒介各有自己的特点，各自发挥着自身的功能。

报纸新闻的分类方法很多，按新闻体裁可分为消息和通讯两大类；按专业内容可分为政治新闻、经济新闻、科技新闻等等；按报道方式可分为客观报道、深度报道等等。我们这里重点评析报纸新闻作品的两大类：专业报道类和报道方式类。

## 第一节　专业报道类

### 一、政治新闻评析

政治新闻指的是社会政治生活领域里的新近变动的事实的报道。

政治新闻涉及范围很广，有重大政治事件和上层建筑领域动态的报道；有各级党代会和人大、政协会议报道，重要领导人讲话，党风、党建工作报道；也有民主与法制建设和军事新闻报道，还有民族与宗教事务报道和外事新闻报道，以及国家高层领导人工作和生活情况的报道等等。

政治新闻表现出的特点有：

1. 浓厚的政治色彩。由于政治新闻直接反映政治，较之其他折射政治的报道如经济新闻、文化新闻等，政治色彩显然更为强烈。它往往映现出时代政治风云的变幻，往往可以表现出记者敏锐的政治判断力和新闻敏感。如《总书记晤见小和尚》这篇很有影响的政治新闻，我们可以透过新华社河南分社赵德润同志的“采访记”，感受到它强烈的政治色彩。

2. 强烈的参与意识。如果说，记者工作带有很强的政治性，那么政治记者更是社会政治气候的瞭望哨。记者懂得，政治新闻要适应建设高度民主的社会主义政治目标的需要，充分发挥“耳目”、“喉舌”的职能，充分发挥舆论监督的职能。后面所选的两篇作品正体现了这一特点。

3. 娴熟的业务技能。政治新闻报道的事实不仅有党内的，还有党外的；不仅有国内的，还有国际的；有的与社会敏感的“热点”、“难点”问题紧密相连，情况纷纭复杂。报道政治新闻的记者光有政治使命感和社会参与意识还不够，还要有相当高的业务素质和报道技巧。

评析政治新闻，有三点值得注意：一是遵循新闻报道规律，积极主动发掘新闻；二是采访深入扎实；三是报道客观公正。在这里我们选取了新华记者赵德润、《人民日报》记者周象光二位同志的两篇作品，大家可以从我们所选的二篇好新闻中感受到这几点。

## 总书记晤见小和尚

赵德润

潇潇春雨撒落在九朝古都洛阳。

中共中央总书记江泽民在这里刚刚开过河南省大中型企业厂长经理座谈会，便在中共河南省委书记侯宗宾、省长李长春的陪同下，来到城东白马寺。白马寺始建于东汉永平十一年，是我国第一座佛教寺院，迄今有1900多年。

总书记一行由执事和尚印山引导，参观了记载白马寺历史的隋碑、大雄宝殿、天王殿和接引殿，登上汉明帝小时读书、两位西域高僧翻译过佛经的清凉台。江泽民边走边同僧人讨论佛教历史和佛教教义。在寺中两副对联前，总书记停住了脚步。一副是“大肚能容容天下难容之事，慈颜常笑笑世间可笑之人”，一副是“天雨虽宽不润无根之草，佛门广大难渡不善之人”，江泽民让随行人员记了下来。

印山和尚邀请总书记一行到寺中客堂小憩。

众人刚刚落座，一个法名印中的小和尚进来献茶。总书记亲切地招呼他坐下，同他交谈起来。

“你贵姓?”

“姓陶名翠中。”

“今年多大了，哪里人啊?”

“24岁，贵州省贵阳市人。”

总书记关切地问：“小小年纪，从贵州出家到河南，不容易呀。能说说为什么要出家吗?”

印中和尚欲言又止。江泽民诚恳地说：“没关系。咱们随便谈谈心。你在生活上有什么坎坷与失意，尽管说。”

在总书记慈祥的目光期待下，印中和尚说出了心里话。他原本有一个幸福家庭：父亲是机关干部，母亲是工人，他本人从一所中等专业学校毕业后，分配在省会贵阳工作。

“我对自己的工作很满意，本想为人民做点好事。可接触到社会上种种腐败现象和不正之风，感到心灰意冷。我不愿同流合污，又无力与现实抗衡，经常感到失望、迷惘。为此，去年来到白马寺，以求精神解脱。”

江泽民听了这番话，神情显得凝重起来。他环顾左右，神情严肃地说：“有这么一句古诗：‘若问古今兴废事，请君只看洛阳城。’洛阳是九朝古都，洛阳的兴衰是中国封建王朝兴衰的一个缩影。纵观中国历史上各个朝代，无一不存在腐败与反腐败的斗争。什么叫忠？什么叫奸？为人民办事就是忠，搞腐败就是奸。我们要特别警惕那些‘口言善，身行恶’的人，或者叫口是心非的两面派。”

“共产党的宗旨是全心全意为人民服务。”江泽民接着说，“共产党人历来是坚决惩治腐败的。早在进城以前，毛泽东同志就在党的七届二中全会上向全党提出‘两个务必’，告诫我们警惕用糖衣裹着的炮弹的袭击。郭沫若写的《甲申三百年祭》，也是总结李闯王的教训。历史的经验告诉人们，反腐败斗争搞不好，建设有中国特色的社会主义就没有希望。”讲到这里，江泽民语重心长地对印中和尚说：“这些年来，我们党内和社会上确实出现了一些腐败现象和不正之风。请相信，共产党有决心也有能力惩治腐败。我不能干预你的选择，可是你出家了，你们那里的不正之风并没有因此解决呀。要相信党和政府，对腐败现象和不正之风，要展开坚决斗争！”

印中和尚面露喜色，又试探地问道：“佛教作为一种历史悠久的宗教，是否应当承认其存在的价值？”

江泽民说：“在我国，除佛教，还有道教、基督教、天主教和伊斯兰教，我国宪法规定公民有宗教信仰自由，党和政府还要培养做宗教工作的接班人。世界上的知识是浩瀚的。宗教的形成有很长的历史，其中包含着一定的历史文化。我的家乡扬州是文化古城。我十几岁的时候就读过苏曼殊大师的作品，其中一些美妙的诗篇至今还能背诵。也听过圣母玛利亚的颂歌，那是很动听的音乐。共产党是无神论者，宪法又规定公民宗教信仰自由，这并不矛盾。有人说我们把宗教视为异端。这是错误的说法。在我们国家里，既有宗教信仰的自由，也有宣传无神论的自由。国内外敌对势力利用宗教进行渗透，搞和平演变，则是我们所不允许的。这就是我们的观点，不知你同意不同意？”

印中和尚听了，满意地点点头。

江泽民略作停顿，加重语气说："信仰共产主义和信仰宗教，虽然有着本质的区别，但我们都要热爱伟大的中华民族和社会主义祖国。我们的民族和国家有悠久的历史和灿烂的文化，只是近代落后了。我们全民族团结一致，就能把国家建设好，我们都要为人民办好事。共产党就是为人民服务的。我相信，大家在爱国主义旗帜下团结起来，就一定能把中国的事情办好，这个你也同意吧?"

印中和尚会心一笑，高兴地说："完全同意!"客堂里的气氛随之活跃起来。

一边是中国共产党的总书记，一边是因困惑、迷惘而遁入空门的小和尚。领袖与平民之间亲切、平和地交谈。

天色将晚，江泽民起身告辞。印中和尚和僧众一道，恋恋不舍地把总书记送出山门。汽车离白马寺越来越远，总书记仍然思考着白马寺的谈话。他一再嘱咐身边的干部："这件事要引起我们深思，一定要抓好廉政建设。"

（《瞭望》1991 年第 24 期）

## 《总书记晤见小和尚》采访记

赵德润

历史总是在不断地验证和发展真理，而伟大的真理决不因时间的推移而失去光彩。

当又一个春天即将到来的时候，我不禁想起几年前江泽民总书记在洛阳白马寺同小和尚一番内容广泛、深刻、富有哲理的谈话，想起那一次终生难忘的采访。

1991 年初春，中共中央总书记江泽民到河南视察。在中共河南省委书记侯宗宾、省长李长春的陪同下，总书记一行从洛阳的中原油田到安阳、新乡一路走来，洛阳是他视察的第四站。一路上，他围绕着建设有中国特色的社会主义、大中型企业改革等问题征询意见，并不时地阐发自己的见解。总书记给我的印象比平时在报纸和电视上的了解要深刻得多、亲切得多。他不仅思维敏捷，知识渊博，而且作风朴素，平易近人。

在洛阳，江泽民先后参观了黄河小浪底工程、洛阳第一拖拉机厂、洛阳玻璃厂、解放军外国语学院和一家高技术研究中心。翌日上午，在总书记下榻的友谊宾馆一间并不宽敞的会议室里，江泽民同志和来自全省各地的几十位厂长、经理就深化企业改革展开座谈。

下午，春雨潇潇。河南省领导建议总书记稍事休息，看看城东白马寺。始建于东汉永平十一年的白马寺，是佛教传入中国后的第一所寺院，迄今已有1900多年历史。总书记一行由执事和尚印山引导，参观了记载白马寺历史的隋碑、大雄宝殿、天王殿和接引殿，登上汉明帝小时读过书、两位西域高僧翻译过佛经的清凉台。江泽民边走边同僧人讨论佛教历史和佛教教义。

预定的参观内容结束了。总书记一边向门口走去，一边向游人亲切招手。印山和尚邀请总书记一行到寺中客堂小憩。江泽民绕过山门左侧两个东汉时期的西域高僧竺法兰和摄摩腾的墓，向后边的客堂走去。

事后听说，当时出于安全考虑，洛阳市有关部门早已把包括负责管理客堂的小和尚在内的"闲杂人等"疏散到白马寺附近的齐云塔院。后来，原定的计划被打乱了，小和尚印中等人被紧急召回寺院。客堂大门打开之后，江泽民总书记等众人落座。执事和尚连忙吩咐小和尚看茶。

江泽民一路上非常辛苦，但看上去毫无倦意。他见近前献茶的小和尚十分年轻，便亲切地问是哪里人，多大年纪，为什么出家？谁知这一问，竟引出一番令人吃惊的叙述：印中和尚原叫陶翠中，贵州人，年方24岁，父亲是国家干部，母亲是工人，他本人在西南警校毕业后，分配在省会贵阳的一个派出所当户籍警。用他自己的话说："本想为人民做点好事，可接触到社会上各种腐败现象和不正之风，感到心灰意冷。不愿同流合污，又无力与现实抗衡，经常感到失望、迷惘。为此，去年来到白马寺，以求精神解脱。"

印中和尚的谈话使客堂的气氛顿时紧张起来。谁也没料到这个坦诚的小和尚在总书记面前把腐败现象和不正之风讲得如此沉重！江泽民同志没有回避这个敏感的社会问题，也没有责怪印中和尚。他首先吟了一句宋代司马光的诗："若问古今兴废事，请君只看洛阳城"，用以说明九朝古都洛阳的兴衰是中国封建王朝兴衰的一个缩影。随后话锋一转谈到反腐败、辨忠奸这个深刻话题。江泽民说："纵观中国历史上各个朝代，无一不存在腐败与反腐败的斗争。什么叫忠？什么叫奸？为人民办事就是忠，搞腐败就是奸。我们要特别警惕那些'口言善，身行恶'的人，或者叫口是心非的两面派。"接着，总书记从共产党的宗旨谈到进城以前毛主席在七届二中全会上的告诫，从郭沫若的《甲申三百年祭》谈到"共产党有决心也有能力惩治腐败"。

江泽民这一番令人振聋发聩的谈话使在座的人深受教育，小和尚也面露喜色。不料，这个小和尚"得寸进尺"，又提出另一个敏感的问题："佛教作为一种历史悠久的宗教，是否应当承认其存在的价值？"江泽民以他渊博的知识讲述了佛教、道教、基督教、天主教和伊斯兰教的形成都有很长的历史，其中包含着一定的历史文化。江泽民说："我的家乡扬州是文化古城，我十几岁的时候就读过苏曼殊大师的作品，其中一些美妙的诗篇至今还能背诵，也听过圣母玛利亚的颂歌，那是很动听的音乐。"总书记当场给大家背诵起苏曼殊大师吟扬州的诗句。随后，又明确指出："共产党是无神论者；宪法又规定公民宗教信仰自由，这并不矛盾。有人说我们把宗教视为异端，这是错误的说法。在我们国家里，既有宗教信仰的自由，也有宣传无神论的自由。国内外敌对势力利用宗教进行渗透，搞和平演变，则是我们所不允许的。""信仰共产主义和信仰宗教，虽然有着本质的区别，但我们都要热爱伟大的中华民族和社会主义祖国。""我相信，大家在爱国主义旗帜下团结起来，就一定能把中国的事情办好。"

一边是中国共产党的总书记，一边是因困惑、迷惘而遁入空门的小和尚。领袖与平民之间的谈话竟是那样亲切、平等。当总书记与印中和尚及众僧人告辞后，我有意留在后边悄悄听取反应，小和尚笑容满面，双手合十，连说："阿弥陀佛，讲得太好了！"

这篇谈话虽然很精彩，但涉及很敏感的问题，有关领导同志关照记者不准记录，不准拍照，不做报道。完成了总书记在豫考察的报道后，我突然接到父亲病逝的电报，于是急急踏上北去的列车。老父病逝，心绪陡然乱了。但总书记与小和尚一席谈的情景，一直萦绕在脑际，不写出来，总觉得是一种缺憾。正在这时，我在河北分社工作时的老社长汪钦夫妇来河南，知道了我的想法，鼓励我莫失良机，立即把稿子写出来，并希望能在他们创办的《乡音》杂志上发表。我凭借当时采访的深刻印象和事后追记的材料，开了一个"夜车"，写出了《总书记晤见小和尚》。稿件用写实的手法，描绘了这次谈话的情形和内容。

稿子写成以后，如何发？我想起总书记来河南视察时，中央办公厅负责同志对如何宣传报道的交待：整个考察活动由新华社发一通稿，如有通讯、特写方面材料可发《瞭望》周刊。于是，我把稿件分别寄往《瞭望》和《乡音》，并向我的老社长说明，稿子要由《瞭望》定稿。稿子电传到《瞭望》编辑部，总编辑陈大斌当即充分肯定了这篇文章，略加修改，即送总书记审阅，并附上一言：

> 江泽民同志：
>
> 新华社河南分社记者写的《总书记晤见小和尚》一稿，我们觉得既宣传了党反对腐败现象的决心，也宣传了党的宗教政策，发表出来，对读者很有教益。我们拟在《瞭望》周刊发表，现送上原稿，请审阅！

此时恰好总书记准备去苏联访问，稿子来不及看，便暂时压了下来。总书记圆满结束对苏联访问回到北京后，很快审阅了这篇稿件，在文字上稍作修改便将稿件寄回《瞭望》周刊编辑部。《瞭望》周刊作为特稿在国内版和海外版同时刊出，国内版的题目是《总书记晤见小和尚》，海外版的题目是《江泽民佛寺一席谈》。

文章在《瞭望》周刊、《乡音》杂志同时发表之后，立即在大陆、港台地区和海外产生强烈反响。《北京日报》、《洛阳日报》、《郑州晚报》、《文摘报》等相继转载。香港《文汇报》、《大公报》、《明报》、《信报》，澳门的《澳门日报》，台湾的《中国时报》、《联合报》、《台湾时报》等均在显著位置转载或摘发。东南亚的许多华人报纸，像泰国的《中华日报》、《星暹日报》、菲律宾的《世界日报》也都作了转载。香港《明报》作为要闻在二版转载时还特意加了三行标题：

江泽民与小和尚谈心
总书记慨言历代忠奸
共产党有决心也有能力惩治腐败

随后，《明报》又在要闻版推出社评《总书记与小和尚的谈话》。这家在香港和海外颇有影响的报纸一向的编排习惯是，一版是广告，二版是要闻，三至五版是港闻，大陆新闻被安排在六、七版。这次在要闻版上又是转载文章又是发表社评，可谓不惜版面。

报道在宗教界影响也很大。中国佛教协会主席赵朴初十分欣赏此文。他曾接见白马寺印中和尚，同他亲切谈话。开封大相国寺早在30年代冯玉祥将军主持豫政时就赶走僧人，改为文化娱乐场所。赵朴初和佛教界知名人士一直呼吁大相国寺收归宗教管理。赵朴初引用江总书记在白马寺关于党的宗教政策的谈话，上书中央，经过多方努力，终于为大相国寺“落实了政策”。峨嵋山一座有名的寺院甚至把《瞭望》这篇报道用毛笔重新抄过，镶进镜框，向游人展示。新华社一位副总编辑在游览此寺时专门拍了张照片送我作纪念。

1992年，《总书记晤见小和尚》被评为“中国新闻奖”通讯三等奖并被收进新华社中青年记者散文式新闻作品选。

胡耀邦同志生前曾勉励记者不仅要做文学家、历史学家，而且要做政治家、社会活动家。我认为，一个成熟的记者，在涉及重大政治、社会问题的关键时刻，就要具有政治家的洞察力、判断力和胆识。总书记与小和尚谈话的报道，显然不如党和国家领导人接见工人、农民、知识分子、劳动模范的报道那样容易把握，况且谈话内容又是反腐败和宗教两个十分敏感的问题。动笔之前，曾有人对我说，总书记来河南，见了那么多党政干部、企业家、群众，为什么偏写一个小和尚？敏感问题把握不好，会不会授人以柄，引起社会负面反应，从而影响党的领袖形象？实际上，用辩证唯物论的观点看问题，抓住总书记与小和尚谈话这一“千载难逢”的机会，敢于触及敏感的社会问题，同时又能正确把握分寸，恰恰可以产生一篇有广泛社会影响的报道，恰恰可以通过报道让人们进一步了解总书记的学识渊博和平易近人，从而提高党的领袖的威信。香港《明报》在转发时，标出的三行标题充分说明了这一点。在这类问题的把握上，我们既要十分谨慎，又要防止“保险系数”过大，谨小慎微到不敢动手，失去重大报道机遇。

毛泽东、周恩来等老一辈革命家对新华社内部报道曾有过明确指示，要求记者要把事实写清楚，怎样判断是中央的事。总社编辑部也明文规定，记者与领导意见不一致时，把双方意见同时报到编辑部，由编辑部作最后“裁决”。由此推想开来，无论公开或内部报道，都有个正确“裁决”问题。毫无疑问，我们必须遵守宣传纪律，按发稿程序办事；但决不能在正确的决断作出之前的某个环节就自以为是地予以“否决”。从这个意义讲，《总书记晤见小和尚》能够发表并获奖，我不仅要感谢初审此稿的河南省委书记和《瞭望》编辑部的同志们，还要感谢总书记和他身边的工作人员。

**作者简介**

赵德润，男，1946年3月18日生于长春市怀德县。1965年以优异成绩考入北京大学哲学系哲学专业；5年后毕业分配到河北，先后在《邢台日报》，新华社河北分社任记者、记者站站长；1985年调河南分社。现任新华社高级记者，河南分社社长、党组书记，河南省新闻工作者协会副主席。

## 红场易旗纪实

周象光

公元1991年12月25日晚7时许。莫斯科。隆冬中的红场。

由于莫斯科电视台当天就预报了戈尔巴乔夫将在今晚7时发表辞职演说，许多人便预料克里姆林宫顶上将要更换旗帜。莫斯科市民，还有许多外地人冒着凛冽的寒风赶来观看这一历史性场面。一些人带着半导体收音机来到红场，一面等，一面收听戈氏的辞职讲话；电视和摄影记者在选择拍摄角度；人们在谈论着自己的看法，并不时抬起头来，眺望着在暮色中飘动着的苏维埃社会主义共和国联盟国旗。人群中，有的举着苏联国旗，有的举着过去加盟共和国的国旗。

看得出来，此时此刻，人们的感情是十分复杂的，对联盟的解体态度也很不一致。有人在高声呼喊口号："苏联万岁！"一对来自乌克兰的老年夫妇说："怎么能没有联盟呢？苏联分裂成15个国家，就不再是一个大国了。"一位来自雅罗斯拉夫尔的工人说："这标志着俄罗斯又复兴了，现在就看叶利钦有没有办法防止饥民造反啦！"几名女青年说："换旗是自然的，因为苏联已经不存在了。"来自格鲁吉亚的一个俄罗斯人反对易旗，这时，人群中开始争论起来。他们的观点各异，有的甚至截然对立，对戈尔巴乔夫和叶利钦的评价也不尽一致。有一位中年妇女插进来无可奈何地说："挂什么旗都可以，只要让人们有吃的就行，因为我有六个孩子。"一位来自萨拉托夫的青年工人说："这么大的事件应当举行一个仪式，现在的做法未免太简单了。要知道我们几代人生活在这面旗帜下，我从小就知道我是苏联人，没想到这么突然就改变了祖国。"另一个人说："举行不举行仪式无所谓，重要的是不能再像过去那样只说空话不干实事。"

7时25分，戈尔巴乔夫电视讲话结束了，苏联总统府的屋顶上出现了一个身影。人们屏住了呼吸。7时32分，那面为几代苏联人熟睹的镰刀锤子旗开始徐徐下落、下落……7时45分，一面三色的俄罗斯联邦国旗取而代之，升上克里姆林宫上空。此时此刻，广场上的人们意识到，克里姆林宫已成为俄罗斯的总统府，苏联从地图上消失了。

莫斯科的夜空开始飘起雪花，气温明显下降。但仍有不少人陆续来到红场。人们还在红旗落地的地方发表自己的看法，还在那里争论……

（《人民日报》莫斯科1991年12月25日电）

## 震惊世界的历史事件

——《红场易旗纪实》的采写过程和背景

周象光

1991年12月25日晚7时，苏联总统戈尔巴乔夫通过电视台发表辞职声明。接着，人们熟睹数十年之久的镰刀锤子苏联国旗从红场克里姆林宫圆形屋顶上徐徐降下，顷刻间升起了白蓝红三色俄罗斯国旗。这是一个重大的历史时刻，它标志着1922年12月30日建立起来的苏维埃社会主义共和国联盟已从世界地图上消失，世界上两个超级大国之一的苏联已不复存在。这个事件不仅牵动着每一个苏联人的心，也直接影响到当今世界的格局。因此，这个事件受到全世界的注目，也是当地新闻界和外国驻苏记者竭力跟踪、深怕漏报的重大新闻。

然而，苏联的解体是个持续较长的过程。这个过程，充满了错综复杂的斗争和许多戏剧性的事件，使记者们感到眼花缭乱，应接不暇，一时很难对事态的发展作出准确的判断。

立陶宛等三个波罗的海沿岸国家宣布独立后，其他加盟共和国也相继宣布“主权独立”，将其境内原属联盟的一切财产划归本国所有。一时间，其他共和国和地方政权纷纷效仿。同时，新闻报刊把这种现象称作“主权战争”。笔者作为专事报道苏联局势的记者，此时已经意识到“主权战争”势必危及到联盟的生存。

1991年3月17日，苏联全国就是否保存联盟的问题举行了全民投票。这是关系联盟前途的重大事件。所有的记者都注视着投票的进程和各地不断公布的初步投票结果，同时巡访一些投票站，同选民们直接交谈。记者深深感到。苏共的分裂和各种派别的兴起，给苏联的社会思想带来了极大的混乱。在同选民广泛交谈中，记者接触到各种各样的思想、观点和态度，他们都有一个共同点：对无休止的政治斗争感到厌倦。表示不管要不要联盟，只要能让大家有吃有穿，生活有所改善就好。

全民公决的结果，赞成保存联盟的占76%。戈尔巴乔夫开始同各共和国领导人举行会谈。然而，苏联15个加盟共和国中，只有9个共和国领导人出席，因此这次会谈被报界称为“9+1”会议。

8月，戈尔巴乔夫前往克里米亚休养。中央一级的政治活动基本上处于停顿状态。许多外国记者也想在这些天里稍微松一口气。因此，当“8.19”事件发生时，人们都感到十分突然。这个突如其来的事件又把记者们推入最紧张、最繁忙的活动中。首要的任务是掌握情况，分析和判断事态可能发展的趋势，并抢发重要的新闻。记者从广播中收听到以亚纳耶夫副总统为首的国家紧急状态委员会发布的声明、命令等文件后，立即驱车进入市区。在大街上看到，重要的路口、桥梁和要害部门都部署了坦克。俄罗斯当局的“白宫”方面显得十分慌张，正在动员人力架设路障，以防政变部队的进攻。市民们却很平静，商店照常营业，许多居民仍和往常一样，在食品店门前排队，抢购食品。当天下午，亚纳耶夫以代总统的身份举行记者招待会，宣布戈尔巴乔夫“因健康原因”不能再担任总统。他表示，在当前条件下已“不可能正常生活”，因而“必须采取坚决的措施，制止国家滑向灾难”，但另一方面他在回答记者提问时又表示，希望戈尔巴乔夫尽快恢复健康，好同他一起工作，敏感的记者对亚纳耶夫的这个回答感到有些迷惑不解，可一时还难以作出判断。8月20日，在通往“白宫”的一个路口，几辆装甲车试图冲开路障，被保卫“白宫”的人群制止。在这次冲突中有三人死亡。8月21日上午，俄罗斯联邦最高苏维埃在“白宫”召开会议。为了从俄罗斯当局获取消息，记者翻越层层路障，通过一道又一道纠察线，经过严格检查证件后才进入会场。会议开始不久，议长哈斯布拉托夫来到主席台宣布，他已同国家紧急状态委员会成员之一、克格勃领导人克留契科夫达成协议，由俄罗斯当局派遣一个代表团同该委员会成员一起飞往克里米亚，面见戈尔巴乔夫总统。这个消息等于宣告8月19日发动的政变已经流产。记者们纷纷离开会场，设备先进的西方记者，在“白宫”的楼道里就发出了消息。

“8.19”事件虽然只持续了三天，但它对苏联国内局势此后的演变具有极大的影响，并大大加快了联盟解体的过程。戈尔巴乔夫在叶利钦的支持下复出，并回到了克里姆林宫；与此同时，叶利钦也把自己的国务活动由“白宫”迁入克里姆林宫。从此，在克里姆林宫的大墙院内便出现了两个总统府——戈尔巴乔夫的苏联总统府和叶利钦的俄罗斯总统府。从红场望去，镰刀锤子的红色苏联国旗和白蓝红三色的俄罗斯国旗并列飘扬在克里姆林宫的上空。这景象意味着政权的并存与斗争。

复出后的戈尔巴乔夫，仍希望按照“9+1”会议达成的方案签署联盟条约。然而，许多共和国领导人以形势已发生变化为由坚决反对。舆论界认为，戈尔巴乔夫为签署新联盟条约的努力“已走进了死胡同”。由于俄罗斯当局通过颁布总统令相继强行接管了联盟中央的许多部、委，各加盟共和国将在其领土上的属于联盟的机构、企业和一切财富划归本共和国所有。作为联盟总统的戈尔巴乔夫实际上已被完全架空。戈尔巴乔夫在刚刚复出时曾郑重声明，如果签不成新的联盟条约，他将辞去总统职务。1991年秋末冬初，形势愈加明朗，戈尔巴乔夫的辞职已不过是个时间问题了。记者的注意焦点自然也转到这个方面来。

12月8日，俄罗斯、乌克兰和白俄罗斯三个斯拉夫国家的领导人在白俄罗斯首都明斯克开会，就建立“独立国家联合体”来取代联盟国家达成了协议，并向全国和全世界宣称：“苏维埃社会主义共和国联盟已不复存在。”记者在报道这个消息时虽然也引用了会议宣称的“联盟已不复存在”的语句，但同时看到联盟还没有正式解体，因为联盟的权力机构还在，其他十几个加盟共和国也还没有明确表态。

12月13日，哈萨克斯坦、乌兹别克斯坦、吉尔吉斯斯坦、塔吉克斯坦和土库曼斯坦五个穆斯林国家领导人在阿什哈巴德召开会议，他们虽不满三个斯拉夫国家撇开他们单独开会决定联盟的命运，但还是决定在必须承认他们五国都是独联体的“平等的创始国”的条件下参加独联体。

12月31日，俄罗斯、乌克兰、白俄罗斯、哈萨克斯坦、乌兹别克斯坦，吉尔吉斯斯坦、塔吉克斯坦、土库曼斯坦，以及亚美尼亚、阿塞拜疆和摩尔多瓦共十一个共和国领导人在阿拉木图举行首脑会晤，就建立独立国家联合体达成一致，并再次宣告“苏联已停止存在”。

至此，苏联总统戈尔巴乔夫除了宣布辞职外已别无选择。联盟的正式解体已进入最后的读秒阶段。

12月25日下午，苏联中央电视台发出预报：当晚7时苏联总统戈尔巴乔夫将在电视台发表辞职声明。这个预报使在莫斯科的各家新闻机构立即忙碌起来，为这个重大的历史事件作收听、录音、录像和抢发消息的准备。可是到了此刻，当局仍然没有宣布何时在克里姆林宫降下苏联国旗。只有塔斯社在几天前曾预测，红场易旗可能在岁末进行。时近黄昏，一家小通讯社在一条消息中认为，苏联国旗将在戈尔巴乔夫搬出克里姆林宫后降下，但消息认为，戈尔巴乔夫可能在发表辞职声明后的次日才搬出克里姆林宫。我向苏联记者和外国记者打听，有人认为易旗可能在戈氏发表辞职声明后立刻进行；也有人认为，易旗只能在苏联最高苏维埃接受戈氏的辞职并正式宣告自身解散后才能进行。许多记者由于把注意力集中到报道戈尔巴乔夫的辞职声明上，当苏联国旗在戈尔巴乔夫结束电视讲话后不久从克里姆林宫上空降下时，只有为数不多的记者及时赶到现场，亲眼目睹了标志着差一年零五天就满70年的苏维埃社会主义共和国联盟正式解体的历史场面。

当时莫斯科与北京的时差有6个小时。戈尔巴乔夫开始电视讲话时，北京已是深夜1时了。为了赶在报纸截稿前发出消息，也为了发出消息后立即赶赴红场观察，我用两架录音机同时收录戈氏的讲话，在讲话刚进行到一半时就开始写稿，写好消息后立即前往红场。当然，此时对红场是否易旗并无把握，我是抱着“去碰碰看”的心情而去的，因为作为记者必须勤于奔波、不辞辛苦才能抓到重要的新闻。感到庆幸的是，我终于在现场采访了“红场易旗”这一历史性的场面。为了准确报道降旗和升旗的时间，我反复向在场的许多人核对，其中有列宁墓前的卫兵、执勤的警官、外国记者和一般群众。为了客观地反映群众对这一事件的态度，我来到正在争论的人群中间，听取意见，并向双方提问，从而了解到对立双方的基本态度。同时又广泛地同围观的群众交谈，了解一般群众的心态。他们当中既有中老年也有年轻人，既有知识分子也有工人，此外还有一些外地来此出差的人员。在掌握了这些基本情况后，立即赶回记者站，写成一篇现场纪实的特写，发回北京。事后知道，这篇特写是《人民日报》的独家新闻。

**作者简介：**

周象光　男，《人民日报》高级记者。

# 一篇出色的国际报道

## ——《红场易旗纪实》简评

王庚南

获第二届“中国新闻奖”通讯二等奖的《红场易旗纪实》，无疑是一篇出色的国际报道。而人们对它的评价和推崇，又是超出它的获奖等级的。

读者之所以注目和推崇这篇作品，首先是它所反映的事件和主题的特别重大。一个有着70年光辉历史的伟大的社会主义国家，转眼之间红旗落地，联盟解体，这一震惊世界的变化，肯定是全世界传播媒介的“抢手货”。云集莫斯科的各国记者，虽然从各种迹象已预感到将会有重大事件发生，但究竟会在何时、以何种方式发生，又难以捉摸，所以都“严阵以待”，以抢发这个未来的头条新闻为己任。而对读者来说，他们不仅想知道事情的发生，还想知道事情是怎样发生的，发生的详细过程，有什么情节以至于细节。总之，对凡是与这件事有关的一切因素，它的前因和后果，都想有所了解。因此，这就要求记者不仅要及时地准确地抓住突然发生的事情，而且要了解事情的全过程。《人民日报》驻莫斯科记者周象光以记者特有的政治敏感，在事件发生的当天下午7时许，便驱车奔向红场，一边收听戈氏的辞职讲话，一边进行现场采访，直至看到克里姆林宫上空的红旗被三色旗所代替。他连夜向报社发回了这篇事情有头有尾、内容有情有景的特写报道，刊登后引起了读者广泛的兴趣和注意。

周象光的这篇特写报道，在材料处理和写作技巧上，也颇有独到之处，这是读者喜欢它的原因之一。对于如此重大的事件，以及事件本身十分复杂的背景和微妙多变的因素，是否能够准确地掌握，及时报道给读者，取决于记者的素养与功力。它要求记者不仅要能及时抓住它，而且能够掌握它的实质，掌握与事件有关的各种背景材料，并且加以巧妙处理。《红场易旗纪实》正是作者在掌握大量背景材料的基础上，紧紧抓住“易旗”这个具有象征性的新闻事件，展开情节，先把镜头推向红场，然后写莫斯科市民和许多外地人，因当天已听到电视台的预报，冒着凛冽的寒风来到这里，一面等，一面收听戈氏的辞职演说；电视和摄影记者在选择拍摄角度。人们一面交谈、议论，一面不时抬头眺望在暮色中飘动的苏联国旗。接下来，作者用近一半的篇幅，如实、客观地记述了人们对“易旗”的复杂感受和各种议论，包括反对的、支持的、无所谓的。这是全文的核心部分。是读者知道了在何时、何地，发生何事之后，还想进一步了解的更深层次的东西。所以，在这里多用篇幅是值得的，说明作者在谋篇时是费了一番斟酌的。

尤其值得称道的是特写的结尾，作者在记述“易旗”之后，写到：“苏联从地图上消失了。”全文到这里结束，也无不可。但作者笔锋一转，写了这样一段结尾：“莫斯科的夜空开始飘起雪花，气温明显下降。但仍有不少人陆续来到红场。人们还在红旗落地的地方发表自己的看法，还在那里争论……”虽是全文最后一句话，但又似完未完，给人留下了无尽的沉思。在这里，作者虽无一字评论，完全是客观报道，但字里行间又使人们清楚地看到作者鲜明的态度和立场。

## 二、经济新闻评析

经济新闻是一个完整的概念，包括国民经济、生产建设和人民日常经济生活的报道。从经济学范畴讲，有生产、流通、交换、消费等经济活动各环节的报道；从社会经济部门讲，有工业、农业、交通、财贸、保险、金融等各类经济领域的新闻；从内容构成上分析，有宏观经济政策、市场经济态势、经济运行规则、群众生活需求等多层次的最新信息。经济新闻兼具政策性、专业性、服务性、贴近性、重复性、广泛性等各层次、多方面的功能和特点。所以，搞好经济新闻报道难度较大，必须对症下药。

### （一）找准“症结”抓“难点”

经济工作中存在的矛盾、现象纷繁复杂，“找症结”就是揭示矛盾，给问题“号脉”。抓“难点”指的是抓社会上普遍存在、引人注目，而又一时难以解决的问题。如“三角债”问题、生产与流通的矛盾问题等等。这些当然不是一篇作品就能解决的，有的还将长期存在。但优秀作品正是从这些疑难杂症中切准了“脉”，使报道不同凡响。

### （二）释疑解惑

优秀经济新闻作品不仅仅停留在对纯事实的报道上，而是针对人们认识上的困惑和模糊不清的社会经济现象，进行解释和分析，用有说服力的报道，澄清是非，释疑解惑。这是抓问题抓难点的进一步深化。

### （三）去塞求通

“去塞求通”，其意是指克服传播过程中的障碍，以达到传播的目的。国外新闻学院把经济新闻看作高级报道业务，它与科技新闻一样，有许多专业性的知识，深奥的术语；此外，还有单调的工作环节、枯燥的数字等等。对普通受众来讲，它似乎显得太专太硬，需要加以通俗化。通常使用的做法有活用背景，巧妙“译释”，换算数字，以及在不影响信息准确的前提下借用比喻、拟人等修辞手法加以形象表现。这些都是去塞求通的技巧。

大家可以结合我们所选的二篇获奖的经济新闻作品来探讨经济新闻报道的特点。

## 中国质量的一座丰碑

——来自杨浦大桥的报告

孙洪康　杨　俊

癸酉金秋，黄浦江的儿女在世界特大型桥梁建设中，当之无愧地捧回了一枚“金牌”！

继南浦大桥飞越浦江后，世界第一斜拉桥——杨浦大桥又横空出世。

双桥落彩虹，申城映画中。

奇迹——大桥整个工期仅2年零5个月！

奇迹——在如此短的工期里，大桥工程质量却全面达到并超过了设计标准！

气势磅礴的杨浦大桥以其世界一流水平，在东方这块开发、开放的热土上矗起了一座中国质量的丰碑！

### 无与伦比的“精品”

黄浦江是上海的“母亲河”。

彩虹般的杨浦大桥乃是浦江儿女献给“母亲”的珍贵的项链。这是世上无与伦比的精品！下面这串经上海市重大工程检查组鉴定的权威数据，虽说有点枯燥，但它镌刻在“质量丰碑”上却是那样熠熠闪光！

208米高的主塔混凝土内实外光，强度100%达到设计要求；塔柱垂直精度达到一万五千分之一（设计要求精度三千分之一）。

主桥1 187件总重为12 600吨的钢结构几何尺寸的合格率达100%；10余万米焊缝质量，经X光拍片、超声波探伤、磁粉探伤，合格率均为100%；100.8万个螺栓孔合格率达100%。全桥256根斜拉索在大桥工程监理员直接监制下由上海浦江缆索厂制造，出厂前每根拉索均按设计强度的1.5倍进行预张拉，合格率达100%。

此外，970块各种规格的桥面板及东西引桥的工程质量合格率也均为100%。

7 800名大桥建设者的质量答卷多精彩，当专家们将“打分牌”举起时，都是100分！

杨浦大桥的恢宏和完美，让国际著名桥梁专家赞不绝口。被誉为“世界桥梁之父”的美国著名桥梁专家林同炎赞叹：“杨浦大桥无论从设计水平、施工速度和工程质量上，都堪称世界一流！”

国际级桥梁专家、德国莱恩哈特公司总裁斯文森先生感慨地说：“对于一个发展中国家，设计和建造一座世界级斜拉桥，就好比在奥运会上赢得半打金牌！”

“中国质量万里行”，是由中央新闻单位联合组团深入全国各地旨在打假治劣的报道活动。今天，杨浦大桥以其跨世纪的雄姿使世界一流的“中国质量”，传播万里！

## 质量是大桥的生命

楼外寒风正劲，厅内春木蔚然。

1990年12月10日，在中科院活动中心举办的专家论证会已到第5天。其时开发浦东热潮初涌，千军万马急待东渡，市府要求1993年底建成大桥。许多专家，包括几位满头华发的权威人士都接受了“一切立足于快”的设计指导思想。

可是，朱镕基市长却扯起“顶风帆”，因此他那清亮的略带湖南乡音的普通话就格外吸引人：“我们领导上确实对快较迫切，但一切立足于快的提法是绝对化了，片面了。是不是把这个提法修改一下，要立足于好，好中求快，好中求省。”

“立足于好”的质量意识于是渗透到国家级设计大师林元培的设计中去。为在上海滩河海相沉积层扎下百年根基，为防止类似加拿大安娜西斯大桥的严重裂缝，大师在桥梁预应力、塔柱造型、拉索走向上精心构划。

“立足于好”的质量意识于是渗透到大桥总指挥朱志豪的工作中去。这位总指挥逼起工程进度来是出了名的“狠”，但他却有句口头禅一直挂在嘴边：“质量是大桥的生命！质量与进度发生矛盾时先保质量！”

“立足于好”的质量意识于是渗透到每一位大桥建设者的行动中去！

## 科学是质量的准星

从世界闻名的跨径为37米的赵州桥到举世瞩目的主跨为602米的杨浦大桥，其间龙的传人足足跋涉了一千四百年；然而其科学与严密的原则却恪守如一。

1993年4月8日，晴空如洗，春潮翻卷。从浦江两岸凌空腾起的直拉江心的两翼桥身正待衔接合龙。

身着石磨蓝牛仔衫、头戴橙黄色安全帽的主桥安装总指挥林辉旭一早就登上了桥身。决战在即，30 800 吨重的主桥沉沉地压在这位施行过癌肿切除手术的中年人肩上。邻国一座建设中的斜拉桥就是在合龙前骤临的飓风中突然坍塌的。今天，如果因两翼桥身的标高、轴线、转角稍生误差而强行合龙的话，势将影响主梁内应力，从而埋下不堪设想的隐患。

中午 12 时 15 分，最激动人心的时刻来到了。根据 20 年气象资料分析预测的摄氏 12 度的气温终于升临，朝上游的一根 5.552 米主钢梁和朝下游的 5.536 米的一根主钢梁天衣无缝地嵌进了一线江天中，剩下的 4 000 多只螺孔雌雄相衔，阴阳并合，渐然“日全食”般地一丝不差地对拢，等候在旁的施工人员抓紧这稍纵即逝的时机，将定位销和高加螺栓穿进螺孔。

霎时，鞭炮齐鸣，香槟喷射，合龙现场沸腾了！闻讯赶来的市委书记吴邦国也抑止不住喜悦之情，朗声赞道：“这是一次潇洒的合龙！”

大桥建设者艰苦求索的科学精神和一丝不苟的工作作风在高耸入云的主塔上也留下了闪光的纪录。208 米高的主塔要支承斜拉索，托起主桥，其垂直精度要求极高，因而轴线和标高是主塔的生命线。承建浦西主塔的市建一公司将此重任交给青年测量队。具有科学探索精神和扎实数学功底的这班青年人，将应用于卫星导航的“坐标法”妙不可言地移植到主塔测量上来，终于以1/15 000的垂直精度在大桥主塔建筑史上创造了奇迹！

## “火焰山”上的哨兵

质量是大桥的生命，工程监理员是忠诚地守卫在大桥生命线的哨兵。

弧光闪闪刺目，脚下咝咝冒烟。这是大桥的脊梁——钢梁构件焊接现场。这项高难度焊接工艺要求先将钢板加温至 120—180℃,旋即施工人员再举枪焊接。电焊工虽然蹬着大头皮鞋,但脚板依然发烫,人的感觉就像钻进了烤箱。难能可贵的是工程监理员到时也手执温度计,在“火焰山”实行“人盯人”跟踪监理。

有人把大桥全面质量管理制度比喻为一张经纬交织的网络。大桥工程建设依靠施工单位自身保证、社会跟踪监理和大桥指挥部代表政府实行监督这三个质量保证体系，对大桥施工过程中的每道工序进行全过程、多层次的监理。

## 大桥建设者动真格

“一根钢筋处理八个人”——这事发生在杨浦大桥开工之初。

承建浦东主塔的市建三公司是建设南浦大桥的有功队伍，可是谁也不会想到有一位刚从南浦大桥马不停蹄转战来此的管理干部，一上阵就“马失前蹄”——在浇捣下塔柱第一节混凝土之前，凭“南浦”老经验，在一束支架里少放了 1 根钢筋。这个差错幸亏被及时发现，马上补焊钢筋，再重新浇捣混凝土。经专家论证、鉴定，牢度远远超过设计要求。这事虽然没有造成任何后果，但为此受到警告直至记大过处分的有6名管理、技术干部，两位公司负责人则受到通报批评。以上8人还受到不同程度的经济处罚。

两年多来，在大桥工地上，进场原材料不合规格，坚决退货；工程质量有问题，坚决返工；谁负有责任，坚决处罚。在中国工人阶级摇篮里成长起来的大桥建设者不愧为维持中国质量的中流砥柱。

世界上有些发达国家的经济起飞是与它们全社会的质量活动同步的，那么黄浦江上矗起的这座“中国质量”的丰碑是否也昭示着东方巨龙的腾飞?!

（《新民晚报》1993年9月22日）

## 获奖之后话甘苦

——采写通讯《中国质量的一座丰碑》的粗浅体会

孙洪康

没想到一篇新闻应景之作能接连夺得三个一等奖!

去年初秋，在世界第一斜拉桥——杨浦大桥即将竣工之际，奉报社之命，我与青年记者杨俊深入大桥工地半月有余，进行合作采访，而后满怀对大桥建设者的钦佩之情和写作冲动，由我执笔写成了通讯《中国质量的一座丰碑——来自杨浦大桥的报告》。如今这篇作品连中三元：继以最高票被评为上海市政重大工程好新闻一等奖后，又获1993年度上海市好新闻一等奖和第四届中国新闻奖一等奖的殊荣。

### 实地——新闻的源头

弧光闪闪，机声隆隆。当大桥工地耸起一座座参天的墩柱，浦江东西腾起双翼直指江心的主桥钢架，我就曾几度到杨浦大桥参观踏访，几次聆听大桥工程总指挥朱志豪等负责人的进行式的介绍，对大桥建设者高度的质量意识留下了深刻印象。1993年春，在杨浦大桥合龙当天，杨俊泡在现场实地采访，对大桥建设者高度的科学精神和一丝不苟的工作态度十分钦佩。

1993年8月份，当杨浦大桥建设进入最后冲刺阶段时，我们又去采访，对大桥工程质量之优，更加深了印象。联想到社会上产品质量低劣已成公害，便产生了从质量角度去讴歌大桥建设者的采写冲动。之后，我们又三进大桥指挥部，紧紧揪住大桥工程总指挥朱志豪、副总指挥姜守苍，就“大桥质量”刨根问底，接着又在负责主桥安装的上海市基础公司设在大桥下的现场指挥所“泡”了几天，盯牢主桥安装总指挥林辉旭和他麾下的几员干将，“咬”住几个技术关键点，对质量作专题采访。对于像我这样的外行来说，进行这样专业性很强的采访，实在是一件苦事。记得为了弄清大桥工作中“全漂浮体系”、“临时固结”等技术名称，我曾拉住这几位造桥专家足足补了两个多小时的“专业课”，待我略有所悟时，林辉旭不无调侃地说：“我们接待过不少记者，还没有遇到过像你这样对技术问题这么感兴趣的记者。”

而后我们又到担负主塔建设的市建一公司和市建三公司深入采访。

这两支“王牌军”隔江打擂，威名远扬，故事一串又一串。我们在听取造桥功臣们生动的介绍时，用心筛选同质量有关的细节。

实地是新闻的源头，这里有取之不尽的新闻素材。去年，我们一趟趟踏访大桥工地，一次次寻访建设功臣。我们深感，每到实地采访一次，总要收获一些新的细节，总要增加一点新的感受，总要产生一次写作的新的冲动。

## 寻找杠杆的支点

杨浦大桥是连接上海浦江东西的交通枢纽，是气势如虹的跨世纪工程，是体现上海改革开放新形象的标志性建筑。它宛如金色的竖琴巍巍矗立天穹，它让每一位参观者为人类改造自然的伟力和创造才智而感慨。歌颂它、赞美它的报道总有成百上千篇。

接受报社交托的报道杨浦大桥的任务后，我的心情是忐忑不安的。杨浦大桥工程是上海1993年最引人瞩目的重大工程，有关这方面的新闻报道是反映上海“三年大变样”的重大题材，如何使我们的报道不落俗套，写出特色呢？我深感难度很大。何况我们《新民晚报》在新闻报道中一向擅长运用“轻武器”，并特别讲求“软些软些再软些”，最多也不过“软中有硬”。那么如何来报道这一重大题材呢？

一位古代科学家说：给我一个支点，我能撬起一个地球。我想，假如我们在报道这一重大题材时，也能找到一个“杠杆的支点”，那么就能“四两拨千斤”——举重若轻！

这个“杠杆的支点”终于找到了！它就是从质量角度切入，去报道这一重大工程，这样一来，这篇通讯既具有全景式的特色，又可不必拘泥于如何决策、设计、建造的具体过程；既是一篇口子很小、专写质量的通讯，又能以质量为主线去贯穿大桥建设的主要内容和细节。

从而，这篇通讯突破了一般歌颂性报道的框框，以独特视角、翔实材料，具体而生动地展示了杨浦大桥的风采，热情讴歌了创造出世界一流质量的90年代上海工人阶级。

## 化硬为软的努力

像这类采写大桥工程的报道，题材很硬，稍不留神，就会枯燥乏味，让人厌读。为了化硬为软，增加文章的晚报味，本文在写作上作了一些努力。

运用比喻手法，使文章生动、形象。如：将浦江儿女建成“世界第一斜拉桥”喻为捧回一枚“金牌”；将彩虹般的大桥比作上海人民献给“母亲河”——黄浦江的“项链”；将上海质量检查组对杨浦大桥质量鉴定数据比作评委们的“打分牌”；将焊接钢梁现场的质量监理员喻为“火焰山上的哨兵”。

活用唐诗典故，使文章增添文采。如文中赞美杨浦大桥和南浦大桥“双桥落彩虹，申城映画中”，是活用李白《秋登宣城谢朓北楼》中诗句；文中还巧用“赵州桥”的典故，来赞颂中华民族在造桥方面的创造才能和科学精神。

插用国外资料，使文章增强可读性。如写设计大师林元培如何在设计中确保质量时，就插进了“加拿大安娜西斯大桥严重裂缝”的资料；在写主桥安装总指挥林辉旭指挥主桥合龙一节时，又插进了“邻国一座建设中的斜拉桥就是在合龙前骤临的飓风中突然坍塌的”资料。

运用正反典型材料，立体式地报道大桥建设工程。如运用了“一根钢筋处理八个人”的典型材料，试图使本篇通讯写作更具厚度，也使努力维护中国质量的大桥建设者的形象更加真实、更趋丰满。

**作者简介：**

孙洪康，男，1981年毕业于复旦大学新闻系。现任《新民晚报》总编辑助理、高级记者。

## 向生活深入开掘

中国社会科学院新闻研究所研究员　彭朝丞

癸酉金秋，继南浦大桥飞越浦江后，世界第一斜拉桥——杨浦大桥又横空出世。

奇迹——大桥整个工期仅2年零5个月，工程质量却全面达到并超过设计标准！

彩虹般的杨浦大桥的建设者们，以其世界一流水平和无与伦比的精品，在当今世界特大型桥梁建设中，当之无愧地捧回了一枚“金牌”！

然而，报告并记录大桥建设者足迹的通讯《中国质量的一座丰碑——来自杨浦大桥的报告》，又以它那主题鲜明、角度独特、文笔清新，为浦江儿女夺得了另一枚“金牌”——在“第四届中国新闻奖”评比中，获通讯一等奖！

新闻作为一种社会意识形态，它是要通过自己独特的方式来反映客观事物，达到影响读者的目的。一般来说，消息更多地依赖于事实的重要、信息的新鲜来征服读者；通讯则更多地靠主题思想的新颖、重大赢得读者。这样，在通讯的采写过程中就要特别重视主题的提炼了！

鲁迅先生说过小说开掘要深的话。新闻主题的提炼也应如此。同样的事实，同样的材料，由于立足点不同，能提炼出不同的主题来。这里，最重要的是指导思想要对头。

1994年1月，江泽民总书记在全国宣传思想工作会议上提出，新闻宣传工作要弘扬时代的主旋律，以正确的舆论引导人。这既是新闻宣传工作的一条重要原则，又是新时期新闻工作的一项重要任务。这也是我们采写重大新闻、提炼新闻主题时必须坚持的一个重要的指导思想。我们不仅要在政治问题上做到旗帜鲜明，体现正确舆论的引导作用；而且在经济生活上，同样应做好正确舆论的引导工作，把干部群众和各方面的积极性保护好、发挥好，促进国民经济持续、快速、健康发展。这篇获奖通讯的主题提炼正是基于此，它突破了一般歌颂性报道的框框，独具慧眼地从质量角度切入，具体而生动地展示了这一跨世纪工程和上海标志性建筑的精品光彩，热情讴歌了大桥建设者高度的质量意识，以及艰苦求索、一丝不苟的科学精神。黄浦江上矗起这座“中国质量”的丰碑，必将昭示着我国经济的腾飞是与企业的质量意识同步并行的。

“文章合为时而著，歌诗合为事而作。”这是唐代白居易写下的千古名言。“为时而著”、“为事而作”，也应是我们提炼新闻主题不能忽视的着眼点。《中国质量的一座丰碑》的采写与发表，正值全社会打假治劣十分艰苦的时期，其普遍而深刻的社会意义尤为显著，它引起的强烈反响，已在情理之中了！

生活是新闻的源泉。要写出这样主题鲜明、事实生动的通讯，不深入生活不行，光有生活而没有忠诚于党的新闻事业、没有敏锐的眼光也不行。《中国质量的一座丰碑——来自杨浦大桥的报告》可供借鉴，积聚一点，或许就在于此。

## 还是这块土地，还是这片天空

钟　嘉

在西安，感觉榆林挂在高高的天际，寂寥，广漠。看地图，毛乌素沙漠沉重地压在榆林上边。一位1973年曾路经榆林的朋友告诉我，当时黄沙埋住了榆林的半边城墙，出城往北全是明晃晃的大沙山。

可榆林人40年治沙业绩的报告摆在眼前，那些拖着四五个零的数字和“沙障”、“马槽井”一类的新名词儿叫我生起“到榆林去”的念头。

一

踏上榆林的土地，正是早春时节，草还没绿，树未抽芽。榆林人说我来的不是时候，我却希望体会一下榆林春季的风沙。

登上榆林城外明代长城上的镇北台，极目远眺，西北两面是无际的沙地、沙丘，沙山起伏不绝。但是，深色的植被同样伸展到目力不及的地方，没有一座沙丘是赤裸的，沙丘间的低地更是草木茂盛。榆林地区固沙六百万亩的概念此时变得清晰可信了，只感叹在这人烟稀少的地方如何成就这等规模的事业。榆林人告诉我这是“飞播”的成果，大面积飞播种草在榆林自1982年起，现已进入第十个年头。

乘车驶入沙区。嗬！一座座巨大的沙山上网着棋盘一样的“格子”。这格子就是“沙障”。沙区农民把柴草绾成绳状，一条条埋在沙坡上，控制流沙滚动。“沙障”下方植树种草就容易成活，如果用活的沙柳沙蒿造“沙障”，一旦成活则一举两得。

再看沙山间的耕地，很难想象那些百亩连成片的麦田是引出地下水冲平沙丘造成的。“马槽井”呢？在地势高的一边，几亩地大的一个池塘就是。原来，这一带地下水位较高，掘几米深就有水渗出，挖“马槽井”比打机井省钱，利用自然落差开渠灌溉非常容易，一眼“马槽井”可灌溉二三百亩麦田。是不是该为“马槽井”申请个专利呀？至少也可与新疆的“坎儿井”相提并论吧。

弯进沙窝子，一幢幢崭新的水泥板房、砖砌窑洞冒着炊烟，房前屋后堆着大垛的秫秸、柴草，围着柳枝插成的院墙，因缺柴草而破坏植被的恶性循环显然不复存在。背着书包放学回家的孩子，女娃娃红褂褂，红头花，洁净利落，男娃娃骑着高到腋下的自行车，你追我赶。这景象叫人怎能相信，十几年前他们的家里还三代人合盖一条被子，他们的父母冬天穿的棉袄里面没有一件内衣？

二

榆林沙区的形成是历史上几百年滥垦的结果，可想而知，沙漠变良田也不是轻而易举的。东晋时建立的“大夏国”国都统万城，其遗址在今天榆林地区靖边县的荒沙包围之中。当时修城于此，是由于“大夏国”的首领赫连勃勃赞其“临广泽而带清流”。可四百年后唐人就有诗曰，“茫茫沙漠广，渐远赫连城。”到明代修长城时，陕北至宁夏一线“凡草茂之地筑于内”，长城算是沙漠与草地的分界线。但到1943年，流沙越过长城40公里，两面逼到榆林城下，沙区人无定所，田无定地，“麻雀放屁风滚田”。这种状况一直持续到本世纪70年代。

几百年沙进人退，最近几十年终于开始人进沙退。榆林人是怎么干的？

有位马柱财老汉，50年代带上全家搬石头压沙，发誓祖祖辈辈压下去，总有一天把门前的大沙丘压住。事实证明那精神可嘉，办法不行，还是得用“沙障”；光靠人力也不行，还得动用飞机。

老百姓创造了许多治沙办法，国家在科研、试验、示范方面也投下了大量人力、物力，但建国后30年，基本上是国家能拿出多少钱就治多少沙，再就靠行政命令，靠义务劳动。治沙有成果，却步履维艰。

改革开放以后，“国家——集体——个人”的治沙模式调了个个儿，成了“个人——集体——国家”，治沙承包，“谁种谁有谁受益”，农民治沙积极性大大提高，十里八里走出去治大沙，治远沙，想方设法增加治沙投入。国家投的钱没增多少，治沙面积却迅速扩大。

现在不把“人定胜天”挂在嘴边了，中国人从“战天斗地”的经验教训中清醒过来，尊重自然规律，服从客观经济规律，就能从大自然获取生存环境和发展条件，这在榆林人来说，体会是太深了。

三

马柱财老汉是去年没的。十几年前，老人们还念叨：“赶死上，不要叫玉米面给断了。”马老汉能瞑目了。他已经看到，榆林沙区粮食有了，肉有了，鱼也有了；白面有了，大米也有了。榆林市金鸡滩乡的干部开始为“卖粮难”发愁：“只要有钱来收购，全乡马上可以拿出一千万斤粮食，家家都窖着粮呢！”沙区鱼塘、葡萄园、苹果园、用材林都发展起来，种草养羊，草籽卖钱，柳编出口，也成了沙区农民的致富手段。

我在榆林的三四天，风尘不动，还有淅沥小雨洒下。榆林人告诉我，现在城里再也找不到卖风镜的，春天黄尘蔽日的情形越来越少见，没有人再说不喜欢榆林的春天。

出门上路，到处看到人们在栽树。公路上，卡车、拖拉机、小驴车拉着一捆捆树苗，不仅有杨树、柳树，而且有榆林过去见不到的油松、樟子松，它们给榆林的早春增添了绿色。

离开榆林却忘不了那里的树。榆林树之多超过我的估计，但让人纳闷的是，榆林的树似乎种得毫无章法：有疏有密，有曲有直；粗须合抱，细若手指；高可钻天，矮仅齐肩；路旁有树却不成阵，田旁有林却参差不齐。这是为什么？

不用问为什么，你看那流沙掩到脖梗的老树还在抽出新枝，护卫着身边可做它孙子的小树苗，就会明白，它们在40年中历经艰难曲折与前仆后继。面对这块土地、这片天空，它们是榆林人治沙业绩的见证。

（《人民日报·海外版》1992年5月6日）

# 回到人本身

钟　嘉

写稿子一人一个思路。就算是领导给定了题目，你下意识地也会写出自己驾轻就熟或比较偏爱的东西。除非你根本不想有自己的个性。

我这个人没有专业特长，文史哲也都是弱项，不善于博闻强记。要想写稿“出彩儿”，凭什么？过去，我一直缺乏自信，待写出几篇通讯听到称赞，获了奖，才意识到我也可以写得不同凡响。

1992年春天，我去了趟陕北。没人请也没带任何题目。“看看有什么可写的”，就是我全部的思想准备。我喜欢这样的采访。

从延安到榆林坐的是班车。出延安不远车被骑摩托车的警察截住了。说“超载2人”，罚款100元。司机赔了半个小时笑脸，100元改成20元放行。车继续开，碰到路边有人招手，司机仍旧停车载客。

车里人多，一位独腿老汉撑两支发黑的旧拐，上车后不得不挤靠在行李包上。满车陕北口音，有人说：“那是老红军呢!”“老红军咋？现在还不如北京知青。知青没回城可以农转非，他老汉还不是当农民!”

在延安枣园庙沟村——中央领导前两年视察过这里，村长很自豪地滔滔不绝，讲他们村的典型经验——40年“党政没乱，党风没变，队干没换，班子没烂，集体经济没散”……村里支部活动室是带里外间的窑洞，粉刷得挺白，顺墙根摆着马恩列斯毛大幅镶镜框的画像，书架上立着“建设有中国特色社会主义”的理论书，也插着雷锋日记，还有武侠小说和怎样嫁接果树之类。说起60年代、70年代村里那份艰难，村长垂下眼皮。

南泥湾，“到处是庄稼，遍地是牛羊”，一点不假。可乡里集市上，一台新买来的织毛衣机引来了一大群人看新鲜；一位抱孩子的妇女追着我们诉苦讲冤；乡干部愁眉苦脸地拿一盘炒鸡蛋、一碗烩萝卜为记者开中饭——乡里没钱，乡镇企业也没有办好，参观者来了，还不敢说这里不是“陕北的好江南”。……

这些事，很难写进新闻报道中，可在我心中激起了阵阵波澜。走上这黄土高原，中国革命的历史，中国共产党的理论与实践，“文化大革命”的荡涤，知识青年上山下乡的足印，改革开放的震撼，以及千百年来中国的传统文化，都搅在一起，垒在一起，留下深深的痕迹。我不能放弃认真写点什么的念头。15天时间走了上千公里路，凭一个采访本几张旧剪报，我不敢去指点江山。但我还是写了。

写庙沟村弃耕还林，苹果树满坡满沟。村民有了钱，盖起有卫生间的砖房，却不敢自己到西安卖苹果，因为“货都没处下，警察不让站车”（《弃耕还林才八年》）。

写榆林的马柱财老汉治沙一辈子，什么招儿都使过，只为“赶死时不要叫玉米面给断了”。直到进入90年代，沙丘封住了，白面、大米、鲜鱼都有了，马老汉才闭眼走了（《还是这块土地，还是这片天空》）。

写佳县一位县委副书记，上海人，当年是水利技术员，在老乡家吃派饭时被“菜团子”扎破过胃。他和佳县老百姓过去“战天斗地”，现在改在土豆和红枣上打主意，深加工，外销，总归是不服这穷山恶水（《穷地方　好地方》）。

我没有写“改革开放的春风吹进了山沟沟”，没有写“打破封闭意识，大力发展外向型经济”。这类很省事的概括总显得离读者远了点。我把那些生活在黄土高原上人的经历与命运，他们的喜悦与忧愁写出来，觉得读者不会无动于衷。

我也没有去揭露黑暗面。历史给这个贫困地区留下的愚昧、混乱和扭曲，揭露也好，控诉也好，抨击也好，都于事无补。我不喜欢追究责任，而更乐意积极地寻找希望，而这希望根本在于那块土地上生生不息的人们。

我还有一种感觉，就是要给读者留一个思考的空间。我们可以带着自己的思索与感情去叙述事实，结论却不必每次都写出来。因为，如果你不乐意别人把自己的判断强加于你，那么你也不要强加于人。你不可能指望每一位读者都同意你的结论，但你可以让他们有联想，受启发，产生共鸣。

后来，写榆林沙区见闻的《还是这块土地，还是这片天空》获得了1992年“中国新闻奖”二等奖。虽然意外，但我相信，文中那些活泼的孩子，执著的老汉，那些连绵的沙丘，粗粗细细的树木，肯定会给读者和评奖者以深刻印象，我确实写了一篇好文章。

1993年，我写过一篇《特别的安徽》，无非是介绍安徽的历史与现状、资源与发展趋势，可听到一片好评。几位熟识的安徽人一个劲儿地感谢我——吓得我不敢再去安徽，怕再写不出同样好的稿子。现在回头来看这篇稿子，发现通篇都有活灵活现的安徽人：唱凤阳花鼓时的悲凉，发大洪水时的艰难，开始大包干时的沉重，沿江开放后的激越，都有了。我不是故意这样写的，是采访过程中安徽人的热情、坦率、不卑不亢，与谈到历史和现实时他们的冷静、睿智与诚恳感染了我，下笔时不自觉带出这份感觉，写了安徽的山好水好，也透出了安徽人行。

去黑龙江边上的黑河市，过江“一日游”，一般记者都去写边贸的红火，我却为换回的两本苏联邮票而感慨。“三十年河东，三十年河西”，在中俄两国百姓心理上的反映是那样鲜明，俄国人冷漠高傲的眼神后面是无奈与惶惑，中国人大把大把的钞票揣着却掩盖不住昔日贫困留下的阴影。我写了《一水之隔两样情》，三个小标题分别是：《中国人的“勤劳致富”俄国人学不来》《做生意是中国人精还是俄国人精》《中国人谁不认识斯大林》。

回顾这些稿件的写作，基本上循着贴近生活、贴近人本身的思路。说不太清是如何形成这样一种思路的，而且当初写稿时并非是有意识地去这样构思，只是直觉那活生生的一群触动着我，只有他们才给稿子提供了最生动的素材。

“文革”中曾有“人活着是为了革命”这样的命题，我很当真。但当有人问我“革命又是为了什么”时，我答不圆满。以后许多年，我一直试图在心里解开这个结，为了说服别人，更为了说服自己。现在，我要是来讲“人活着为了什么”，会显得很傻，但有些想法还是可以说说：革命是手段而不是目的，执著地追求手段的完善而忽略目的本身，会使人误入歧途；这种误会并不只发生在“文革”中，在我们追求经济发展、社会现代化、精神文明的过程中，仍有可能发生。在我们写稿编稿的过程中，也往往会迷失于其中，不知终究为了什么。

我希望新闻能够回到人本身。当然，我从来不指抽象的人，同时，人本身与原则、政令、法规等等从来不是鱼与熊掌的关系。

回到人本身，并不等于去写人物通讯，也不是简单的“见事见人”；而是注重人本身诸如生死、命运、情感、人格、心理等等，又写得入情入理，不是生吞活剥，不是牵强附会，那肯定耐看。尤其世界上没有哪两个人完全一样，回到人本身可以写到无穷。

在青海，我被一位司机迷住了。他脸色灰黄，人很瘦，除了肩膀，看不出衣服里面还有身体。他才 36 岁，已开了 20 年车。他开车时，尤其是天地间只有我们一辆车时，你会觉得他与车简直融为一体。巴颜喀拉山上，车胎爆了，他一身单衣，在风雪中抖着，边说“一点不冷”，边换轮胎，没等我们帮上忙，车又跑起来了。我最着迷的是看他和人喝酒时划拳。那姿势——手臂平伸，只有手指曲张变化，却极有爆发力，几分之一秒中弹出；那音调——似唱似念，常挑高了尾音；那眼神——与嗓音同样，透着认真，愉快与享受。他赢的时候多，碰到划拳高手，便不惜多喝酒而去再领教，慢慢细品对方的风格与规律，由衷地称赞对方“划的好拳”。

我的报道中没法写他，但他给了我一个启发：活得认真又洒脱是多么好！而这需要足够的智慧与毅力。面对这样的人生，你不能视而不见，不能自欺欺人，你非得在写稿时回到人本身！

**作者简介：**

钟嘉，女，1953 年生于北京。曾在内蒙古下乡种地 7 年，在县委报道组 1 年。大学读师范学院政教专业，以后读研究生是新闻专业。1984年分配到人民日报社，在《人民日报·海外版》当编辑、记者。

## 三、人物新闻评析

人物新闻是展示新闻人物事迹和形象的一种新闻体裁。人物新闻的报道主要可分为两类：一类是报道先进人物，通过其先进事迹反映其先进思想，使之成为推动社会精神文明建设的力量；另一类是报道转变中的人物和有争议的人物，这些人物的事迹和思想状况在一定社会历史背景下也能在社会中产生较大的影响。

人物新闻的写作要求如下：

1. 显示人物事迹的特色。任何人都是有个性的，写人物新闻一定要把握人物的特点，写出适合其个性的事迹，而不能忽略其个性。寻找具有个性的事迹就是要注意报道对象的与众不同之处，据此提炼主题。一般而言，人物特点越鲜明，人物的形象就越生动，人物通讯也就越有感染力。

2. 写好人物思想，体现时代精神。人物新闻要注重表现人物内在的支配其行动的思想与精神。因为，先进人物的工作、学习和生活总离不开一定的时代和社会环境，写人物新闻并不是单纯地为写人而写人，而是要通过报道一个人来表达一种思想，反映时代精神。因此，确立人物新闻的主题至关重要。一般来说，人物新闻的主题的确立，一是从时代精神、时代特征出发，提炼出最能反映人民群众迫切需要解决的重大课题；二是从人物自身事迹出发，考察出最能体现时代精神的人物特征。这两者常常是结合在一起的。

3. 把人物放在矛盾中写。首先要真实、具体地再现人物所处的社会历史环境，展现人物的历史命运，刻画人物的个性特点。具体做法就是把人物置于矛盾之中，在矛盾中更鲜明地表现人物形象，通过波澜曲折的情节描绘出来。在处理矛盾中，要注意把握这三种矛盾——人与自然之间的矛盾，人与人之间的矛盾，人物自身的思想矛盾。写矛盾冲突要客观，不要妄加渲染。写人与人之间的关系要采用“水涨船高”的衬托手法，而不能采用“水落石出”的反衬法，抬高一人，贬低大众。

4. 注重人物肖像描写。肖像描写在人物新闻中有着重要作用，它可以通过对人物外部形态的描绘，揭示人物内在性格和心理特征。采访中，要进行细致入微的观察，捕捉人物容貌、表情、身材、衣着等方面最有个性特征的东西。写作时，最好运用白描手法，用朴素的文字粗线条勾勒，“不事雕琢而自有风韵”。

这里所选的二篇人物新闻各有特色，大家可从作者的采写经历与感受中，体会和揣摩到人物新闻的采写技巧与评析方法。

## 勋章背面的未了情

### ——记黄河水利委员会绥德水保站总工程师徐乃民

金振蓉

这几年,黄河水利委员会绥德水保站总工程师徐乃民怕出差,尤其怕去大城市出差,因为每一次的启程,都会勾起他伤痛的回忆——那一段绵绵的未了情。

他觉得他和她的命运，有些像文学作品中的男女主人公。那是50年代,新中国百废待兴的年月，刚满20的徐乃民,和伙伴们一起,怀着创业的激情,按着毕业分配通知上的路线找到了黄河水利委员会绥德水保站。他是学水土保持专业的,想在治理黄土高原水土流失方面大干一番。放下行囊一看,傻眼了,这是“站”吗？一个5平方米的破库就是站址,更没有什么仪器设备,出门是望不到边的黄土荒沟。当地十七、八岁的大姑娘,因为没衣穿而出不了门……

她来了，扎两条大辫子，一脸纯真浪漫的学生气。她是学师范的，正幻想做个苏联电影中瓦尔瓦娜式的乡村女教师。来这儿一看，哪有学校的影子，有的只是遍地荒芜，满目凄凉。她哭了，她要走，还要他一起走。见他不说话，她一气之下自己扛着行李翻山越岭到了长途汽车站。就在她最后告别黄土地时，远远地见他跑来，四目相对，她哭着央求：“一起走吧!”他也满眼噙着泪。良久，他痛苦地摇摇头:“你走啊，走得远远的，我只是想送送你。”从这时起，她就意识到，他已铁了心，他的事业、他的生命都已属于脚下这片黄土地。她扑过去，两人紧紧抱在一起。

徐乃民有了一个家。从此，她用瘦弱的双肩挑起了生活的重担，又用关心和体贴支撑起他事业的精神支柱。

徐乃民常年在黄土沟里滚打，他不知道妻子是怎样安排日常生活的，也不知儿女们是怎样长大的。但是，他还记得那一个寒冷的春节，他在离驻地几十里外的山沟里搞试验，干冷的风飕飕地刮着，她带着过节才舍得吃的白面馍，领着孩子去和他团圆，可没走多远就被黄沙迷了路，直到两天后，冻僵的娘儿俩才被一位牧羊人发现送回了家。

他总是忙，难得有时间和妻子、孩子一起享受天伦之乐。他常常愧疚自己是个不称职的丈夫和父亲。有一次，他深情地对妻子说：“等我退了休，我们一定要好好清闲一下，到外面的大城市去看看。”他看见，妻子的眼里闪着兴奋的光。他知道，那是妻子想了很久的事情。

时光飞快流逝，一晃30年过去了。经过徐乃民和同事们的共同努力，他们开辟的水土流失治理的试验地——无定河畔韭园沟，如今已是泥不下山，水不出沟，成为全国治理水土流失的十大样板之一。昔日的荒山沟已成为当地有名的“花果山”，梯田绕山腰，果树满山坡，满目青翠欲滴。为此，徐乃民多次被评为优秀党员和先进工作者。

徐乃民明白，没有妻子的帮助，他就不可能取得这些成绩。他在心里盘算着，再过几年就该退休了，他要满足妻子的最大愿望，带她去看看外面的世界。然而，命运对他们俩似乎过于残酷，几年前的一天，正当他奔波在外搞试验的时候，妻子突然病危，当他得到消息赶回来时，跟他20多年进了山沟再没出过山沟的妻子已经离开了人间。他欲哭无泪，只是拉着她的手，喃喃地说：“你为什么走得这么急，我们不是说好再过几年……”妻子已经听不见，她带着永远无法实现的梦去了，却将终身的遗憾留给了徐乃民。

去年，当水利部把一枚镶嵌着“功在禹上”四个大字的勋章授给他时，他默默地将它放在“花果山”边妻子的坟前，他在心里轻轻地和妻子交谈着：“这几十年我对不起你，让你受苦了，但我知道，你是能够理解我的。我是心里急啊，恨不能一天当两天用，早日让黄土高原变绿洲。”

风轻轻吹动他发白的双鬓，像妻子温柔的抚摸，又像她的低诉，他又听见她说：“这辈子嫁给你虽苦无怨。”

他擦擦眼泪转身离去，又要去着手制定下一个治理目标，像平时的每一次出门一样，他觉得妻子又在目送他远行。

（《光明日报》1991年8月8日）

## 选择一个好的写作角度

金振蓉

我采写的《勋章背面的未了情》的短通讯获得中国新闻奖。这次采访能让我记住一辈子，不仅仅因为我付出了代价：被传染上了一场甲肝病。

那是盛夏，汽车在黄土高原的千沟万壑间穿行，水利部和黄河水利委员会共同组织黄河中游水土流失考察采访，因为条件艰苦，原准备去的女记者们“临时有事”了。最后成行的10名记者中只剩下我一位女记者，弄得男同胞们直抱怨我给他们带来了不方便。

说来也怪，一听说去黄土高原采访，我就打定主意没动摇过。黄土高原的广阔苍凉，它那特有的风土人情，很早就随黄土文化一起印在我脑海中，形成一种神秘的向往。

没想到，在不虚此行的采访中，我听说了一位长年默默把自己的一切都献给黄土高原的知识分子徐乃民。我为他的事迹激动流泪，并写下了他，为此而获得第二届“中国新闻奖”二等奖。我觉得这奖是徐乃民的，是他的事迹感动了我，也感动了评委和读者们。其次，从新闻业务的角度来说，我觉得一篇通讯的成功，选取怎样的观点，也就是选择怎样的写作角度，是很重要的。

绥德，原只是路过，没有采访任务。可是当地宣传部门的同志告诉我，这里有一个水保站，聚集了一批知识分子，其中总工程师徐乃民的事迹很突出，他几十年埋头在荒山沟，个人经历也很坎坷，值得写写。于是我决定见见他，就离开了采访组，一个人留了下来。当我辗转找到他家时，已是晚上十点多钟，他很普通，外表像个老农。50多岁的脸上已有很深的皱纹，见到记者时，态度也很平淡，只是说没什么可宣传的，看得出他不善言谈，倒是他的女儿代父接待客人，显得热情活泼。

采访开始后，果然很困难。他干了那么多事情，做出卓越的贡献，但却没法有条理地讲清楚。这时，我岔开他的话题，请他谈谈他个人的经历和他的家庭。这时他的话题集中到妻子身上，谈起已经长眠于地下的妻子，他好像忘记了采访的存在，话匣子打开了。他描述妻子年轻时的可爱，他所造成的妻子缺憾的一生。跟他20多年进了山沟再没出过山沟的妻子，带她去“看看外面世界”这一个简单的许诺都未实现，她就匆匆离去，留给他的是终身的遗憾。在言谈中，他对妻子、孩子充满了愧疚，说到妻子死后，女儿为了操持家务放弃了上学的机会，最后仅以4分之差高考落榜，女儿趴在妻子坟头大哭的情景时，禁不住泪流满面，那颗被自责时时噬咬的痛苦的心，这时完全袒露出来，我也不禁潸然泪下。我们谈到深夜，他似乎仍不尽意，只是不好意思地表示，多占用了我的休息时间。

第二天一早，他领我去看他们曾经治理过水土流失的地方。爬过几个山头，展现在我眼前的是果树成林的层层梯田。他滔滔不绝地告诉我，过去这里是寸草不生的荒山沟，农民根本没种过果树，有些人连苹果都没见过，如今在科技人员帮助下，他们不但开出梯田，减少水土流失，而且每年还挑着苹果外出做生意，收入不低呢！这里的苹果很甜，不少人还找上门来要树种，供不应求！说到这一切，他眼中闪着兴奋的光，充满着乐观和自豪，此情此景和昨天晚上那个遭受着自责、伤痛的他似乎像换了一个人。我发现，在他的事业中，他找到了战胜个人痛苦后的精神慰藉，这也是他在妻子死后，不顾孩子们要求他调出山沟(他完全有理由这样做)，毅然选择了当地一位农妇做妻子，以表示他扎根此地的决心。

短短两天接触，我对他的追求似乎有了更多理解。

采访回来后，铺开稿纸怎样落笔，很费了一番脑筋。按照惯常的写法，可以写成一个长篇通讯，徐乃民这几十年的经历、奋斗像电影一样，在我眼前展现出来。他的一生也就是一代知识分子为祖国贡献青春、才智的写照。可是这样的通讯在近几年的报纸版面上已见得很多了，各条战线上几乎都有这样的优秀人物，这种通讯写起来往往缺乏特色，可读性不强，宣传效果不理想。要增加通讯的可读性，必须摈弃大段的人物经历介绍及技术描写，高出一筹的是，把笔墨集中于人物的情感世界，使人物的精神世界在情感世界中升华。

我在落笔时所注重的，正是如何将我所受到的情绪感染，能够更直接地传达给读者。这样我选取了一个最能打动我的视点——他的妻子这个人物上，从他与妻子相知、相爱的感情世界这样一个侧面来折射他的光彩——他对事业、理想的执著追求，他无私的奉献精神。我认为，这比直接正面写他的事迹更具有感染力量。同时我认为，在千字左右的短通讯中，采用这种截面式的方式，能起到节省笔墨、以小见大的效果。事实证明，人物通讯选择这样的写作角度是成功的。在通讯见报后，有些同行对我说，这是近年来少见的好通讯。

**作者简介：**

金振蓉，女，1983 年毕业于四川大学，分配到《光明日报》社工作。其间干过校对、夜班编辑，当过机动记者，版面主编。现在是《光明日报》科技部副主任、主任记者。

## 鲜花为证

王玉田作品音乐会动人心弦

蓝 冰 唐亚明

9 月 8 日下午，晴朗的星期天。北京音乐厅有史以来第一次为一个普通中学音乐教师举办的“王玉田从教 35 周年作品音乐会”正准备开场。

主持人张宏民（中央电视台播音员）、霍秀（中国儿童艺术剧院演员）已准备好了开场词，首席小提琴手吴正明也调好了音弦，清华附中合唱团的小演员们也已换好了服装。然而，此时他们共同的中学音乐老师、这台音乐会的作者王玉田却因心脏病突发，手捧着学生们献给他的第一束鲜花，倒在了观众席上。王玉田被送往医院抢救。对于这位普通的中学教师来说，这场音乐会无疑是他 55 岁生命和 35 年教学生涯中最富色彩的一幕，他却以不寻常的方式为自己不寻常的音乐会拉开了序幕。

音乐会在救护车的叫声远去之后开始了。参加演出的大多数演员是王玉田的学生，坐在台下的大多数观众也是王玉田的学生。在第一排的台口角落里，作家史铁生手捧着一束鲜花坐在轮椅上，他还没有来得及把手中的鲜花献给王老师。史铁生对记者说：“王老师当过我的中学班主任。我后来从事文学创作，和王老师的艺术启蒙和熏陶有着直接关系。他不为病魔所折服的精神更是潜移默化地感染和影响着我。王老师不仅教给我们知识，还教我们如何做生活的强者。”

和史铁生一样，几乎所有从清华附中毕业的学生都知道，他们的王玉田老师22岁时就被确诊为先天性心脏病。几十年来，王老师与病魔进行了顽强而艰苦的抗争，他始终以高昂的情绪和乐观的态度投身于生活。并且长期一人担任了全校的课内外音乐教学的重任，还多次进行有益的教改探索。几十年来他从未间断音乐创作，即使在病床上也不忘为孩子们写歌。至今他创作的歌已达千首，发表歌曲几百首，多次在全国的评歌、征歌中获奖。

“我们是唱着王玉田老师创作的歌曲走过青少年时代的。”在音乐厅观众席中落座的薛居明、杨亚莹夫妇也是王玉田的学生。他们是特意带着正在师院读书的女儿来的。这对夫妻指着女儿告诉记者说：“我们要让这个未来的老师受点教育。”

音乐会在进行。王玉田谱写的美妙旋律拨动着人们的心弦，而他的安危又悬着大家的心。演出进行到40分钟时，主持人宣布：王玉田老师又一次从死亡线上被抢救过来，顿时全场响起持久而热烈的掌声。

怀着对王玉田老师共同的深情和敬意，清华附中的师生以及几十名热心的校友，在王玉田从教35周年之际，为他筹办了这台音乐会。

当长达两个半小时的音乐会结束之时，王玉田的妻子董老师流着眼泪登台致辞。她捧着鲜花说：“站在这里的不该是我，应该是王玉田。我将把音乐会的盛况转告给他。”作为王玉田的妻子，当丈夫被送往医院抢救时，董老师含着眼泪坐在丈夫的席位上坚持看完了演出，因为她最懂得丈夫的心愿。

在如潮的掌声中，人们纷纷拥上台，把一束束鲜花献给王玉田的妻子。无疑，在王玉田倔强的生命中浸透着妻子的爱，而无数芬芳的桃李正是由王玉田夫妇这样普通的人民教师用共同的心血浇灌的。

鲜花为证。

（注：参加完音乐会，我们正在奋笔写稿时，传来噩耗：王玉田老师因抢救无效，8日7点心脏停止了跳动。）

（《中国青年报》1991年9月10日）

## “学问深时意气平”

我采访《鲜花为证》体会到，记者要能从“平常”中
找“特殊”，提炼出“平常”中“特殊”和
“特殊”里“平常”的主题

蓝　冰

我们当记者，总希望自己能不断遇到特殊的事件，进入特殊的环境，采访

特殊的人物。因为大家都知道，特殊才会有新闻，才能触动记者的灵感，从而写出牵引读者情绪的报道。遗憾的是，能遇到这种“特殊”的机会太少，尤其是像我们这种被限定在某个具体领域从事报道的记者。

要么等待“特殊”出现，要么学会从“平常”中去发现“特殊”。我认为，一个成熟记者的标志，是从刚刚入门时的“惟恐天下不乱”的心态，过渡到愿意并且能自觉地从“平常”中寻找“特殊”，继而还能在面临“特殊”时再度寻找到“平常”的观点切入，提炼出“平常”中“特殊”和“特殊”里“平常”的主题。

应该说，这是我当记者以来力求想达到的一种境界，也是《鲜花为证》这篇特写在采访与写作时的初衷。这篇文章发表在1991年的教师节这一天。

王玉田老师的音乐会恰好是在教师节前举办的。我的一位朋友是这场音乐会的组织者之一，他早早便约我去参加这场音乐会。我作为《中国青年报》从事教育报道的记者，注意到了这场普通的音乐会的第一个特殊点——北京音乐厅有史以来第一次为一个中学音乐教师举办“王玉田从教35周年作品音乐会”。

进入音乐厅后，我注意到了这场音乐会的其他特点：从主持人到演员到观众，绝大多数人都做过王玉田的学生，都受过王玉田音乐的陶冶。我和同去采访的实习生唐亚明利用音乐会开始前的短暂时间分头采访了几位观众，并了解了王玉田老师的生平。我注意到“在第一排的台口角落里，作家史铁生捧着一束鲜花坐在轮椅上”，我也注意到王玉田老师“捧着学生们献给他的第一束鲜花”静静地坐在观众席的一角。

正当我努力地搜寻这场平常而又特殊的音乐会的其他许多特点时，一件最特殊的事情突然发生了——王玉田倒在了观众席上，他的心脏病又犯了。然而，令人感到惊奇的是，王老师身边随即便有医生为他输氧、输液和实施抢救，有一些学生自发地提醒像我这样的外人不要走动，不要惊动王老师。剧场里异常平静，我不解地问身边的观众，他们告诉我：“王老师22岁时就被确诊为先天性心脏病”，在他们学生时代的记忆里，就有若干次王老师从死亡线上又站立起来的故事，一些乐观的观众还说，王老师今天太激动了，只要音乐响起，他就会醒过来。令人遗憾的是，王玉田始终没有醒过来，“音乐会在救护车的叫声远去之后开始了”——这是音乐会不和谐的第一个音节。

作为一位观众，作为在教师节前到此采访的记者，我努力判断这场音乐会的真正价值，他的突然倒下是“平常”中的“特殊”，还是“特殊”中的“平常”？我应该追到医院去还是应该留在音乐厅？

我还是选择了音乐厅。因为这场音乐会是王玉田55岁生命的精髓，会场内聚集了他35年心血浇灌的硕果和怒放的鲜花。我当时在想，此刻进行任何采访都会显得多余，需要的是静静地听音乐。

到了该落笔的时候，我再次面临的选择，是从“平常”切入，还是从“特殊”切入？如果从“特殊”做文章，导语可写得动人心魄，“音乐会的第一个休止符……”“王玉田生命的交响乐……”等等。但我想的是用平常的角度去描写平常中的特殊会更准确一些。导语在冠以时间地点后，以我所注意到的第一个特殊点构成。继而再引出第二、第三等各个特殊点。我希望以一种宁静的心态来完成对这些特点的叙述，再以平和的语气在结尾处加一句不仅属于我的感慨：“无疑，在王玉田倔强的生命中浸透着妻子的笑，而无数芬芳的桃李正是由王玉田夫妇这样普通的人民教师用共同的心血浇灌的。”结尾为“鲜花为证”，是为了与标题呼应。

这实在算不上是寻求写作技巧。事实上，不可能从技巧出发去完成一篇报道，记者也做不到在写稿前必须准确地体验到被采访者的精神境界。我们能做的只是有选择地记录，我们的所谓“技巧”都应深藏于事实陈述的递进逻辑中，只有这样才有可能达到较高的情感表达水准。

开始做记者时，通常会认为“耸人听闻”和“哗众取宠”便是好文章。这种认识伴随我们走过幼稚的成长路程。后来觉得“尖酸刻薄”也有点意思，“故作高深”可以显示学问不浅，于是乱发感慨和议论冲淡了最有说服力的事实。直到现在才慢慢领会了“学问深时意气平，精神到处文章老”的含义，开始重视事实本身，理解“平常”与“特殊”的真正意味。或许，这也恰是王玉田音乐会如此动人心弦的真正原因。

**作者简介：**

蓝冰，女，1984年大学毕业。曾任《中国青年报》记者9年，发表消息、通讯、特写等80余万字。

## 第二节　报道方式类

### 一、客观报道评析

客观报道是运用客观叙述的方式表达意见的一种新闻写作方法。这种方法具有较强的说服力和可信度，西方新闻界最早提出并运用，在这方面有较丰富的经验。客观报道并非无倾向性，不可把它同客观主义报道混淆起来。同时，客观报道也是指尊重客观实际，经过充分调查，如实反映事实真相的一种报道，同“倾向性报道”、“解释性报道”、“意见报道”相区别。

客观报道一般被看做是新闻报道的基本方式，“即最普遍、最普及、最完美的方式”。

客观报道作为新闻报道存在的基本形式，它的前提与含义有这些方面：首先尊重受众的选择与理解能力。新闻报道只提供事实，而把意义与判断交给受众自己去领悟。从这点看，客观报道符合人类认知事物的规律，即从感性到理性、从具体到抽象的认识规律。其次，追求真实，即尊重新闻的本源是客观存在的事实，报道是对客观事物的真实反映。它体现了新闻的基本特性。其三，公正与全面。全面就是对于有争议的问题，不偏袒某一方，而是采取平衡的手法，反映争议双方的不同主张和说法。公正也如此，外国新闻学者说：“假如候选人A对他的对手B提出一个严重的指责，那么，公正就要求记者找到B，询问他的答疑。”

客观报道的形式，因报道对象及主体状态的不同而有不同的表现。第一种形式直接描述事实，客观地记录事件发生、发展的过程，不加任何暗示。这是针对事实比较简单、内涵意义不难看出的那部分报道，或者对于客观情况来不及作出“裁判”的事实。这类通常是纯事实报道，只回答“who、what、where、when、how”等几个要素，而不回答“为什么”，也不判断是非。第二种形式是用事实向公众揭示为什么会出现某一事实，如何认定这一事实的是非曲直。在这类新闻中，记者的观点隐蔽在事实描述的背后，而让受众自己在接受事实的同时，触摸到客观事实的深层联系。这是用“事实说话”的典型形式。第三种形式是对于重大问题或有争议的事物，报道其各方面的情况与意见，以便使公众了解事态发展的各个侧面。它是运用“平衡”的手法，以求全面与公正。这种形式作为新闻报道的基本准则，在其他报道方式中同样存在。

作为体现新闻基本规律的这一客观报道方式，已在中外新闻实践中积累了一些成熟的客观报道技法。这就是：1. 选择事实，即注意选择能推导出自己意见且代表事物本质联系的事实，而不是以偶然的、表面的现象做文章。这些事实应当是记者目击的或者亲身调查得来的。2. 注明出处，就是在运用某些重要事实、或有争议的以及容易引起怀疑的事实时，注明其来源和出处，以增强新闻的客观性和可信性，也便于公众进行分析、判断。3. 善用背景，即是把那些与新闻事实有着“必然的内在联系”的背景材料“不露痕迹地穿插到报道中去，同新闻事实构成横向的、纵向的比较，造成真假、善恶、美丑、喜忧、强弱、高低……之间的明显反差，进而使读者自然而然地悟出作者的‘潜台词’”（王武录主编：《报道与论译》，第317页）。4. 引人之语，即引用采访对象的语言来表达记者自己的观点，使主观性蕴含在客观之中。记者对于与众不同的议论、精辟透彻的分析和对事件的总结性的言论，应该十分敏感。把这些话语直接引出，不仅能为报道增添色彩，更使报道显得客观真实。但是，从新闻实践经验看，引用他人之言，别忘了核实，更不能随意用“大家都说”、“异口同声”等模糊性语言来蒙混读者。

这里所选的两篇客观报道作品，反映出记者在问题报道中特别注重其客观性和公正性。

## 万家诉讼

——23 183 户液化气用户诉讼侵权案备忘录

王淳正　刘　根

请让我们回过头来看看这一天。这一天——公元 1994 年 9 月 23 日，在阿克苏市发生了一件随时间流逝将愈益显示出其深远意义的大事，阿克苏地区 23 183 户液化气用户诉该地区液化气总公司侵权纠纷一案开庭审理，法院判决原告胜诉。

“我们胜了！”消费者们在旁听席上鼓掌欢呼！

是的，是消费者胜了。它是消费者运用法律武器保护自我的胜利，更是社会主义法制建设的胜利！

现在，不妨让我们回望得更远些，对这起目前新疆最大的消费者权益案，作一番剖析。

### 一

1993 年 7 月 6 日，农一师党委机关报《塔里木报》头版刊登了一封有 22 人签名的读者来信：《这样收费合理吗？——反映阿克苏地区物资局液化气公司收费的问题》，这封来信首次在大众传播媒介上披露液化气公司无偿占用用户钢瓶的事实。

信中说：“液化气公司 1988 年起在阿克苏经营液化气供应业务。当时，用户预付购买灶具一套、钢瓶两只的全部定购金额。3 个月后，这家公司只发给用户灶具一套、钢瓶一只，另一只钢瓶在公司周转。……5 年后的今天，当用户要求归还另一只钢瓶时，公司以现在的钢瓶涨价为由要每一用户交 100 元差价款。

占用用户钢瓶周转本身就是“借鸡下蛋”，已经得到了好处，该还鸡的时候又借口鸡涨价了，让鸡的主人还差价钱。忍气吞声的“主人”终于愤怒了，他们问：天下哪有这样的道理？！

一声质问，激起不息的共鸣，在工厂、在农场、在学校、在机关，备尝换气、用气不便之苦的消费者们相互转告，一时间，钢瓶成了阿克苏城乡群众的热门话题："天下哪有这样的道理"，成了百姓们言谈的最强音。

1994年3月2日，农一师大光毛纺织厂工会在液化气用户代表多次与液化气公司交涉未果的情况下，代表该厂5000名职工、家属、1000多液化气用户向阿克苏地委、行署递交了《关于强烈要求地区液化气公司归还用户钢瓶的报告》。

然而，问题一直没有得到解决。此间，社会上不断传出信息并不断被证实：拥有3.5万个液化气用户的阿克苏地区液化气总公司，自1992年起陆续退还用户钢瓶，首先是无偿退还了部分机关、领导和部分关系用户的钢瓶，以后按每瓶收取38至100元不等的退瓶费，至今返还1万余只钢瓶。对其余2万多用户，退瓶时要收100元、138元乃至180元、200元不等的退瓶费。

钢瓶，沉甸甸地压着用户的心。

## 二

"原告人：阿克苏城区预购液化气灶具、钢瓶的用户。"

"诉讼代表人：林毓梅，农一师工会副主席；王立彦，大光毛纺织厂工会主席；梁军，工程团工会副主席；苗宝江，运输公司工会主席；朱宏仁，皮革厂工会代主席。"

"被告人：阿克苏地区液化气总公司。"

公元1994年6月28日，对新疆的消费者来说，是一个具有里程碑意义的日子。农一师工会牵头，联系农一师及阿克苏地区的14家基层组织，征求3 090户液化气用户意见，推举5位诉讼代表人，向阿克苏地区中级人民法院递交了民事诉状。6月30日，阿克苏地区中级人民法院受理此案。新疆迄今最大的、也是全国较大的消费者权益案的序幕，至此拉开。

7月12日、14日，法院两次发布公告：凡权益受到侵害的液化气用户，可以到法院登记参加集团诉讼。

公告贴在大街小巷，公告的内容通过报纸、广播、电视迅速地传播开去，阿克苏市民的心震动了，阿克苏城乡使用液化气的10多万消费者的心震动了，阿克苏地区百万各族人民的心震动了。

"快看，工会出面为我们打官司了。"

"这场官司该打，工会说的是我们广大用户的心里话；打得对，就是该是非分明，以法服人；打得好，好在我国已颁行了《消费者权益保护法》，我们有法可依了。"

群情振奋之余，民众不无担心："这场官司将是谁输谁赢？法院立案后会不会拖？会不会等大伙儿的劲头过去了，慢慢大事化小、小事化了？况且就算打赢了官司，液化气公司以后利用其他手段提高液化气价格，或者斤两不足啦，巧立名目啦等等，吃亏的还不是我们吗？"

这个担心不无道理。据了解，消费者提出诉讼后，法院也曾征求过阿克苏地委领导的意见，得到的回答是“依法办事”。

“依法办事。”平静的一句话、四个字，却蕴蓄了浓烈的情感、无尽的力量，它使正义得到伸张，合法权益得到维护。正因为相信我们的党、我们的政府、人民的法院会依法办事，消费者们走到一起来了。截至法院开庭前，参加诉讼的已经不是阿克苏城区 14 个单位 3 090 户，而是阿克苏地区及所属市、县、农一师计 241 个单位的 23 183 户液化气用户！

三

“……判决如下：

“被告在 3 年内无偿返还占用用户的全部钢瓶，返还已收取的退瓶费。具体归还期限是：从 1995 年 4 月 1 日起至年底以前归还 1990 年以前购灶用户的钢瓶，1996 年年底以前归还 1993 年以前购灶用户的钢瓶，1997 年 10 月以前退还剩余的占用钢瓶及已收的退瓶费。”

1994 年 9 月 23 日，阿克苏地区中级人民法院在农一师大光毛纺织厂职工俱乐部公开审理此案并作出判决。10 月 17 日，法院下达了判决书，原告、被告双方代表分别在判决书上签了字。截止到 11 月 2 日，15 天上诉期满，双方对判决结果均无异议。

此案至此结案。

本来，写到这里就可以搁笔了，然而，我们却难抑满心的激情：

——从这场官司中，我们看到了各级党组织的关心和支持；

——从这场官司中，我们看到了工会组织在维护全体人民的整体利益和职工群众的具体利益方面，办了实事，立下了汗马功劳；

——从这场官司中，我们看到了广大人民群众的法律观念在增强，懂得并敢于拿起法律武器维护自身的合法权益；

——从这场官司中，我们看到了法律的尊严不容亵渎，社会主义市场经济是有序的法制经济，我国正向法制国家迈进……

（《新疆军垦报》1994 年 12 月 16 日）

## 牢记肩负的责任

——《万家诉讼》一文的采访体会

王淳正　刘　根

通讯《万家诉讼》（原载《新疆军垦报》1994 年 12 月 16 日）在第五届中

国新闻奖评比中获得二等奖，这一成果令我们备受鼓舞。通过这次报道，我们体会最深的是：作为一名党的新闻工作者，任何时候都要牢记肩负的责任。

1994年6月的一天下午，我们获知新疆兵团农一师工会将代表3 090户液化气用户向阿克苏地区中级人民法院提交诉状，控告阿克苏地区液化气公司以预收款的方式无偿占用消费者钢瓶达数年之久，当消费者提出索要钢瓶时，公司借口钢瓶涨价，还要让消费者每只钢瓶再交100元才退回钢瓶。阿克苏地区液化气公司这一侵害消费者权益的行为，顿时引起群众纷纷议论，一时间成为社会的热点问题。因此，在1993年7月6日，由农一师党委机关报《塔里木报》在头版刊登了一封有22人签名的读者来信：《这样收费合理吗——反映阿克苏地区物资局液化气公司收费的问题》，报纸首次披露了液化气公司无偿占有用户钢瓶并加收费用的问题。但事情并未解决。到1994年6月28日，由农一师工会牵头，联系了地区的14家基层工会组织，征求3 090户液化气用户意见，推举5位诉讼代表人，向阿克苏地区中级人民法院递交民事诉状。法院两次发布公告：凡是权益受到侵害的液化气用户，可以到法院登记参加诉讼，公告贴在大街小巷，通过新闻媒介传播出去。届时，我们又发了一条消息：《三千消费者告状——法院立案受理》，分别刊登在《塔里木报》和《新疆军垦报》上。消息发表以后，参加诉讼的已不只是3 090户了，而是阿克苏地区241个单位的23 183个液化气用户了。1994年9月23日，阿克苏地区中级人民法院对此案进行了公开审理，随后，作出原告胜诉的判决。至此，新疆目前最大的消费者权益案告一段落。

案件虽然结束，但是报道并未结束。我们认识到，在案件进行的整个过程中，仅发一些动态性的消息是不够的，这还不足使读者对这一事件形成整体印象，对问题的认识也难以提高。于是，我和刘根同志执笔写就了《万家诉讼》这篇3 000多字的通讯。

回顾当初我们发第一则消息时，只是把它作为一般的社会新闻来处理，随着事态的发展，我们对这个问题也有了逐步深入的认识：群众所普遍关心的社会热点，也往往是舆论导向中的难点。这里面牵涉到广大群众的切身利益、民族关系、干群关系、报纸与司法审理之间的关系等诸多敏感的问题。一旦披露出去，稍有差池，与群众的愿望相违，会不会引起不良后果？惹出乱子？

我们在与其他同志进行了充分的探讨之后，又认为这是一个保护消费者权益、完善市场经济的问题，如处理得好是促进民族团结、密切干群关系、增强人们的法制观念的一个突破口，这是一条极有价值的新闻线索。我们确定了关于这一问题的报道原则：科学分析问题，正确回答问题。通过报道来帮助人们正确认识问题，力促问题得到解决，在引导中服务，在服务中引导，绝不搜奇猎异，片面追求轰动效应。在报道中，讲求政策性、原则性。作为一名记者要牢记肩负的责任。

当初的采写，并不像现在说来这般轻松。

首先，是被告方讳莫如深。要获得客观、真实、全面的情况，必须得到被告方的“说法”，我们便设法与被告律师联系，迂回接近，得到了许多材料。

其次，是在案件审理过程中，结果如何，实难预料。当地党政领导的态度如何，这是事情的关键。据了解，消费者提出诉讼后，法院也曾征求过阿克苏地委的意见，得到的回答是“依法办事”，这使我们忐忑不安的心里放下一块石头。

在收集材料时，我们提出要原来的上诉状，原、被告双方律师的答辩状，法院的判决书等，坚持双方的材料都看，双方的意见都听，全面了解情况，谨慎从事。刘根数次参与了法庭旁听。当时刘根同志的妻子刚生了小孩，家务和工作任务都很重，他都一一克服了，决心把这次任务完成好。

第三，在写作过程中，我们要做到真实、准确。要坚持用事实说话，不凭主观想象和个人好恶，并注意从总体上把握事物的本质和发展。我们在写作时就着重强调了群众用法律武器来保护自己权益的大方向。新闻要讲时效，但时效性要服从真实性、准确性。例如，每篇稿件我们均经原、被告双方律师审阅；关于本案消息和通讯《万家诉讼》的写作，是在上诉期满、双方对判决均无异议，“再无波澜”的情况下出手的，这样的报道才有权威性。

**作者简介：**

王淳正，男，生于1964年4月，大学学历，《新疆军垦报》社总编办公室主任，主任编辑。

刘根，男，生于1962年7月，大专学历。新疆《塔里木报》社编辑。

带走单位技术成果另立锅灶

## 谁来管技术权益纠纷？

焦彦龙　储瑞耕

河北太阳漏泄通信联合公司总经理、高级工程师金慧绚最近向记者反映：她为该公司的高技术成果“矿井无线电漏泄通信系统”技术权益受侵犯事件，奔走求告近半年，却没有一个领导部门能管此事。这位女总经理激动地说：“随着科技进入市场，技术权益纠纷越来越多，应该明确一个管此事的部门了！”

“矿井无线电漏泄通信系统”是国家“七五”重点科技攻关项目，由中国煤炭科学总院抚顺分院和河北冀光技术开发公司等单位联合研制成功，于1989年通过中国统配煤矿总公司组织的鉴定，并获能源部科技进步二等奖。为开发推广这项成果，由研制单位组成了河北太阳漏泄通信联合公司。针对该系统在应用中的一些不足之处，太阳漏泄通信联合公司于1991年开始酝酿研制新一代产品的计划，并于1992年报河北省科委立项。据金慧绚反映：掌握有矿井漏泄通信系统全套技术资料、一直参与新系统研制工作的该公司副总工程师兼技术发展部经理郭建华，于1992年9月投奔河北省电子局计算机技术服务公司，并向省电子局申报了HJD-10型矿井无线电漏泄通信新产品开发项目，郭为项目主持人。

太阳漏泄通信联合公司认为：根据《技术合同法》和《专利法》的有关规定，郭建华侵犯了该公司的技术权益。为此，该公司先后向法院、河北省技术合同仲裁委员会、河北省科委等有关部门要求保护技术权益，但没有一个部门受理。

据金慧绚称：法院对此案很感兴趣，但由于过去没有接触过技术权益纠纷方面的官司，感到受理困难。

河北省技术合同仲裁委员会办公室负责人向记者说：该委员会的权限是仲裁技术合同纠纷，对技术权益方面的纠纷无权仲裁，只能表示同情。

河北省科委主任安炳琦说：“随着科技进入市场和人才流动，技术权益已成为一个“热点”问题。很多研究所和企业耗巨资研制出的新产品、新成果，随着人才流动被带走了，由此引起的纠纷很多。科技进入市场竞争，必须是有规则的竞争，必须建立健全科技法制，必须保护技术权益。是应该引起重视的时候了!”但这位科委主任表示，由于技术权益纠纷案情复杂，涉及方方面面，目前仅靠科委一家难于处理此类纠纷。

到底谁来管技术权益纠纷呢?

（《科技日报》1993年3月4日）

## 关于“问题报道”

——采写《谁来管技术权益纠纷?》随想

焦彦龙　储瑞耕

一

中国老百姓在生活中遇到问题和矛盾时，常会说：“去找报社，找记者!”

记者通常用笔来揭露现实生活中存在的问题、矛盾，引起社会乃至党和政府权力机构的重视，来促进问题的解决，这是记者义不容辞的神圣使命。但是，新闻媒介不是党和政府的信访部门，更不是法院、检察院，不可能也不应该去反映生活中所有的问题和矛盾。

哪些问题是应该引起记者关注的？我们认为，应该是那些具有“典型性”的问题。因为记者的一篇“问题报道”，不仅仅是解决这一问题，而且是通过披露、剖析一个问题，引起社会舆论对这一类问题的关注，进而影响权力部门对这一类问题的重视。所以，是不是具有“典型性”是判断“问题报道”是否具有新闻价值的最重要标准。

1993年1月，河北冀光技术开发公司总经理（也是河北太阳漏泄通信联合公司总经理）、高级工程师金慧绚找记者反映，该公司投入巨资和其他几个研究院、所联合研制成功的填补国内空白、达到国际80年代先进水平的成果——矿井无线电漏泄通信系统，被一位曾在该公司从事这项技术的科技人员带到另一单位去开发。金慧绚认为这位科技人员侵犯了该公司的技术权益，但她为此事找方方面面奔走求告近半年，却没有一个部门管此事。

我们敏锐地意识到：这件官司具有很强的“典型性”。其一，近年来随着科技体制改革、社会主义市场经济体制的逐步建立，在人才流动中出现很多类似的问题；其二，为此事奔走求告近半年却无人管，说明这是改革中出现的新现象、新问题，我们在政策上、法律上对此类问题还存在“漏洞”。此类问题已成为一种“现象”，是应该引起权力部门重视并有明确说法的时候了！

我们立即对方方面面进行了深入采访，并研究了国家所有关于技术权益问题的政策，同有关法律机关、政府部门进行了深入探讨，写出了消息投给《科技日报》后，总编辑张飙亲自给予特别处理，并把这组报道提炼为“漏泄现象”。

稿子见报后立即在社会上特别是科技界引起强烈反响。一些文摘报刊纷纷转载，北京市法律界、科技界及河北省各部门分别召开了座谈会。在1993年春天的全国人大和政协会上，科技界的代表、委员也纷纷就此现象发表看法；《科技日报》开辟专栏，在全国开展了讨论。

## 二

记者怎样才能在生活中发现值得写的、具有“典型性”的问题？

在多年采写“问题报道”的实践中，我们深深体会到，首先记者必须要有比较高的政策水平。记者对国家科技工作的政策、方针及改革思路有深入的了解，才可能在纷繁复杂的各种现象中发现那些有典型意义的问题。否则，就可能会以偏概全。而且记者采写的问题，有很多是在法律、政策上没有明确说法的问题，记者如果昏昏然，怎么能使人昭昭然呢？

在采写《谁来管技术权益纠纷?》中，我们下功夫最大的是对有关政策的研究。我们找来了我国科技体制改革以来有关“技术权益”的所有法律、法规、文件，从“技术权益”的概念开始，对一系列问题进行了深入研究。在学习研究中我们感到心里越来越亮堂，对这一问题的认识、把握也越来越胸有成竹。

在和《科技日报》总编辑张飙探讨时，张飙颇有感触地说：有人说记者是杂家，看来要成为一个好记者，还必须要成为一方面的专家！对此，我们深表赞同。记者只有对一方面的工作有了深入的了解和研究，才能准确、敏锐地发现新闻线索，写出有深度、有新意的稿子。长期从事一个领域报道的好记者，如果改行去做这方面的领导，也应该是一个有见地的、能干的领导！

能敏锐地发现具有“典型性”的问题，除了对政策要有深入研究外，非常重要的一点就是对情况的熟悉。记者在采访中会接触到许多现象、问题，这些现象、问题不一定马上能写成稿子，但积累起来，对记者提炼问题有很重要的作用。我们所以能从河北太阳漏泄通信联合公司的事件中提炼出“漏泄现象”，就是因为我们在采访中听到过很多类似的问题，在对这个问题的分析、比较中，我们认识到“漏泄现象”是这类问题中最具有代表性的一个事件。

总之，记者要做到能敏锐、准确地发现问题，根本在于积累，一是政策上的积累，二是对现实情况的积累。

## 三

近年来频频发生的“新闻官司”，成了记者采写“问题报道”的一个大障碍。对记者动辄成为被告的现象，我们认为一方面是因为新闻法制不健全，确实应该制定《新闻法》了；另一方面，产生“新闻官司”也与在报道中过多地掺入记者的“主观因素”即记者的评价、明显的倾向有关。

新闻媒介不是权力机关，记者也不是法官，记者应该客观、公正、准确地把事实陈述出来。具体最后如何裁决，则是有关法律机关和政府部门的事。在《谁来管技术权益纠纷?》中，我们坚持让事实说话、让双方当事人陈述情况、让有关部门讲观点，记者不作评价，也不发表任何意见。通过对事件的客观报道，让读者自己去分析，去作出判断。我们坚持这种写作方式，使双方当事人心服、口服。我们采写过十几篇问题报道，从未发生过新闻官司。当然，即使成了被告，我们也有信心打赢官司，因为我们只是反映事实，只对事实的准确与否负责。

1994年9月，石家庄市新华区法院对这起官司作出判决，认为被告对河北太阳漏泄通信联合公司已构成侵权，并作出了具体处理。

更重要的是，通过对这一问题的讨论、审判，人们对“技术权益”问题的认识更明晰了。这，也正是记者采写这篇报道的初衷。

**作者简介：**

焦彦龙，男，生于1960年9月，主任记者，现任河北省衡水地区行署副专员。1982年毕业于南开大学中文系，曾任《光明日报》编辑、《科技日报》记者及驻河北记者站站长等职。在十几年的记者生涯中，有30多篇作品获部、省级以上各类新闻奖。

储瑞耕，男，生于1946年，《河北日报》主任记者。著有《储瑞耕文集》等书。

## 二、深度报道

深度报道是运用解释、分析、预测等方法，从历史渊源、因果关系、矛盾演变、影响作用、发展趋势等方面报道新闻的形式。深度报道不满足于向受众提供简单的新闻事实,而是对新闻要素作进一步的深化,要求一方面剖析新闻事实的内部,另一方面展示新闻事实的宏观背景,从总体联系上把握其真实性。

深度报道突破了“一人一地一事”的模式，要求对新闻事实进行跨时空的、由里到外的综合反映。对“时间”的采访应包括过去、现在、未来；采访地点不仅要采访当事人，而且要采访其他有关人员；采访新闻事实时，一方面对事实本身的情形、细节要尽可能地做详尽采访，对相关的事实也应进行采访；应把主要精力放在“原因”和“怎么样”上，说明来龙去脉，阐明本质意义，估计事件影响，揭示发展趋势。

深度报道本是西方新闻学术语。作为一种报道形式，深度报道诞生于20世纪40年代。由西方学者把这种形式的特征概括为“以今日之事态，核对昨日之背景，从而说出明日之意义”。在西方，也有人认为深度报道同解释性报道基本上是一种形式，并有“大标题报道、大报道”等提法。在中国，深度报道也有多种提法，如“全息报道”、“全方位报道”、“解释性新闻”、“剖析报道”、“大特写”、“社会纪实”等。一般认为，深度报道的产生是为了适应印刷媒介同电子媒介的竞争的要求。报刊无法在时效上同广播电视竞争，便在深度、广度上独辟蹊径。

纵观一些成功的深度报道作品，大多交织着深厚的历史感和凝重的现实内容。它所体现出来的特征，约略表示如下：

### （一）题材的重大与主题的深刻相统一

深度报道猎取的对象，首先是社会生活中复杂的现象和使人困惑不解的

“热点”、“难点”问题，像承包租赁、股份制、优化组合、物价、倒爷、企业兼并等经济生活中的热门话题和第二职业、人才流动、民办与私营企业等新生事物。敏感和时效，是深度报道的显著特征。其次对重大新闻事件展开的报道。1988年大兴安岭大火给事件性的深度报道奉献了绝好题材。第三是纯属问题与探讨的理论信息、社会变化中的潜在因素，也被从新闻的独特视角猎入深度报道的囊中。

题材对于深度报道固然重要，它的深刻却在于透过记者艰苦的独立思考，对生活中那些人们熟视无睹的事情，赋予其一种深刻的背景和意义。1987年12月2日《中国青年报》发表《命运备忘录》，报道中美合作培养的高级工商管理硕士（MBA）38人归国后报国无门，他们的才干被白白浪费。作者从事实中得出结论：“中国的人才浪费不是观念性浪费，而是结构性浪费，不突破旧的人才结构机制的森严壁垒，任何新的观念都难以发挥作用。”报道以MBA在中国的命运揭示出人才管理体制的不合理，暴露了某些领导部门的不负责任以及某些领导的愚昧无知，呼唤“全方位、立体化的人才流动市场”出现，真正让拔尖人才脱颖而出。

作者对社会的强烈的参与意识和使命感，使作品体现出强烈的理性批判精神和建设意识。由《经济日报》发起的“关广梅现象”大讨论及其连续报道，从对租赁制的讨论深化到对社会主义改革究竟姓“社”姓“资”的性质的认识，引起了广大干部群众和知识分子的参与。它对我们经济生活产生的影响尤为深远。

### （二）浓厚的思辨色彩与理论追求

深度报道的记者都有在洞察社会的同时，善于把握事物间相互联系，进行深沉的思考的能力。他们追求“用更高的思维层次去驾驭事实”，坚持“新闻事实必须经过一个理性的过滤”。在这种意识的主导下，出现了一大批思考型的报道，如《鲁布革冲击》（1987年8月6日《人民日报》)，《红色的警告》、《黑色的咏叹》、《绿色的悲哀》（1987年6月24日、27日，7月4日《中国青年报》)，有的作品的标题则直接标以“思考”。以《鲁布革冲击》为例，它在比较中外管理模式的不同效率中，在对“为中国人争气”的大会战、外国人哭鼻子、多种工资的后果等事实的反思中，不断给人们以价值观念上的深层次冲击。在“主人”——“奴隶”思辨一节中，有两段充满思辨的文字：

> 在一次座谈会上，有位工人说：“我们最好学习国外先进管理方法，但在人际关系上还是维护中国式的感情色彩，别搞‘金钱加鞭子’，动不动开除、解雇那一套。”有人当场出难题：“外国人能解雇你，也能多给你

钱，中国干部不能解雇你，也不能多给你钱，你给谁干？他笑了："年轻时给外国人干，老了再给咱们干。"

新的，旧的，中国的，外国的，就是这样被人们掺在一起，咀嚼着，没有嚼烂，没有完全消化，但确实在咀嚼着。

显然，作者在努力以揭示事物深层奥秘的"理性之光"来透视复杂的现实生活。

深度报道的理性思辨来自作者的理论追求。在对新闻作品的功能的认识上，他们认为新闻不仅是宣传、解释和鼓动的功能，还要进一步担起社会思辨和社会认识的功能。因此，要求新闻记者"必须以学者的眼光去观察和审视生活"，"用现代科学的成果去浸染我们采访到的信息"。在改革的年代里，记者没有扎实的理论基础就难辨真伪。确实，记者不应该局限在新闻学的一隅，而应在多学科的海洋里汲取营养。在深度报道中，已经出现像《中国改革的历史方位》、《改革阵痛中的觉醒》（1987 年 10 月 6 日、7 日《人民日报》）这样的熔新闻与理论于一炉的优秀作品。它们打破新闻与理论的板块式结合，对理论进行"二次开发"，被评论界称为"亚哲学的思辨"。其他大多数作品也由于记者在采访前阅读大量理论文章，请教有关学者，因而在作品中渗进理论工作者的透彻分析。

### （三）思维的系统性与多侧面立体化报道

深度报道直接冲击着传统思维方式和报道模式。《改革》杂志 1988 年第 4 期一文批评传统报道模式存在的六大弊端：1. 报道中的两极化，即非好即坏、非此即彼的报道模式；2. 单一因果和万能因果的模式；3. 重结论、重结局、轻过程、轻变化，习惯于完成式、总结式的报道：4. 重典型指导，轻具体分析和整体把握；5. 重证实，轻证伪；6. 习惯从纵的方面考察事物的"后馈式"报道。《一人沉浮，千夫评说》就是反映当年新闻界报道步鑫生被免职给新闻界自身滞后的思维方式带来的冲击与反思。

深度报道的记者在广泛涉猎现代科学知识的基础上，不仅应坚持唯物辩证法，更应以自然科学理论如系统论、耗散结构论和科学哲学如波普尔的证伪论为武器，信奉"怀疑是通向根源的手段"，在报道的思维层次上实现深刻的变革。深度报道的作品不再是单一信息层面上的深入开掘，也不是"非此即彼"、"非好即坏"的两极平面思维，而是针对信息多维层面的特点，从多侧面、多角度对新闻事实加以立体的审视；既反映事物的"正像"，又反映事物的"反像"，联系与事实有关的方方面面，作全方位的报道。这样的作品不是孤立静止地反映事物的若干表面现象，而是往往将事件或现象置于"过去——现在

——未来”这一网络中，来展示事物发生的轨迹和方向；它把报道的事物当作变化发展中的“过程”，留下许多“?”，而不轻易下结论，因为“记者不配充当‘法官’裁判是非”。他们认为，“出色的报道不是简单地着眼于事件的结果，而是着重于过程和原因的分析；不是简单地追求某种结论，而是敢于呈现生活丰富的矛盾性；不是去单相思地‘教育’，而是真诚地去启迪”。

深度报道作品借助辐射思维、跳跃思维、深度思维的形态,跳出一人一事的框架,进入更广阔的时空,综合许多人、事,许多问题,对生活作超时空、大跨度的立体透视;即使是报道一人一事,也由这一人一事去透视一个立体网络。因而深度报道又被称为“大透视”、“全景报道”、“全息摄影”等等。

关于深度报道的类型，一般按其功能和运用的手法，分为：1. 解释报道，这是一种传统的深度报道形式。2. 预测报道，它不仅对新闻事件和新闻现象的过去作出解释，而且对其前景进行科学分析，以预测未来。一般包括三项要素：过去和现实的概况；未来的分析预测；实现未来的条件或措施。3. 全方位报道。这种报道在80年代异军突起，体现出上述深度报道的典型特征。

另外，还有一种分类方法，就是按报道的形式，将深度报道分为连续报道、系列报道和组合报道。

1. 连续报道。它是对新闻事件或新闻人物在一定时期内的持续报道，注重事件的同一性和内容的连续性。这是合乎新闻规律的报道方式。但一般的连续报道，如大型会议报道、典型人物的报道、一项重大政策出台的宣传等等，仅仅是定向的反复性强化，报道者事先已大体预料到事物发展的结果，是按照预先要达到的宣传效果进行的。这是“静态式连续报道”。而深度连续报道是指那种追踪事物发展变化的过程或追溯以往事实的轨迹，探索事物的来龙去脉及问题之根本的连续性报道。它是在对事件结果毫无所知的情况下，伴随事件的进程和人们对事件认识的深化，层层深入地展开报道，因而它特别能激起受众的关心，吸引受众参与进来，共同探索和反思。《关广梅现象》的报道，可谓是深度连续报道的杰作。

2. 系列报道。它是指一种以延伸新闻领域、深入新闻事实内部、揭示新闻事实的含义为目的的深度报道，着重从事物横断面的不同角度、不同侧面、不同层次来展开报道，具有专题性和透视性特点。与连续报道不同的是，系列报道的几篇相关文章构成的一组报道，它们在内容上存在着相异性。

3. 组合报道。它是一种在同一主题下集合几篇不同内容、不同形式、不同来源的稿件，使新闻现象背后的实质在整体联系和反差对比中得以暴露，从而探秘求真的报道方式。它集综合性和整体性优势，使新闻事实在集纳与组合中达到信息增值的效果。

进入90年代以后，迅猛发展的社会主义市场经济，给深度报道带来新的机遇，也使之面临着严峻的挑战。这是因为社会经济的正常运行需要新闻传播媒介不断提供有分量的、权威性的深度报道，作为企业甚至政府制定决策的重要依据；但是，深受计划经济条件下宣传模式影响的报道队伍，在转变观念的同时，还存在着自身素质、知识结构、反应能力尚待跟上市场经济发展步伐的问题。因此，有志于在市场经济条件下从事深度报道的记者，有必要在某些或某一报道领域追求较深的造诣，向相应的职业化、专家型记者转变，成为某一报道领域里的权威。

深度报道这一方式尚在探索中发展，没有什么固定不变的框框模式；它没有也不能取代传统动态报道。我们这里所选的两篇深度报道不同程度上反映出记者队伍的专业素质正在逐步提高。

## 金牌不是名牌

刘欣欣　何大新

几年前还为金牌大省而洋洋自得的辽宁人，如今却受到了市场无情的嘲弄；目前，在全国各省、市，辽宁产成品资金占用“三角债”全国第一……

然而，许多辽宁人尚不知道悲哀。

### 闪光的金牌没市场

金、银牌一直青睐着辽宁。几十年来，国家每年评比金、银牌，辽宁的得数都排在前三名，目前其获奖金、银牌总数已达520块之多，将近占全国金、银牌总数的1/6。

然而，市场却不肯把她那媚人的秋波送向辽宁。

沈阳生产的沈乐满牌热水器与广东万家乐牌热水器同为国家银牌产品。论性能“沈乐满”的安全可靠性和煤气燃烧率全国第一；看结构，“沈乐满”由500多个部件组成，属高档产品，而“万家乐”只有300多个零件，属中档货，二者的零售价又相差无几。然而“万家乐”去年销售30万台，“沈乐满”只有8万台。

辽宁生产的雄狮牌美发器是全国第一家引进设备生产的，质量超过香港产品，国内称雄，可是在北京、广州、上海等地那群芳斗艳的美发用品柜台前，却难见沈阳的“雄狮”。

昔日在全国显赫一时、辽宁引为自豪的丹东手表、金笔，营口幸福牌钢琴，友谊牌洗衣机，沈阳的机床等，如今都坠入市场萎缩的困境。

失去市场的直接后果是产品的大量积压。今年初，在沈阳市一轻局各工厂的仓库里，积压着18万辆自行车、72万只手表、1.2万台冰箱。流动资金压死了，生产难以为继。

机械行业是辽宁的支柱产业，光国家金牌就有73块，雄踞全国首位。令人难堪的是，1990年，辽宁省机械产品竟在全国夺得积压第一的“桂冠”。

有金牌无市场，金牌大省的处境着实可怜。今年1至5月，全省60%的国营企业亏损。除鞍山、本溪、盘锦三市因有鞍钢、本钢、辽河化肥厂三个“盈利大户”支撑外，沈阳、大连、抚顺、丹东、营口、锦州等11个城市的工业全部亏损。

金牌大省成了亏损大省。

## “上帝”为何不买账

金灿灿、银闪闪，一块块奖牌货真价实，为何难博“上帝”的宠爱？

究其背后的原因，辽宁的金、银奖牌有五大缺憾：

一曰：“杨贵妃”型——“养在深闺人未识”。金牌并不等于名牌。辽宁人不善于把奖牌变为名牌。在电视广告节目中，人们看到10次“万家乐”，也难见“沈乐满”一面，前者已成为消费者倾慕的名牌，后者却鲜为人知。

二曰：“模特”型——不能形成批量生产。这样的金牌于企业有何用？

三曰：“铁拐李”型——生产腿长，销售腿短，销售渠道少，网点更少。获国家味素行业第一块金牌的沈阳红梅牌味精早就名扬大江南北，而今却因销售乏术，在市场上不得不拱手称臣。

四曰：“皇帝女儿”型——价高无人攀。据介绍，辽宁省的名优产品价格普遍比外地高。功能过剩是价格高的一个重要原因。沈阳一家新型建筑材料厂生产的石棉瓦质量之好可用50年，因此荣获同行业惟一的一块银牌。可是时代进步了，现在人们只用石棉瓦盖暂设房。一家建筑单位表示：“能挺两年足矣，50年不坏，有什么用呢？”于是，用户都转而去买乡镇企业生产的寿命短但价格低的产品。

五曰：“老面孔”型——沈阳某大机床厂一种获得银牌的车床生产20多年，直到去年销售不出去了才大吃一惊。

曾使辽宁人引为自豪的金牌产品，如今却又给人们带来苦涩的疑惑：这样下去，金、银牌产品还会闪耀出当初那迷人的光彩吗？

## 市场呼唤“制造商”

记者在大连、沈阳时，发现不少企业的金、银奖牌或奖杯不是摆在销售科、展销台，而是供奉在荣誉室、贵宾会客厅。有人曾问：金牌是什么？一些辽宁人答：是政府给的荣誉，是上级的褒奖！可一位南方厂长则说，它首先是市场通行证！

重生产、轻流通，这是金牌大省悲哀的症结所在。

目前，辽宁省一些领导部门最关心的自然是“产值”，每个月，不少企业都要收到以“必得产值”为首的生产调度令。一些地方、一些企业仍在积极扩大生产规模，然而，对其产品能否走上市场变为商品却不甚关心。辽宁的许多企业，精兵强将、人才集中在生产上，销售人员过少，有的上万人大厂竟然没有开过订货会，且不知产品市场在何方。

行家说辽宁，感触最深的一点是这里的生产结构落后，生产结构刚性化，调整适应性差，大批量生产单一品种容易，干那些小批量、多品种的产品难上加难。沈阳的标准件厂、铸造厂、低压开关厂等企业均号称亚洲最大，人才、技术、设备、资金都占优势，可面对市场的新变化、新需求却是“磨盘身子——转不动”，拿不出适应用户需要的产品来。沈阳某大机床厂生产的普通车床大量积压，而眼看着一叠叠轴承车床、管子连床的用户订单，连连叹气：咱这“母鸡”不会下这种“蛋”。

难怪有人出言入木三分：“辽宁多的是生产者，少的是制造商。”

事实最有说服力，向以豪爽著称的辽宁人在花钱做广告上显得格外小气。今年5月，在北京召开的首届中国国际广告研讨会暨展览会设置的300多个广告摊位中，多数是南方企业，其中福建省的三个市就占32个摊位。而偌大的东北三省只有三席。更使辽宁人丢面子的是，自己家门口的广告媒介也成了外地人的天下。1990年,沈阳共发布3.4万条广告,其中当地企业的只占1/3。据一位广告界权威人士介绍:沈阳市共有5 400家企业,到目前,做过各种广告的只有540家,占1/10,而广东省轻工行业做过广告的企业则占总数的9/10。

难堪也罢，不服气也罢，现实无情地告诉人们：“金牌现象”是一面镜子，它从一个侧面照出，面对新的市场格局，辽宁人无论在经营机制和思想观念上都是不适应的。

补上市场这一课已成为摆在辽宁人面前的重要课题。给人们希望的是，辽宁省许多有识之士已开始认真地思考，他们开始承认自己的不足和落后，他们开始探求新的出路。

（《经济参考报》1991年8月21日）

## 纵论式批评报道尝试

——《金牌不是名牌》采写体会

刘欣欣　何大新

采写经济报道多年，渐渐地，我们开始对自己的采写方法及表达形式不满足了。众多的事件报道，单摆浮搁，总觉浅显。一些深度报道，也是经验多、赞美多。中国改革开放，情况一年比一年复杂，关系国家大事的矛盾也日益突出。于是，我们越发不安了：时代正在呼唤记者站得更高一些，笔触更深刻一些，去揭示那些尚未被人们普遍认识却又影响国家大计的关键性问题。

在这种思想支配下，我们进入了《金牌不是名牌》一稿的采写角色，并开始了纵论式批评报道的尝试。

## “大鱼”游来了

作为地方分社记者，近几年来，我们对辽宁省的经济发展态势甚为了解。作为昔日的工业大省，辽宁在全国的地位正在逐年下降，经济发展速度近10年总是慢于全国的平均水平。80年代初，辽宁的工业产值还居全国第二，之后位次逐年后移，现已降到第四、第五位。更值得注意的是，位次的后移还只是表象，人们更忧虑的是辽宁工业基地正在走向衰落，产品积压严重，效益连年下降，触目惊心。1989年时全省预算内企业利润还有40亿元，可到今年6月末，变为净亏2亿元。了解这一情况的辽宁人无不忧心忡忡，辽宁怎么了，症结在哪里？

我们从采访的大量事实中看到，一个重要原因是观念落后、陈旧，突出表现在辽宁人的市场意识差，商品经济意识差，许多企业至今还没有跳出产品经济的模式。但是，稿件从哪里下手？以什么事实为骨干材料？选择什么角度？

许多个夜晚，我俩在办公室内“慷慨激昂”，谈起了当年号称“日不落之国”的大英帝国的衰落；谈起了世界范围内的“工业恐龙”现象，一些大企业在竞争中因行动迟缓被淘汰；也谈到了辽宁省在“七五”期间技术改造投资在全国最多，效果却不佳等等。一次业务会上，我们几个年轻记者一块聊起了辽宁省金牌产品居国内前列，可是市场却被精明的南方人逐块夺走的问题。渐渐地，我们的思路清晰了。“金牌现象”，多么典型的“金牌现象”，它如一面镜子，折射出辽宁人陈旧的思想观念的一个侧面。

蓦地，我们感到，一条“大鱼”正在向我们游来。

## 敢不敢闯这个“雷区”

目标确立以后，我俩隐约地感到，此文很可能写成一篇相当刺激人的批评稿。因为产品金牌历来是辽宁人的骄傲，在总结成绩时总要放在重要地位。许多企业把夺“金牌”作为奋斗目标，全厂动员。为了评上一枚“金牌”，他们不惜工本活动。某企业获得金牌，局里甚至市里都要为之庆功，又登报纸又上广播，相当荣耀。虽然对于“辽老大”为什么“落伍”的问题在辽宁省直机关和企业界早已成为议论的话题，“金牌现象”也曾引起一些有识之士的注意，但公开的批评却几乎没有。现在我们要说人家“重金牌、轻市场”，这很可能会捅了“马蜂窝”。

怎么办？思虑再三，我们还是决定做这篇文章。我们认为，批评报道和正面报道是新闻报道的两种不可互相取代的形式。批评报道的目的，不仅仅在于揭露消极的东西，更重要的是要把积极因素调动起来。这种批评是积极的提醒和督促，而不是消极地指责，其目的是通过揭露矛盾，探讨解决问题的办法，从而促进矛盾的解决，推动事物的发展和社会的进步。现在许多记者不愿意写批评报道，不管是何原因，我们都认为是不正常的。

我们是新华社记者，也是辽宁人，看到辽宁落后，我们同样忧心如焚，不写出来，总觉骨鲠在喉，不吐不快。批评不是目的，我们的目的是要使辽宁人在自我陶醉中清醒过来，正确认识自己落后的现实和原因，奋起直追。“金牌大省”成了“亏损大省”，实在是一种悲哀，应早日从“悲哀”中解脱出来。

对人们最关心的热点、难点问题，如果不大胆、尖锐地提出，就不可能起到振聋发聩、警醒世人的作用。正是没有退缩，才使我们迈开了成功的第一步。

闯“雷区”去！受一种责任感和使命感的驱使，我们下定了决心。

## “纵论式”的尝试

随着采访的不断深入，素材的日益丰富，我们的心理负担也日益加重。因为这个主题跨度大，涉及面太广，不同于就一人一事进行的单纯的揭露性批评报道，非用“纵论式”手法进行报道不行。

所谓“纵”，就是大角度、大跨度、大视野，省事、国事、天下事皆要包容；所谓“论”，就是说理、评述，以事说理，以理服人。写事，引起人们注意；说理，触发人们思考。

在采访和写作中，我们从“纵”的角度，十分注意了解全国的有关情况及辽宁在全国的位置，如经济发展情况、主要工业产品产量、库存情况、“金牌明细表”等等。我们还了解了广东、上海、江苏等省市的相关情况。这些背景资料的积累，为文章增添了“跨度感”。

说起“论”来，在稿子发出后的座谈中，辽宁省政府的几位领导和一些大型企业的厂长都说，文章中有几处论说十分精彩、动人，比如“重生产，轻流通，这是金牌大省悲哀的症结所在”、“难怪有人出言入木三分：辽宁多的是生产者，少的是制造商”、“曾使辽宁人引为自豪的金牌产品，如今却又给人们带来苦涩的疑惑：这样下去，金、银牌产品还会闪耀出当初那迷人的光彩吗?”

“纵论”的基础是研究。“金牌”一稿并非我俩突发奇想之作，可以说是长期研究全国和当地经济问题的产物。从最初的朦胧意识到确定题目，以至成稿、刊出，前后近一年时间。这期间，分社的领导和记者多次就这个报道思想进行研究，1991年3月下旬，才在《经济参考报》召集的部分分社记者座谈会上最后定下题目。这篇文章的“出炉”可以说是“研究”出来的。作为分社记者，平常我们几乎每天都在下边转，掌握着大量具体、生动的情况，可是为什么写出的稿件却总是很肤浅？采访不可谓不深入，调查也不能说不细致，关键就在于在最重要的加工过程——“研究”这个环节上下的功夫不够。

此文的写作却不同。可以说，“研究”贯穿于我们采写“金牌”一稿的整个过程。我俩都搞了多年的经济报道，看了不少有关经济方面的书籍，对中国经济的实情又有较多的了解。因而在谈论起中国的一些经济问题时，自以为有一些见解，脑门子发热，一侃就是几个小时。“金牌”一稿的主题就是在这种研究中得到深化的。

稿件刊出后，我们更有了这样一番体会：纵论式批评报道的尝试使我们丰富了思想，长了见识，也尝到了甜头。纵论式报道不像一般一事一人的批评报道受事件和事实的局限较大，它使记者有了更大的采写自由度，可以说是拓宽了批评报道的路子，为记者提供了自由驰骋的新天地。

当然，纵论式批评报道又向记者提出了新的挑战。因为无论就广度而言还是就深度而言，这都是一般性批评报道不可比的。它要求记者有更扎实的理论功底，对社会问题有更广泛的认识和了解，有更敏感的洞察力，有大跨度采访疑难题目的本事。这就如同打靶，只有“国家大政方针”、“地方发生的大量事实”和“记者准确的判断、把握”这三点成一线时，射击才会中的，才会成功。

## 没想到的反响

1991年8月24日，《经济参考报》在第一版发表了我们写的《金牌不是名牌》一文。文章鲜明地指出：辽宁这个产品质量奖牌在全国名列前茅的“金牌大省”，产品积压却居全国第一，市场萎缩，效益严重下滑，以致成了“亏损大省”。望着刚刚印出来的报纸，我们没有通常写正面报道那种一刊出来就如释重负、欣喜万分的感觉，相反却惴惴不安。对我们的批评，企业认账否？省里接受否？会不会为此稿同省里和有关部门打笔墨官司？

真是没有想到，而后传来的信息越来越鼓舞人。这篇报道在辽宁省内产生了强烈的却又是良好的反响。辽宁省省长岳岐峰看到此文后，十分赞赏，在报纸的白边上，密密麻麻地写了400多字的批示：“这篇文章写得太好了！感谢刘欣欣、何大新两位同志。这一篇报道对转变我们的思想观念很有说服力，希望各市政府的领导同志和各企业的领导同志，认真读读这篇报道。”并且十分郑重地指出：“在这方面如果得不到迅速、有效的转变，更大的被动还在后面。”

之后，辽宁省生产委、省企业家学会又召集了文中被点名的十几家企业、有关经济部门、新闻单位和本文作者专门就这篇报道开了一个座谈会。副省长闻世震亲自主持会议，讨论研究如何转变辽宁人重金牌、轻市场、缺少商品经济观念的问题。对这个讨论会，《辽宁日报》在头版重要位置进行报道。辽宁电台在第二天作为头条报道，并且还组织了一个“要金牌还是要市场”的专题报道。辽宁电视台也作为要闻播出。《辽宁经济报》的处理更为突出，该报在一版以醒目的标题刊登了岳省长的批示，并转载了《金牌不是名牌》全文。

更使我们想不到的是，在9月中旬辽宁省工交工作会议上，省政府将《金牌不是名牌》一文以及岳省长的批示印发给250名与会人员。副省长闻世震在开幕讲话时，手里挥动着这篇文章，对与会的市长、计委、生产委主任等与会人士说：“请你们大家都认真读一读……”辽宁省办公厅还作为1991—25号《参阅文件》，印发了2 040份给全省各市政府、省有关部门和大中型企业领导。在座谈中，辽宁省生产委副主任张文柱说：“尽管用语比较尖刻，读起来脸上发烧，但揭示问题确实很深刻，一针见血。”

一篇报道能够产生如此强烈的反响，在辽宁省内是少见的。我们却想，此番仅仅是个尝试，前边的路，还很长。

**作者简介：**

刘欣欣，男，汉族，1953年生于辽宁省沈阳市。1970年中学毕业后下乡插队，1973年加入中国共产党，同年被选送上了大学。1976年辽宁大学中文系毕业后分配到新华社辽宁分社当记者。1990年聘为主任记者，1993年聘为高级记者，并任辽宁分社副社长兼总编辑。

何大新，男，43岁，高级记者。当过知青、工人，后在政府机关当新闻干事。1983年调入新华社，先后任记者、记者站站长。现任新华社辽宁分社常务副总编辑兼《中华第三产业报》社长、总编辑。

## 为了太湖不再“倾斜”

同在太湖流域，太湖南岸与北岸的经济
却存在着极大差异。于是湖州人不服
湖州人要发奋

蔡小伟

太湖像一块透明的宝石，镶嵌在我国富饶的东部沿海。历史的潮潮汐汐，写着太湖沿岸苏（苏州）锡（无锡）湖（湖州）1 200 万人民的伟绩丰功，并终于使其成为我们经济发展的先锋区域。然而，就在这一平如镜的太湖之中，人们却惊讶地发现：太湖“倾斜”着。

1993 年，在湖州人欢庆提前 7 年实现国内生产总值翻两番的锣鼓声中过去了。随之而来的静谧，让人们从兴奋中冷静下来，有机会从一些统计上看到湖州自己真正的位置。

湖州与苏南的距离仍然存在，并且还在拉大。

国内生产总值：湖州 100 多亿元，苏州 499.3 亿元，无锡 426 亿元，比上年增长率，分别为 30%、38.8% 和 40.1%，人均拥有国内生产总值，湖州 4 000 多元，苏州 8 000 多元，无锡一万多元。

工农业总产值：湖州 270 亿元，苏州 1 900.98 亿元，无锡 1 355 亿元，比上年增长率分别为 44%、43.1%、40%，其中仅吴县和无锡县工农业总产值为 280 亿元和 470 亿元。

出口创汇：湖州外贸收购总值 27.5 亿元，人均 1 100 多元，自营出口 1.3 亿美元，“三资”企业出口 0.67 亿美元；苏州外贸收购总值 404 亿元，人均 8 080 元，自营出口 17 亿美元，“三资”企业出口 11 亿美元；无锡外贸收购总值 193.5 亿元，人均 4 288 元，自营出口 3 亿美元，“三资”企业出口 2.6 亿美元。

财政收入：湖州 7.25 亿元，人均 290 多元；苏州 36.22 亿元，人均 724 元，无锡 34.6 亿元，人均 769 元。

第三产业：湖州增长值为 24 亿元，苏州为 133 亿元，无锡为 129 亿元。

人民生活水平：湖州农民人均年纯收入 1 741 亿元，苏州农民 1 900 多元，无锡农民 2 240 元。

在这一长串数字面前，太湖南岸相形见绌，湖州人也充分感受到了这一点，湖州人感慨，湖州人不服，湖州人要发奋。

太湖流域经济区是我国经济最发达的地区。它无论是作为我国长江流域经济开发的先导，还是作为我国对外开放的桥头堡，都将起着举足轻重的作用。

有关资料表明，太湖沿岸经济，已接近或超过了世界中等发达国家。但同样就在这一块肥沃的土地上，竟会有着不同的发展水平，太湖“倾斜”着，这不能不引起湖州人的深思。

应该说，解放初期直到 70 年代，太湖南北两岸差距并不怎么大。苏州市 1978 年国内生产总值 29 亿元，人均 573 元；无锡市 1978 年国内生产总值已有 24.9 亿元，人均 687 元；而同年，湖州市的国内生产总值已有 8.88 亿元，人均 402 元。再如，宜兴经济并不比长兴发达；吴江并不比湖州市区（原吴兴县）发展快。但 20 年以后，一湖之隔，便出现了巨大的落差。宜兴 1993 年国内生产总值超过60亿元，而长兴只有22.8亿元；吴江1993年国内生产总值62亿元，而湖州市区不到50亿元。气候环境相同，经济上都依托上海，为什么会有不完全相同的结果呢？

有人说，湖州的落后是因为两个小区或半山区的县拖了后腿，如果1983年撤地建市把现属于嘉兴市的桐乡市划属湖州，也许湖州与苏南的差距不会那么大。

有人认为，湖州的产业结构不合理，轻纺占的比重太大，而纺织在当前又是那样的不景气。

有人不服气，上级给苏南与湖州的政策不相同，太湖北岸前几年优惠政策带来了巨大的综合效益。

……

原因很多，并且也有一定的道理，但我市的领导了解得最为深刻：太湖的“倾斜”，并不仅仅是经济数字的倾斜。观念上相对滞后，思想上固步自封，心理上容易知足、贪求安逸，一句话，观念还没有站在时代进步的前沿，思想还不够解放，是造成太湖“倾斜”的根本原因。

——不愿比较，不敢比较，尤其不愿与经济发达的地区比较，怕比了会泄气，会不利于调动积极性。南浔镇委、镇政府去年提出了一句口号：奋战一年，赶上七都乡。有人便不服气，南浔是江南名镇，又是湖州市经济最发达的镇之一，怎么可以跟小小的七都乡去比，这样的比只能泄自己的气。有一家企业采用了一项新工艺，有人告诉他们，这种工艺在国外早就被淘汰了，企业领导竟反问道：我们怎么能跟国外比？

——不敢试，怕闯，怕做“出头椽子”，怕掉乌纱帽，总爱跟着别人后面转。人家办服装厂，他也办服装厂（湖州有服装厂1 700多家，许多厂找不到活干，有些开了没多久，便关了门了）；人家搞电缆发了财，他也趋之若鹜；市郊某乡看到周边都办起了“三资”企业，且效益颇好，也跃跃欲试。市外经委得知后热心帮忙，几经周折，帮他们联系到了一个项目，可到最后拍板时，这个乡的一些领导非要外经委的同志承担该项目的全部风险，不然他们不干。弄得人们哭笑不得，最后“黄”掉算数。

——不愿改善自己现在的生活、工作方式，不愿改变既定的利益格局。国有企业内部进行了一些利益调整式的改革，便会有几十名职工围攻，责问厂长：主人翁的地位在哪里？湖州一些乡境内公路坑坑洼洼，造成阻碍，两边乡民不去修路，却借车堵、旅客多，在路旁摆摊，做起小生意来了。

……

让太湖不再“倾斜”，如今已成为整个长江流域经济的关注点，更成为湖州人自己急需改变的现状。我市的决策层一致认为要改变整个太湖沿岸经济发展不平衡的现状，必须首先奋起直追，而要追上周边地区，不断解放思想是关键，解放思想没有止境。要让观念跟上时代，跟上周边地区，湖州人应该以更快的速度改变自己。

我市许多领导明确提出，观念不能有省界，要摒弃一方水土养一方人的旧格言。市委、市政府已在今年开始实行深化产权体制改革、外向带动、科教兴市等各种战略，以此来缩短与太湖北岸的差距。湖州天昌丝绸企业集团曾是一个国家计划体制统得很死的国有大中型企业，但如今他们“闯”起了市场，他们“闯”领事馆，“闯”边境，甚至“闯”到了洛杉矶；竹乡安吉的山里人也跨出了旧时封闭的山门，汇入国内外大市场的海洋。他们产的竹制品已在世界上几十个国家站住了脚；长兴县以宜兴为追赶目标，通过兴办各类市场来推进全县经济的发展，如今他们的发展速度已实现了两年翻一番。

自然是运动着的，太湖“倾斜”也并非永远如此。湖州人民正加倍努力，总有一天会昂立于太湖经济带之林的。

（《湖州日报》1994 年 3 月 27 日）

## 勤于观察　善于思考

蔡小伟

《为了太湖不再倾斜》一文发表后之所以能在湖州引起一些震动，在全省以及全国许多地区得到较好的反响，并获得第五届中国新闻奖二等奖，我考虑除了稿子本身有一点意思外，主要得益于我们所处的改革开放的时代，得益于这个时代为我们创造了一个能思考、敢于思考的环境。

1993 年是湖州经济发展史上值得铭记的年岁。这一年，湖州国民生产总值达到 106 亿元，首次跻身全国为数不多的国民生产总值超百亿的城市行列，提前 7 年实现国民生产总值翻两番的目标。在一片欢欣鼓舞之中，人们陶醉了，也有部分同志开始沾沾自喜。在这种情况下，作为当地的党委机关报，作为一名记者，应该有一定的“深谋远虑”。我在想，再大的成绩也只能代表过去，舆论应更多地着眼未来。今年 1 月份，我通过《无锡日报》工商部主任沈东辉得到了无锡市经济工作会议上的一份材料，材料所显示的经济发展数字表明了无锡市不仅经济发展各项指标的绝对数超过湖州，而且它的增长率以及它的人均指标也远远高于湖州。这便意味着位于太湖南岸的湖州不单过去落后于北岸，而且之间的距离正在拉大。很显然，湖州市 1993 年的辉煌怎么也掩盖不了与苏南的差距。

“倾斜的太湖”这一主题就这么初步形成了。

后来我又通过《苏州日报》和苏州市统计局进一步了解了湖州与苏州市的差距，这更坚定了我写《为了太湖不再“倾斜”》这一稿的决心。

1994年3月27日，这篇报道在《湖州日报》上发表了，“一石激起千层浪”，此稿引起了社会的强烈反响。在湖州，人们议论纷纷，成了一个时期的热门话题。市委书记俞国行数次在大会上提到这篇报道，给予充分肯定，许多干部把报道中的几组对比数字剪下，压在玻璃台板下面。更多的人把“为了太湖不再‘倾斜’”作为激励自己工作的口号。报道很快引发了一场解放思想的大讨论，市委宣传部专门发出通知，号召全市人民积极参加这一讨论，市领导自己也带头撰文。整场讨论历时一个半月，涉及全市方方面面，共有5万多人参与，并最后达成共识：太湖“倾斜”这是事实，为了太湖不再“倾斜”，湖州人民应该进一步解放思想，发奋图强，再次创业。

与此同时，兄弟新闻单位也纷纷对这篇报道作出反应。1994年3月29日，《文汇报》首先加编者按转发了《为了太湖不再“倾斜”》，后《浙江日报》、《无锡日报》、浙江电台等刊登或转播（发）了这篇文章。5月8日，中央电视台《新闻联播》头条新闻中也介绍了这篇稿子。此后，上海、江苏及本省新闻界的同仁或来电或来函同我讨论有关太湖“倾斜”的问题。

一篇能在社会上引起一定反响的新闻，首先它必须要有思想。而这种思想便来自于记者的勤于观察，勤于思考，勤于分析。《为了太湖不再“倾斜”》一文能有一点回声，也正源于此，这是我最切身的体会。

改革开放的时代，各种新生事物层出不穷，各种新问题也不断产生，面对这种情况，读者已不仅仅满足于那些直观、笔录式的动态报道或是枯燥的典型报道，而更多地盼望看到那些能引导人们进入事物的深处、分析事物的原核、展望事物未来的新闻。同样，作为一名新闻工作者，不能仅是简单地记录这一变革，而应该在这场变革中大胆地去评价新闻事件，以正确的舆论去引导人，这就要求我们记者应具备一个会思考的脑袋，一双会观察的眼睛，而且这种思考应是全方位的、掘进式的、高起点的。

一是这种思考务必是超前的。当人们还处于朦胧困惑时，我们的思考要及时撩开雾障，指明方向。湖州市1993年的成绩使湖州有些同志欢喜得头昏目眩，而我们却在思考，湖州经济所处的位置及今后发展的坐标在哪里。1993年湖州提前7年实现翻两番，而整个浙江省也提前7年翻两番，甚至连过去相对落后的山东省也提前7年翻两番，湖州的发展并不算高速。湖州处于太湖流域，许多资料表明，这一流域的经济已达到了中等发达国家的水平，而湖州与此相比则面临被开除出这一流域的危险。尤其是中央提出了长江沿岸开放开发的战略以后，整个长江流域轰轰烈烈，而湖州却动作不大。从这一角度来说，湖州1993年的成绩是微不足道的，湖州经济发展应该与整个太湖流域经济发展接轨，与浦东开放开发接轨，这些思考为我撰写此稿打下了思想基础。

二是思考要“源于当地又高于当地”。实事求是地说，《为了太湖不再“倾斜”》稿能在市外、省外也有一些反响，便是因为我们把湖州放在了整个太湖流域经济发展及长江流域经济开发开放的大背景下进行思考，并没有就湖州思考湖州，如此，它的容量、它的高度就明显增加。“源于当地，高于当地”两者是相辅相成的，没有源于当地，对湖州经济有深入的了解，也就不会有高于当地；而没有高于当地，把湖州提到区域经济的高度上来比较，源于当地也就毫无意义。当然，高于当地并不是人为地拔高，它必须着眼于当地的事实，是当地事实的自然延伸和深化，是我国整个改革开放大背景与当地经济的必然联系。总之，“源于当地又高于当地”能使我们的报道，尤其是深度报道增强其辐射力和指导意义。

三是思考要善于把握纵深度。《为了太湖不再“倾斜”》是一篇经济报道，是就经济写经济，还是跳出经济写经济，我选择了后者。一开始，我也曾想从经济的角度对湖州相对落后作一番分析，寻找其答案。譬如，产业结构调整晚于苏南，基础建设缺乏长远眼光，撤地建市时，湖州带了2个穷县，基础太差等等，但我总觉得这样写稿子没有纵深感，因为这并不是湖州落后的真正原因。有几件事让我感触很深：一次下乡采访，车过一段路况很差的小道，发现路边摆满了小摊，车堵住了，小贩们蜂拥而上。我问他们，为什么不把路修好，他们奇怪地看着我说，修路有什么好处？一位国有企业厂长告诉我这么一件事，去年他们厂部分打破了铁饭碗，实行了计件工资，但许多工人找上门来，责问厂长：你还把我们当主人翁看待吗？等等这些事，也逼得我跳出经济这个圈子，从人们的观念上去寻找原因。我们发现了湖州人有一种“安耽”（安逸）、“百坦”（慢慢地）的思想，有一种怕比较、怕改变现状、小富即安的心态。正是这种思想、这种心态，严重地阻碍了湖州的经济发展，显而易见，太湖“倾斜”的根本原因是湖州人观念的“倾斜”。从经济数字差异的披露，到观念落后的揭示，使稿子有了纵深感。

总之，思考是我写这篇稿子的前提，思考也是这篇稿子成功的基础。《经济日报》副总编罗开富看了此稿后之所以说“这篇稿子有力度、深度、高度”，也许正是基于这篇稿子经过了记者的思考有了一定思想的缘故吧。

除了要善于思考外，我的体会是作为一名记者还需要积累，思想的积累，素材的积累，博采众长才能使你厚积薄发。《为了太湖不再“倾斜”》成文很快，但思考这一问题却已有相当长的一段时间，素材也是日积月累的。另外，作为一名地市报的记者，要对当地经济进行全面评点，除了记者要有一定的胆略外，还要得到有关方面的支持，这样才能使报道产生好的效果。《为了太湖不再“倾斜”》稿首先是报社党委编委会的全力支持，总编还帮助修改；同时，市委给予支持，市委书记俞国行亲自审阅签发了这篇稿，还多次在大会上对这篇报道给予赞扬。此外，兄弟报纸的支持也为扩大《为了太湖不再“倾斜”》稿的影响起了很大的作用。

**作者简介：**

蔡小伟，男，1959年生，大学学历。1983年调入《湖州日报》从事新闻工作，1986年被《文汇报》聘任为特约记者。现任《湖州日报》副总编、主任记者。

## 思考题：

1. 政治新闻的特点是什么？请为《总书记晤见小和尚》写一篇评析文章。
2. 人物新闻的特点是什么？请为《勋章背面的未了情》写一篇评析文章。
3. 客观报道的采写特点是什么？请为《万家诉讼》写一篇评析文章。
4. 深度报道的特点是什么？结合实际谈谈如何搞好深度报道？
5. 思考一下，从本章节的几篇作者采写体会中你学会了什么？
6. 媒体竞争十分激烈，谈谈你对报纸在竞争中如何发挥其特点与优势的看法。

# 第九章　广播新闻作品评析

## 第一节　广播消息

在多种广播新闻报道形式中，广播消息占有举足轻重的地位。我们一般把广播新闻中播出的信息，称之为广播消息。广播消息除了具备新闻所具有的特性外，还具有其自身的特点。概括说就是：以快见长，先声夺人，短小精悍，言简意明，结构简单，主线单一。它可以把最新的信息尽快地诉诸受众，因此是广播新闻中最主要的报道形式。

由于广播消息是诉诸人的听觉的,因此在稿件写作上就必须研究受众听觉规律。广播消息的写作,首先,要具体生动,听觉形象鲜明。多用具体、形象的事物去说明抽象的道理,恰当地运用描写,对新闻人物和事物进行勾勒,力求呈现立体感;其次,取材要精粹,信息要浓缩,让听众在尽可能短的时间内,接受更多的信息。取材的有效方法就是精选事实,选取能揭示新闻事件本质的事实来说明问题。浓缩信息的有效办法是多写小稿子新闻,即一个新闻只选取一个有特点的问题、一个有价值的新闻事实或一个新颖的侧面来报道,力求把新闻写深、写新、写活;再次,采用谈话式体裁,把新闻事件像拉家常一样报告给听众。上乘的广播语言,既明白如话、上口适听,又规范优美。与各种书面语言规范、严谨、准确、凝练的风骨不同,广播语言多用口语句法、大众化词语,力求广播中听、动听。

我们常见的广播消息的结构形式有：螺丝钉式结构、倒金字塔式结构、金字塔结构、散文式结构等等，广播消息的结构形式力求从表现内容出发，不局限于这几种，关键在于导语部分的写作。由于收听广播的听众大多处于半收听状态,广播传播往往稍纵即逝,这就要求广播消息在开头就用主要的、新鲜的新闻事实,简明生动的语言,概述出新闻最本质的内容,从而引起听众的注意。

大家可以从我们所选的一篇广播消息的内容、结构和语言等方面看出广播消息的特点。

### 一个经常挨批评的文明火车站

周国良

一个“先行官”的楷模，却经常挨批评。这是记者采访刚刚被评为上海铁路局1993年度“明星火车站”——常州火车站的时候，所发现的新闻之中的新闻。

去年下半年以来，社会上乱涨价、乱收费之风盛行，常州火车站不为歪风所动。去年底，有关文件规定，对旅客进行优质的延伸服务是必要的，可借此名义增收费用，尽管一年能增收100多万元，却给消费者增加了负担。于是，他们在实行优质服务的同时，没有增收旅客的费用。有关领导批评他们是有钱不会赚的“大傻瓜”。今年5月，有关路局又发出文件，要各火车站增收旅客的“补充保险费”，每票1元。很明显，这是变相收费，是不合理的。“既然不合理，再执行就错上加错。”常州火车站坚持不收。于是，有关部门的批评又来了。今年6月，他们又接到有关部门通知，要常州火车站增收客票的“建设附加费”，每票1元。这又是一项不该实施的规定，是执行还是不执行？常州火车站准备再一次迎接批评。后来，事实证明，常州火车站做对了。不久前，铁道部明确指出：以上两项收费属乱收费之列。十分可喜的是，就在全国性整顿铁路乱收费项目的时候，常州火车站受到了表扬。南京铁路分局整顿路风检查组日前在常州检查后说：“常州火车站在风口浪尖上站得稳，看得远，不唯文，不唯上，工作坚持从实际出发，不愧是已经连续7年被评为省级文明单位的文明火车站。”

（常州人民广播电台《新闻广角》1993年12月22日）

## 宝剑锋从磨砺出

### 浅谈新闻主题的提炼

周国良　顾红兵

一次偶然的采访，我们发现了一条新闻之中的新闻：“一个经常挨批评的文明火车站。”没有想到，这篇新闻，获得了中国新闻奖二等奖和中国广播新闻奖二等奖。分析这一作品的采写过程，有这样一个启示：一篇新闻作品的成功，功夫在于新闻主题的提炼。俗话说：“宝剑锋从磨砺出。”同样一块铁料，有的能磨砺出千古不锈的宝剑，有的只成为一块废铁。写作新闻，也有同样的道理，深刻的新闻主题，只有靠反复提炼出来。如何来提炼好新闻主题？下面就这个问题略谈几点自己的看法：

一、从政治、经济角度来提炼主题，力求新闻的时代震荡效果

新闻，有些是事件的记录，有些则是历史的记录。新闻，有时在特定的时代背景中，能使其价值倍增。记者在掌握了众多的新闻素材之后，最要紧的就是如何把新闻素材放到一定的政治、经济的大背景中去考察，然后确定新闻主

题的定位。在常州火车站采访时，站长陈育才向记者介绍了许多新闻题材："如常州火车站整顿路风见成效；常州火车站连续8年创省级先进单位；常州火车站宁愿少赚80万，坚持不撤便民服务站"等等。这些新闻题材，都是生动的事例，但到底选择哪一方面来写？记者就必须站在当时政治、经济的社会角度上来考察衡量。当时是一个什么样的社会大环境呢？当时，全国铁路运输及其他一些行业，风气不正，乱涨价、乱收费盛行，党中央和铁道部曾三令五申要制止乱涨价、乱收费，整顿路风。根据这样一个大背景，记者就确定在路风建设上挖掘主题。方向明确了，就比较容易集中力量挖掘有关材料，从而觅到具有强大震波的核心。"一个经常挨批评的文明火车站"这一主题，就是在这样的思维指导下找到的。请看下面采访时的对话：

记者：请问站长，你们站是连续8年的老先进了，能不能向我们重点介绍一下你们路风建设的特点？

站长：我们在路风建设上一直抓得较紧，我们在去年上半年订了16条不准：不准以权谋私、不准以车谋私、不准乱收费、不准乱涨价……

记者：你们有没有乱涨价、乱收费的行为？

站长：没有发现，就连有几次路局有关文件通知，要求我们收几种所谓附加费，我们都没收，结果多次挨了批评。最近才表扬我们做得对！

记者：现在看来挨批评也不一定是坏事，能不能向我们谈谈当时挨批评的情况？

站长：可以（略）……

以上采访过程，始终扣住新闻定位，结果很快切入新闻核心，找到了能体现新闻主题的闪光材料，为写好新闻奠定了基础。

二、从事物的本质上挖掘提炼主题，力求揭示出新闻的深刻含义

记者有目标、有选择地掌握了一定的新闻题材，这还仅仅是第一步，只是了解了事物的现象。采访素材掌握了，不一定能写好文章。这需要记者从事物本质上深化主题，从大量的材料中去提炼主题，这就是去粗取精、去伪存真、由此及彼、由表及里的加工制作过程，这就是从感性认识到理性认识的飞跃过程，也是从现象到本质的深化过程。开拓深，才能揭示事物包含的深刻意义，主题才有高度或深度。常州火车站这篇得奖新闻，在主题立意上也经过了多次的反复：

一是"常州火车站敢于抵制不正之风受表彰"，这是一种最常见的主题立意，缺乏新闻的新意。

二是"路风建设的楷模——常州火车站"，这种立意，往往会把新闻变成典型事迹介绍，很难体现新闻的深刻性。

三是"常州火车站站风建设有成效"，这种新闻立意，也仅仅是成就报道

而已，缺乏新闻的典型性，必然使新闻陷入俗套的圈子。

这些主题立意，都不深刻，都还停留在事物的一般现象上。如果写出来发表，也仅仅是一般报道而已，严格一点，还有可能被编辑"枪毙"变成废稿。

经过反复的思考，决定从事物的本质上进一步提炼主题。当时，在采访中，站长曾经无意中讲了这样一句话："我们这个文明火车站是经常挨批评的。"文明火车站却经常挨批评，平常的一句话，道出了较大的新闻反差，也点明了深刻的新闻含义：这就是常州火车站在改革的风口浪尖上，不唯文、不唯上，敢于抵制不正之风的时代精神，这种精神才是真正的先进典型所具备的本质特征，找到了这个本质特征，新闻就能切中时弊，揭示出深刻的含义。

三、从听众心理状态角度选择提炼主题，力求增强新闻的传播效应

我们常常讲，一篇广播新闻，只有敢于说真话，才能打动听众的心。但是，这真话如何表达，用什么方式、从什么角度表达，却是一门艺术，这就需要记者从听众的诸多心理状态中去捉摸、去分析，做到爱听众所爱，恨听众所恨，这样才能使新闻备受欢迎，起到事半功倍的感染效果。从常州火车站这篇得奖新闻来看，当采访的第一手素材掌握以后，怎样命题，怎样组合，怎样删选，怎样表达，都得进行一番细心的考虑。有时候，主题很好，但听众不接受；有时候，新闻立意很深，但被采访对象又不接受。还有的时候，有关领导有意见，反会引来许多麻烦。如此等等，都是选题时必然会碰到的困难。怎么办？在写作中，应在听众心理角度上进行这样的选择比较：

其一，假如把主题定在"宣传先进典型"上，听众则往往可能认为你是在宣传"高"、"大"、"全"。多少年来，听众对"高"、"大"、"全"的典型已经听腻了，有的还会产生不可信的负效应；

其二，假如把主题定在"敢于不执行上级文件或通知精神"上，则又可能产生不执行上级指示的误导，甚至违背宣传纪律，在听众中产生不良影响；

其三，假如把主题定在"先进典型往往也可能是在批评中成长"的，这就比较实事求是，听众就比较容易接受，加上把主题定在敢于抵制乱涨价、乱收费而受批评这一新闻立意上，听众就更会拍手称好。

《一个经常挨批评的文明火车站》正是迎合了上面第三种听众心理，才成为了听众爱听的新闻。事实上，当这篇新闻播出以后不久，一位听众就反映说："这则新闻写得好，从一个人们意想不到的挨批评角度，赞扬了一个群众想赞扬的先进典型。"还有位听众反映说："原来我不理解为什么从常州到南京的火车票便宜，而从南京到常州的火车票贵。听了这则新闻，我才明白，常州火车站这样做，确实不容易，这样的典型，我们相信！这样的新闻，我们爱听！"

综上所述，我们可以得出这样一个结论，一篇成功的新闻，关键的关键是

要立好新闻主题。不过，当今的新闻，还得提倡快速传播，这与我们反复提炼新闻、修改新闻是一对矛盾。然而，快不等于不反复提炼，快不等于就事论事。如果只讲快而不求精，往往会把许多好新闻的“核潜能”损失掉，甚至使真正的好新闻在笔下溜掉。这是每个新闻记者必须注意的问题。我们应该开拓思路，勤奋思索，了解社会，了解事物本质，了解我们的听众，花功夫挖掘、开拓新闻的主题，这样才能提高新闻价值，增强宣传力度。“宝剑锋从磨砺出”，应该成为我们新闻记者提炼新闻主题的座右铭。

**作者简介：**

周国良，男，40岁，大专学历，现任常州交通广播电台台长。

顾红兵，女，53岁，大专学历，主任编辑，现任常州人民广播电台编委办副主任。

## 第二节 录音报道

录音报道是对新闻事物的实况录音和新闻人物的讲话录音进行编排而形成的广播新闻形式。其现场真实感强，使听众闻声如临其境、如见其人。按体裁划分，录音报道有录音新闻、录音特写、录音通讯等。

录音报道是带音响的广播新闻体裁。这种体裁是随着科学技术水平的提高和广播事业的发展而产生的。19世纪30年代，美国哥伦比亚广播公司记者最早运用这种报道形式。我国的录音报道始于50年代，当时记者使用的是钢丝带录音机，体积大、分量重，携带不方便，所以录音报道在当时的广播节目中所占比例很小。进入80年代，广播界提出“扬独家之优势，汇天下之精华”的口号，录音报道得到长足发展，录音报道在数量、质量上都有一个较大的发展，报道形式越来越活，尤其是出现了大量的现场报道。随着新闻报道的深入发展，可以预见，录音报道将会有更大的发展。

录音报道由两个部分构成：一部分是新闻现场实况音响；另一部分是记者的述说。与其他广播新闻比较，它有三个明显优势：真实可靠，现场感强，立体感强，具有较强的感染力。采制录音报道受到多方面的限制，现场音响的运用是录音报道跟其他广播形式的主要区别。因而录音报道必须选取音响具有特定意义的题材，能反映人物活动场面的题材进行报道。

我们通常把录音报道中的音响划分为典型音响、环境音响、背景音响等，主要通过典型音响点明报道主题。

现在广播界比较推崇的现场报道，主要是记者的现场口述和现场实况音响相结合的一种报道形式。它的特点集中体现在现场采制方式上，记者在新闻事件发生的现场边看、边听、边说、边录，融采、录、播于一体。这种报道形式有较强的时效性和更强的真实感、现场感，很受听众欢迎。

在这里我们选取了一篇录音报道，相信大家可以从对作品的比较分析中学会采制录音报道的方法与技巧。

## 挖墙脚的人们

张勉之

作为一个记者，这些年，我见过好些挖墙脚的事儿。比如，医院里的护士，上厕所不用手纸，而是用纱布；工厂里的工人，把产品偷出来，在市场上低价出卖；企事业单位的职工，领着工资，泡着病号，在社会上炒股。今天要跟大家说的，是另外一种。

（实况："报销的！""报销发票！""汽车票！""旅馆票！要吗？""都有些什么样的发票？""要吗？""当然要啦，不要我问你干吗？"以下混入）

假如你到东单去的话，在马路西侧，在过天街和东单售票处之间，能见到一些溜溜达达、东张西望的男女。你从他们身边经过的时候，他们会用低微的声音叫喊："汽车票！旅馆票！"这都是些卖空白发票的人。如果你表现出兴趣的话，他们马上会把你拉进附近的小胡同里。

我这个人，生来一身土气，说话又带着明显的山西口音，常常被他们当作外地来北京出差的，这给我的采访带来了好些方便。

（录音："你这是不是刻的假公章呀？""你看我会刻章吗？""我回去报账会不会惹出麻烦呀？""没那事儿！人家出差的都买！""啊？""人家出差的都买！""我听你的口音好像……""四川的""四川人怎么可以拿出北京单位的发票来呀？""有人能拿出来呀！我拿不出来人家能拿出来。""买的人多吗？""不多我吃什么呀！。""你怎么全塞在袜子里边？""啊呀，你别那么说！""肯定是假的"。"你要不要吧？说那么多话！""啊呀，你袖子里面、袜子里面全筒着呀？""工商来了给我全没收了，我不就赔钱了吗？""那就是因为你是假的嘛，真的人家没收你干吗？""你拿回去填了不是国家的钱嘛"。"你看你这袜子里面、鞋子里面、裤子里面、袖子里面全筒着这玩意儿。""你不知道，真的假的他都不让你卖。""我就害怕你这是假的。""你别拿在手上。""行，行，我装在口袋里面，是真的吗？""你看人家戴眼镜那个还比你灵气，还比你聪明，人家都买了走了，买了好多次了，好多人出差都买，假的他还又来买？""有没有人家回去报不了来找你们麻烦的？""没有报不了的！""都报啦？""对，卖五年啦！""在这卖五年啦？""对，卖五年啦！""被抓进去过没有？""抓进去给我没收了又放出来呀！拘留都不够格还给我判刑？别浪费我的时间，我一个人挣钱，供四个人，我两个小孩儿。”“我就害怕你是假的我回去报不了。”“假的，刚才那人你都看见了的，他穿那么漂亮，我都不认得他，他买了走了。”“是不是你们的托儿呀?”“人家那么漂亮，戴眼镜，还跟我当托儿?”“那有可能呀!”“人家出差的呀!”“说不准是你丈夫。”“啊呀！我丈夫在那边，还没过来!”“他也是卖票的吗?”“对。”“卖发票?”“对。”“卖发票的人还不少哪?”“光东单就100多个，就这个地方就100多个卖发票的。”“别的地方也有卖的?”“西直门啊，前门啊，都有的。”)

我呢，先到前门。卖空白票的人们主要集中在前门售票处的大门口。和东单不同的是，这儿的人大都操北京口音，似乎是北京人的地面。和外地人相比，他们要精明得多，老练得多。从他们口中，很难得到深入的东西。

(录音实况：“嗬！你这哪来的这么多……”“花钱买来的，你以为大风刮来的?”“是真的还是假的呀?”“都是真的，这国家税务局的钢印砸着，不是假的。汽车配件要不要?”“汽车配件不要。”“五金电器要不要?”“五金电器不要。”“建材要不要?”“建材不要。”“药店要不要?”以下混入)

说到票据的种类，应有尽有：百货商场的，副食商店的，旅馆的，饭店的，宾馆的，招待所的，饭馆的，餐厅的，书店的，药店的，维修服务部的，公共汽车的，长途汽车的，出租汽车的，等等。

在各种票据当中，医院的票据要价最高。友谊医院的，同仁医院的，天坛医院的，人民医院的，北京医院的。一张天坛医院的住院结账单加一张诊断证明，开价500元，而一张西单商场的发票开价只有15元。

(录音实况：“能报多少呀!”“报多少你随便填呀！你揣起来，装兜里，别在手里拿好不好！你想填多少填多少，填个五十、六十没人管你，报完了就完了嘛！咱们都是税务局有人才弄出来的，要不都弄不出来。”)

为着友谊医院的一张住院结账单，我和另外一个女的僵持了好半天。

(录音实况：“你给多少钱?”“20。”“你可真是的，随便填，这是住院的，不是门诊的，这么着吧，你给200行不行?”“你买的时候多少钱?”“我给300给我20，你可真是的啦，你车票能报我再给你搭点车票。”“车票报不了哇!”“给你搭点别的票!”“我最多就出这个价。”“你也太黑了朋友，真是的，他写二三百，他给我20”。“我们光给人家送东西，还不算本钱!”)

在东单、前门和西直门三个点中，西直门卖空白发票的人数最多，从西直门立交桥到火车站售票处，还有旁边停车场的周围，到处能看到溜溜达达、东张西望的人。

(录音实况：“你怎么能给我说明这是真的假的呀？我怕买回去假的惹出麻烦来怎么办呢?”“你看看，这全国统一，这是税务局的章，这付款是咱们留着报销的。我不会骗你的，我都成本成本往外发，你有工作可以报销你就买这个，保管你好使就完了”。“他们说是有假的嘛。”“他们说，凭我说，凭你看，我也不是卖你一个人，我这钱都满了，我也不是吹牛皮的，你看看，我刚到这儿不到一个小时呢，你自己看看，这什么钱都有，有多少钱了，你看看。”“噢，已经卖这么多了！”）

卖发票的女的从裤口袋里掏出的一大卷钞票的确叫我惊讶。在西直门立交桥下，我看见两个中年妇女买了几张旅馆的发票。

（录音实况：“你买的是旅馆的，是吧？弄不清楚真假。”“能报啥都能报，不能报真的都不能报。”“谁还来这查一回呀？”“这么老远反正没人来查，有个证明就得了。”“啊？”“有个证明就得了。”）

不管真的假的，买回去都能报账，没有哪个单位会千里迢迢跑到北京来查真假，这话说得多么坦白呀！到这里，我们不妨来算一笔账：北京卖空白发票的只以300人计算，平均每人每天卖出的发票即便只有20张，每张发票从企事业单位只报销50元钱，那么，一年下来，从公有经济中挖走的钱财将超过一个亿。据说，在上海等一些大城市，也都有卖空白发票的人，全国一算，该是一个多么骇人听闻的数字呀！

各位听众，关于这些被出卖的发票究竟是真的还是假的，它们又是怎么样到了这些票贩子们手中的？我们将在今后的《时事追踪》节目里继续向你报道。

（北京人民广播电台《时事追踪》1993年3月1日）

## 假发票现象报道附记

张勉之

1994年年初以后，新闻界对于假发票问题的报道越来越多，特别是3月底朱镕基副总理亲自主持召开了全国打击假发票的电话会议，紧接着最高人民法院、最高人民检察院、公安部、国家税务局联合发出了关于开展打击假发票专项斗争的通知。之后，打击假发票的呼声日高，假发票现象更成为新闻界报道的热点。

我的关于假发票问题的系列专题报道到1994年年初已经完成了7篇，首篇报道《挖墙脚的人们》的播出是1993年的3月1日。

1993年2月的一天，我到电台上班路过东单大街，有人鬼鬼祟祟地拿着空白发票向我推销，我的确吃了一惊：连个发票也可以在街头买卖?！虽然，当时并不知道这些空白发票是真的还是假的，但脑子里却闪过一个强烈的念头：这是一种挖公有经济墙脚的现象。因为事情鲜活，社会内涵丰富，当即决定进行采访。

从1986年到现在，我的新闻报道作品曾连续8年在全国新闻评比中获奖（中国广播奖或中国新闻奖）。许多人向我打听采写经验，我说："关键在选题，得到一个十分的选题，即使不怎么会表现，也能做出六、七分来；假如选题只够三分，即使表现得再好，也只有三分而已。"

好的选题必须具备两条：首先，事实应该是新鲜的、重要的、人们感兴趣的；其次，事实里应该有较多的社会内涵，内涵越丰富便越好。以假发票现象为例，从最初接触的那一刻起，我就认为它是一个十分难得的好选题。

好的选题有了，怎样才能获得真实而又重要的事实？怎样才能把它变成具体动人的录音素材？我有些犯难了。背着采访机去肯定是不行的。我决定采用隐蔽录音的方式。当时，天气还冷，我把微型录音机塞在皮手套里，再把皮手套拿在手上。没想票贩子们狡猾得很，有的竟然伸出指头去捅皮手套里的微型机。

这着不灵，我只好另外想办法。我决定借助于耳塞。把耳塞塞在耳朵里，而把与耳塞相连接的微型录音机公然举在手上。这办法真不错，票贩子们误以为我在听音乐，甚至连当面换录音带都不加怀疑。

那几天，我穿着一件旧大衣，背着一只旧皮包，整天在街头与票贩子们周旋。票贩子们最怕别人说他们的发票是假的，而我却偏偏总说。于是，票贩子们喋喋不休地解说，解说多了，便露出种种马脚。

当我的关于假发票问题的第一篇报道《挖墙脚的人们》在电台播出后，社会反响极其强烈。许多听众被报道里那些活灵活现、触目惊心的对话所震撼。那几天，台内台外，到处都听见人们在谈论假发票。不少听众打电话到电台，有的提供报道线索（或者说他们家的亲戚在托人买假发票，或者说他们单位的领导买了假的医疗收据回单位报销），有的鼓励记者把报道继续深入下去。

我带着买来的空白发票，根据所盖公章提供的单位名称，挨门挨户地进行查证核实，最终证明那些发票绝大部分都是伪造的，这就是我的关于假发票问题的第二篇报道《迷乱的票据》。

紧接着，我又走上海，去广州，到成都，陆续完成了《假发票在上海》、《难于估测的黑洞》、《蔓延的病毒》、《经济学家们这样评说》等专题报道。1994年年初，国家推行税制改革，增值税专用发票开始起用，伪造的增值税发票也开始大肆泛滥，于是我又完成了专题报道《假发票新篇》。

随着采访的深入，我对于假发票问题的危害性认识越来越清楚。在第一篇报道的结尾处，我曾经写下这样一段话："到这里，我们不妨来算一笔账：北京卖空白发票的只以300人计算，平均每人每天卖出的发票即便只有20张，每张发票从企事业单位只报销50元钱，那么，一年下来，从公有经济中挖走的钱财将超过一个亿。据说，在上海等一些大城市，也都有卖空白发票的人，全国一算，该是一个多么骇人听闻的数字呀！”后来我才知道，我的这种估算是非常保守的，仅是一个广州市，仅是1993年一年，经税务部门鉴定的作案假发票有4 529份，所开具的金额达一亿五千多万元，而经广州出口退税部门鉴定的作案假发票有246份，所开具的金额是一亿七千多万元。这还只是被发现的这部分，没被发现的那部分可能就是天文数字了。

假发票不仅导致了成亿、成十亿乃至更多的公众财产的流失，而且跟数不清的社会黑幕和违法犯罪活动联系在一起。

伴随着系列报道的陆续播出，社会的影响越来越大。有的听众写信给电台台长，建议给我记功和奖励，有一位老师听众甚至表示要把他自己所得的奖金拿出来给我。

我的关于假发票的报道全部都是采用由记者直接口述加现场录音的方式。许多听众因为听这些报道而熟悉了我的声音并留下深刻印象，直到不久前，一位听众还从电话中听出了我声音说：“您是张勉之吧？能跟您通话真荣幸。”当社会上“三陪”现象严重时，有的听众给电台打电话建议对个体酒吧进行采访报道，并且说：“就派张勉之去，让他扮演成港客。”

1993年6月初，国家税务总局在保定召集全国部分省市打击假发票座谈会，会议期间，专门安排时间收听了我的已经完成并播出过的关于假发票问题的前4篇报道，并请我在会上即席发言。后来，国家税务局专门致函电台，信中说：“这些报道以一个新闻记者特有的敏感，捕捉并披露了当前经济领域中的热点、焦点和难点之一——假发票现象，而且客观地分析了这一现象的成因，提出了不少有见地的、富有建设性的意见。对此，谨向贵台及张勉之同志表示感谢。”

我的关于假发票问题的系列报道曾引起北京和全国不少报纸、刊物的兴趣，至少有20家报刊先后刊登了这一系列报道的局部或全部。山东一家报纸到1994年底还在进行连载，已经发到了第6期。广东人民广播电台曾就我的采访报道工作进行过长达一个小时的热线直播。中央电视台1994年还专门请我和他们合作，共同拍摄了专题片《触目惊心的假发票》在“焦点访谈”栏目中播出。

在1994年的中国新闻奖评比中，《挖墙脚的人们》荣获一等奖，而在此前的中国广播奖的评比中，同一篇报道却只得了三等奖。据说，在中国广播奖的评比中，一位评委对该报道的采访方法提出了异议，认为不该使用隐蔽录音方式，记者也不该扮演成买发票的人。

对此，我持这样的看法：假如我和另外一个人进行私下交谈，作为记者，我采用了隐蔽录音的方式，并且把录下来的谈话公开广播出去，那么，我会被指控为侵犯人权，甚至会被送上法庭。现在不然，我的采录全都是在公众场合。不要说我们国家目前还没有这方面的法律，即使在有这方面法律的国度，这样的采访也是法律所允许的。况且，我的录音机是公然举在手上，连隐蔽录音都算不上，我只是没有告诉对方说：我现在开始录音了。

至于说到扮演买发票的人，我认为这里并没有扮演不扮演可言。票贩子们会把他们的假发票兜售给任何一个过往的人，并不会因为我是记者就不卖给我。事实上，我也曾买过上百元钱的假发票，只是没有回单位报账而已。

**作者简介：**

张勉之，男，原名张礼栓，笔名张勉之、何曲，1944年8月出生于山西省河曲县。1970年毕业于北京师范大学中文系。现供职于北京广播电台新闻台，1993年被评为高级记者，目前担任新闻台台长职务。

## 以记者特有的新闻敏感捕捉重大报道题材

《中国广播电视学刊》编辑部主任 李彩英

在第四届中国新闻奖评选中，北京人民广播电台记者张勉之采制的录音报道《挖墙脚的人们》，以其题材重大、内涵丰富深刻、社会反响强烈和广播特点鲜明等优势，在众多参评作品中脱颖而出，被评为一等奖。

这篇作品本身及其采制过程有以下几点值得称道：

首先，抓住了重大报道题材，披露了经济领域中的热点、焦点和难点之一——假发票现象，起到警世醒人的作用。

当今中国，正处在建立社会主义市场经济体制目标的初期，某些方面的管理、法制尚不完善，在此情况下，一些不法之徒见利忘义，千方百计挖社会主义的墙脚。在北京、上海、广州等大城市出现的票贩子倒卖假发票现象，便是其中的一种。此事表面看来似乎不是什么了不起的大事，但仔细算账却使人触目惊心。请听记者的报道："北京卖空白发票的只以300人计算，平均每人每天卖出的发票即便只有20张，每张发票从企事业单位只报销50元钱，那么，一年下来，从公有经济中挖走的钱财将超过一个亿。据说，在上海等一些大城市，也都有卖空白发票的人，全国一算，该是一个多么骇人听闻的数字呀！"不仅如此，假发票不仅导致了成亿、成十亿、成百亿乃至更多的公众财产的流失，而且和数不清的社会黑幕、违法犯罪活动联系在一起，扰乱了经济秩序，干扰了改革开放，给社会造成了极大危害。录音报道《挖墙脚的人们》以及记者围绕假发票问题随后采制的其他几篇报道，揭露了问题的严重性，分析了假发票现象的成因，提出了不少富有建设性的意见，起到了警世醒人、指导实际和舆论监督的作用。

第二，记者高度的新闻敏感和强烈的社会责任感是这篇报道采制成功的重要原因。

新闻敏感是一种新闻素养，是记者独具的一种对事实中新闻价值的发现、识别和判断能力。新闻嗅觉灵敏的记者不仅能在纷纭复杂的社会现象中发现有新闻价值的事实，而且能预知其报道后所产生的社会效果。这篇报道的采制成功完全证实了这点。《挖墙脚的人们》题材的确定，不是上级领导机关的指示，也不是电台领导的安排，而是一次偶然的机会记者从北京东单街头路过时被票贩子们所纠缠，凭着自己从事新闻工作多年积累的经验和所具备的素养，敏锐地觉察到倒卖假发票是一种有着深刻内涵的社会现象，揭露这种现象及其成因，是一个重大报道题材，于是当即决定进行采访。这篇报道产生于1994年3月底打击假发票的全国电话会议之前一年多，更说明了记者新闻嗅觉之灵敏，判断力之准确。

要采制出一篇题材重大、影响深刻的录音报道，尤其是披露性的报道，困难是很多的。记者光有灵敏的新闻嗅觉还不够，还必须具备不怕困难的勇气和大无畏的精神。记者张勉之抱着对国家、对人民高度负责的强烈责任感，身藏录音机，冒着危险深入到东单、前门和西直门等票贩子们倒卖活动比较集中的地点，与他们巧妙周旋，一连数日穷追不舍，获得了大量说服力极强的录音报道素材，从而制作出了高质量的节目。

第三，广播特点鲜明。

《挖墙脚的人们》是一篇录音报道。录音报道是便于发挥广播特点的一种广播形式。录音报道中运用现场实况录音和人物谈话录音，能较好地把新闻事件的情节和事物的本来面目直接传达给听众。事实证明，传播者越是能把事物的本来面目直接送到受众的感官里，受众对新闻报道真实性的信任程度就越高。尤其是披露性报道，现场实况录音和人物谈话录音都具有实证性，要比由记者转述的文字报道有着无可比拟的说服力。这篇报道中运用的票贩子们倒卖活动现场的实况录音，记者与票贩子们的对话录音，活灵活现地披露了票贩子们见利忘义、挖社会主义墙脚的卑劣行为和他们的心态，是文字报道所无法代替的。

第四，揭示后社会效果好，反响强烈。

《挖墙脚的人们》以及记者围绕假发票问题完成的其他5篇报道，由于触及了当前我国经济领域中的热点、难点问题之一，所以播出后在社会上引起了强烈反响。据资料介绍，第一篇报道播出后，电台接到大量的听众电话和来信，称赞记者的胆识和勇气，鼓励记者追踪报道，有些人还提供进一步报道的线索。还有的人给电台台长写信，希望给记者记功授奖。记者的几篇报道播出后，受到国家税务部门的重视，在全国性的会议上组织收听，请记者发言。国家税务总局还专门致函北京电台，向电台和记者致谢。社会效果是评判一个新闻作品优劣的重要标准之一，这篇录音报道播出后强烈的社会反响也是它在评选中夺得一等奖桂冠的一个原因。

**思考题：**

1. 广播消息的特点有哪些？怎样写好广播消息？
2. 请你为《一个经常挨批评的文明火车站》写一篇评析文。
3. 做录音报道时应注意哪些问题？
4. 分析《挖墙脚的人们》的采访特点，谈谈你对隐性采访的看法。

# 第十章　电视新闻作品评析

## 第一节　电视消息

电视消息是利用电视传播媒介对新近发生的事实所作的报道，是电视台传播新闻内容的骨干与主体。它以声像并茂的独特优势迅速而生动地反映现实世界，富于现场感，最具感染力。

电视消息文稿类似于报纸、广播的消息，但要和图像密切配合。图像本身已表达清楚的信息，一般不重复解释，而着重于图像中没有或无法表达的信息。

电视消息中常见的体裁有：图片新闻、口播新闻、现场报道、综合报道。

图片新闻是在电视屏幕上播出新闻照片并配以解说词或打字幕的电视报道方式。或单幅、多幅照片，或成组、成套照片，是对报纸、杂志、画报等新闻图片报道的借用。

口播新闻是没有现场声像，仅由播音员或节目主持人出图像播读文字稿的电视新闻。有时配播图片资料或打字幕。在没有摄录到现场声像或虽摄录到了现场声像却未及时送达的情况下，这种形式能迅速及时、方便灵活地报道新闻。

现场报道是电视记者置身于新闻事件的现场，手执话筒，或面对摄像机镜头，或采访现场有关人员，或做画外音解说等，对事件的发生、发展、原因、背景、结果、状况等，向电视观众所作的即兴报道。它是最能发挥电视图像的特长与优势的报道形式，也是记者以个人形象直接面对受众的报道形式。

综合报道是对某一新闻事件、某一社会现象与问题，或围绕某一主题对一个时期社会各方面、各领域的有关情况所作的较为全面、概括的电视报道。一般适用于反映客观形势，宣传工作成就，揭示社会问题，表现群众性活动的规模、特点和发展态势等，也可以是对一段时间或一个时期的国内、国际重要新闻事件的汇集报道。

从我们所选的两篇作品中，大家可以领略到电视消息这种声像兼备、图文并茂的报道形式带给受众的强烈感染力。

### 大寨人走出虎头山

郝延伟　李德琼

大寨对记者太有吸引力了。大寨内引外联发展商品经济的做法更引起记者去探个究竟。

可一进村就听说党支部书记郭凤莲去北京谈项目了，我们连夜兼程，在山西驻京办事处找到了她。

[同期]：“郭书记，您是否有空接受我们的采访?”

[郭凤莲同期]：“这次比较忙一些，回去再说吧!”

郭凤莲确实很忙，她重新担任党支部书记还不到一年，已五次北上，四次南下，到外地参观取经，洽谈生意，为大寨的发展寻找门路。她常说，过去人们都来登虎头山，如今轮到我们走南闯北看世界了。瞧人家一个个曾到大寨参观学习的穷村子，如今草房变楼房，成了亿元村。再看看大寨依旧青石窖洞，大寨决策者们清醒地看到，改革给中国注入了生机，而大寨落后了。光念土地一本经是念不出一个新大寨、富大寨的。

宋立英真的下海了。就连爱土地如生命的老英雄梁便良也当上了村办煤矿矿长。现在，在沿海特区打工的行列里也有了从虎头山上走下来的大寨人。今年春天，当村里决定派一批人到外地学技术，昔日铁肩膀、铁姑娘的后代们争抢报名。这个叫李彦生的后生撇下新婚不到十天的妻子报名去了江苏。

[同期]：“你作为第一批外出学习的大寨人到南方有什么感受?”

[同期]：“以前我们在山村里什么都不知道，这次到南方一看发展很快，大寨人必须要像人家那样干，不像人家那样干是不行的。”

正由于大寨人有了发展商品经济的紧迫感，郭凤莲回村后干的第一件事就是成立了农工商一体的经济开发总公司。短短几个月，他们通过内引外联与全国几十个企业建立了经济联系，达成合作意向20多个，建起了建材厂、工艺草编厂、羊毛衫厂，同全国闻名的浙江鄞县邱二村结成经济开发友好村。这还不够，随着六辆卡车进村，大寨同香港正大集团协办的汽车运输队也宣告成立。现在，大寨村50%的劳力离开赖以生存的土地到企业做工，家家户户都有跑买卖做生意的人。

大寨从只念土地一本经到全方位发展商品经济，从封闭的虎头山到全方位打开寨门，他们终于迈开了观念更新的坚实一步。对此郭凤莲并不满足。

[郭凤莲同期]：“现在，大寨仅在起步阶段。为了让大家思想更开阔一点，向我们的先进村学习学习，最近大寨准备派四批人出去，一批派到江苏华西，一批派到大邱庄，另外还派到山东和河南，看到人家就感到自己的差距了。逐步来缩小这个差距，所以我们的任务还是很艰巨的。”

这一层层金黄的梯田记录了大寨艰苦奋斗的昨天，这一幅幅动人的画面展示了大寨改革开放的今天，而人们期待着大寨更加灿烂的明天!

这是山西台报道的。

（山西电视台《山西新闻》1992年10月21日）

# 《大寨人走出虎头山》采访体会

郝延伟

我摄制的电视新闻《大寨人走出虎头山》，以崭新的视角，丰富的信息，反映了大寨这个昔日农业战线的老典型由封闭走向开放、在改革大潮中发生的深刻变化，以此向人们展示了我国广大农村改革开放所产生的伟大变革和焕发的勃勃生机，这个新闻获得了1992年全国电视好新闻一等奖，中国新闻奖二等奖。评委们一致认为这是一个电视特点突出、开拓深刻的典型报道。

我认为，《大寨人走出虎头山》获得成功取决于主题挖得深和角度选得新，因为，出新是一个报道成败的关键。

的确，采访大寨是件很难的事。因为，大寨过去红遍全国，大寨艰苦奋斗、改造山河的精神可谓人所共知。假如我们的报道仅仅把大寨和盘托出，不去透视它那具有时代特色的鲜活面，报道自然乏味，没有新意。改革开放十多年来，在商品大潮的冲击下，大寨这块汗水浸透了的土地上，该上演怎样的一幕，大寨那些名噪一时的新闻人物在当今市场经济中又有何种表现呢？这也许是人们更为关心和感兴趣的问题。当我把这一报道思路向部里台里领导汇报后，得到共识。主题确定了如何下手呢？当时许多人都在讲山西要打破封闭保守局面，就要走出太行山，到外面看世界，这启发了我的创作灵感。同样，大寨要改变单一农业的现状，也应走出虎头山，到外面求发展。这就形成了《大寨人走出虎头山》这个报道的初步构想。

我在采访中，脑子里总有一条清晰的主线，既然主题确定为《大寨人走出虎头山》，那就要抓住大寨人更新观念、内引外联、走出封闭的虎头山投身社会主义市场经济改革的大潮这一主题不放，才能使报道出新、深刻。创作中也得到了以下几点体会。

一、用典型的人物烘托主题

《大寨人走出虎头山》决非大寨人走出家门的一般行为，凸现出来的是大寨人思想观念的深刻变化，而最具代表性的还是那些虽已久远，但人们难以忘却的老模范、老英雄的形象，在报道中我选择了昔日的大寨铁姑娘队队长郭凤莲、老劳模宋立英、铁肩膀梁便良这样一些极有特点的典型人物，用他们在改革开放中的那些鲜为人知的生动事迹表现主题。郭凤莲这位曾经带领大寨人战天斗地、改造家乡山河的铁姑娘，如今又成为大寨在市场经济的大潮中，内引外联、发展商品经济的领头人；宋立英这位60多岁的老劳模在自己的家门口不知接待了多少前来学习、参观的人们，当她自豪地向人们讲述大寨艰苦奋斗的动人故事时，绝没有想到面对改革开放的新形势，现在她也要走出大山，到经济发达的沿海地区拜师取经，还有铁肩膀梁便良，大寨那一层层梯田里不知洒下了他多少汗水，同样为了大寨的发展，这幅铁肩膀挑起了村办煤矿矿长的重担，满嘴里念起了生意“经”。

通过这些典型人物大量生动翔实材料的描写，反映了大寨人观念的变化，使人们直观形象地感受到了改革开放蓬勃发展的喜人形势，具体生动地体现了改革开放是中国实现现代化建设的必由之路这一深刻而重大的主题。

二、突出电视特点，深化报道主题

一条好的电视新闻必然电视特点突出，这也是电视区别于其他新闻媒体的关键。大寨人走出虎头山到外边求发展，同样记者也需要走出虎头山去捕捉珍贵镜头。《大寨人走出虎头山》围绕“走”字做文章，是电视特点决定的。因此，拍摄的画面要有流动感、空间感。为达到这样的宣传效果也决非是件容易事。记者第一次去大寨曾受到“冷遇”，不是不接受采访，就是找不到人，只好上山拍了一些梯田，回村拍了一些农舍。这些拍烂的画面观众看的也很多，没有新意，自然也失去了电视特点。大寨人的态度我们是理解的。作为多年的典型，宣传报道带给他们的是有喜有忧，他们对宣传的顾虑是正常的。但作为记者决不能遇到困难就退却。几天后，当我们再次来到大寨时，听说郭凤莲去北京谈项目了，住在什么地方，与哪个单位合作，村里人也不知道。我们感到这是个极好的拍摄时机，立刻于当天赶往北京，从山西驻京办事处找到十几里以外的三晋宾馆，三天后在院子里终于发现了她，我们立即冲过去，虽然只拍了两三个镜头，但是，记者忘我的工作精神感动了郭凤莲，在以后的采访中她不但提供了很多方便，拍摄了许多新活的镜头，同时还帮我们联系上海电视台，把一些有价值的新闻资料拿到了手。就这样，为抓好这条3分钟的电视新闻，我们先后三次上北京，两次去江苏，历时一个来月，行程五千公里。许多令人耳目一新的信息均有了生动具体的画面，有力地表现了主题思想。

另外，在这条新闻中我们还巧妙使用背景材料，利用电视特技，在大寨人今天发展商品经济内容的镜头中叠印出昔日大寨的历史资料，形成了鲜明对比。如当年中央领导视察的镜头，全国学大寨的情景，陈永贵、郭凤莲带领大寨人战天斗地的画面。使这条新闻在较短的时间和篇幅里容进了更大的信息量，今昔对比，强有力地烘托出主题，衬托了新闻的深度。

三、精心构思，独创新意

前面讲过《大寨人走出虎头山》的布局谋篇的关键在“走”字上，然而记者在新闻开头也用了一组去大寨、上北京的动感画面组合，文字、画面相得益彰，巧妙地突出了走出虎头山这样的主题。这种开门见山直切主题的纪实性采访手法来源于瞬间的新闻敏感。当我们走进大寨那青石窑院落时，得知郭凤莲去了北京谈项目，我当时第一感觉就是郭凤莲是大寨人的代表，她走出虎头山到京城谈项目，足以说明大寨人从只念土地一本经到全方位发展商品经济的深刻变化。于是我们不仅赶到北京对她进行追踪采访，而且还决定把这一纪实过程作为新闻的开头。在北京采访，郭凤莲尽管只说了一句"时间紧，没空，我们回去再说吧"，这句话反映了大寨人发展商品经济的紧迫感，增强了新闻的新意和时效。因此，在接下来的新闻段落中我们又把郭凤莲回村一年带领大寨人到外面谈项目、引资金、搞合作的成绩进行回顾，形成了新闻层层递进的结构，通篇报道，环环相扣，无一拖沓，段落衔接自然流畅，内容安排扎实严谨，由此我以为，一个好作品的开头至关重要，它在某种程度上决定着新闻主题的表现和新闻结构的走向。

如果说开头重要，那么结尾也是不可忽视的一环。这就使我想到了首尾要呼应。开头是汽车开进大寨，结尾我推出了虎头山金黄梯田的画面，一辆汽车沿着通往山外的公路，驶向远方。同时，我在解说中配上了"这层层金黄的梯田记载着大寨人艰苦奋斗的昨天，这一幅幅感人的画面展示了大寨人改革开放的今天，人们期待着大寨更加灿烂的明天！"一段话，向人们展示了大寨正在建设中国特色的社会主义道路上大步向前。专家评价这个结尾意蕴深长，耐人寻味，反映了作者的业务功力。

四、用"精品"意味去创作主题

前期采访付出了不少的精力，但我觉得后期制作过程中劳动量似乎更大。当把柴米油盐各种蔬菜副食备好后，该怎样炒这道菜，该怎样做顿饭，怎样做得好吃，这就看技术了。同样，新闻素材一大堆，该怎样取舍，怎样裁剪，怎样才能抓住最精彩的画面，这也要看记者的功力。我前期拍摄了近几十分钟的画面，从中选三分钟的画面，没有认真的精神是不行的，为此我用了三个带，编了六次，从15、10、8、6、4分钟编到最后三分钟，这样每做一次就精选了一次画面，解说词更是下了大功夫，几百字的解说，我写了上百张稿纸，一字一句抠，改了一遍又一遍，总共修改了40多遍。一分耕耘，一分收获。这条新闻在中央电视台审定时，得到中央电视台新闻中心领导的一致好评，在8个台送的9条精品报道中，这个新闻是惟一没有提任何意见一致通过的。

以上体会是我对电视新闻的一些肤浅认识，并不说明《大寨人走出虎头山》就是完美无缺的，过后细想不但有可改进的地方，更有一些缺憾。好在我们都意识到了并注意总结不足。的确，艺无止境，不断地学习，不断地提高是摆在我面前的任务，只有这样才能在今后的创作中多出精品，在激烈的竞争中立于不败之地。

**作者简介：**

郝延伟，1960 年 11 月出生，大专学历。1982 年到山西电视台新闻部从事新闻工作至今。现为黄河电视台新闻科科长，《黄河新闻》制片人，《新闻 15 分》栏目主编。

## 修铁路不吃“皇粮”

——三茂模式的启示

李开础 阎 纯

各位观众，国庆节前在广东三茂铁路线上，诞生了全国第一列旅游酒店列车“希望号”，这是三茂铁路公司又一个新的创举。目前全线建成不满两年的三茂铁路线已经全面进入市场，步入了良性循环的轨道。

三茂铁路是广东省主要靠自筹资金修建的国家路网干线，它联结了云、贵、川、湖、粤五省区，使广州到湛江的铁路运输里程缩短了一千多公里。解放后国家曾三次把它列入基建计划，终因资金短缺而三次下马。改革开放后，拖延了 30 多年的三茂铁路建设计划获得生机。

[原副省长匡吉同期声略]

1987 年，三茂铁路建设工程再次上马。为了筹措资金，广东省政府决定发行三茂铁路建设债券，省长们带头认购，全省人民踊跃购买。为了修通三茂线，施工队伍全力以赴，沿线人民全力支援，终于在短短三年时间里将 231 公里铁路全线建成，谱写了我国铁路建设史上的新篇章。

[三茂公司总经理姚明礼同期声略]

三茂铁路全线贯通至今才一年零三个月，实际运能已达到 1 000 万吨，比原设计能力提高了一倍，到国庆节前，三茂铁路公司已提前完成今年二亿三千万元的计划运营收入。在今年 5 月召开的全国铁路合资建路会议上，国家推广了三茂铁路的建设经验。

观念的更新使南粤儿女创出了人间奇迹，在过去长达百年的漫长岁月中，广东省只建了 380 公里铁路，而改革开放 14 年，广东以自筹资金为主修建了 490 多公里铁路。按照三茂模式已经开始修建或即将动土的广梅汕、广珠澳等一条条新线在不久的将来将把广东的所有城市连成一个宏大的交通网，为进入 21 世纪的广东经济插上腾飞的翅膀。

（广东电视台 1992 年 10 月 6 日）

# 吹尽黄沙始见金

## ——采访报道三茂铁路工程感想

阎 纯 李开础

干新闻的人都知道这样一句话：新闻是个“宝”，耽误了时间就成“草”。而我在当了几年记者，特别是完成了《修铁路不吃“皇粮”——三茂铁路模式的启示》这次报道以后，又明白了另一个道理：不光动作慢了会使“宝”变成“草”，抓不住主题同样也会浪费掉可能变“宝”的新闻题材。

我们是从三茂铁路建设的初期就开始了对它的跟踪报道，因此对三茂铁路的情况是非常熟悉的。

广东的交通自古以来就落后于内地，这种状况一直延续到改革开放以前。改变这种状况是广东人民的夙愿，孙中山先生就曾设想过在广东修铁路、建港口……但所有这些设想在过去的岁月中都成了美好的泡影。就是在新中国成立后相当长一段时间内，由于种种原因，广东的交通落后状况还是得不到根本的改善。因此，当修建三茂铁路终于成为现实时，它自然就成为广东人民生活中的一件大事。而且这种在改革开放中产生的、以地方自筹资金的方式、自主建设大型基础设施的做法，在全国也是没有先例的，它的成败得失已不仅仅为广东一省人民所关注。这样一起重大的新闻事件对于记者意味着什么，当然是不言而喻的。因此我们多次长时间地深入三茂沿线工地采访报道，听到过、看到过许许多多感人肺腑的动人事迹。但到了1992年，当三茂铁路全线通车后即将正式投入商业运营，需要我们作一次较为全面的报道时，我们却感到无从下手了。我们曾报道过“小车不倒只管推”——以身殉职倒在工作岗位上的三茂铁路公司总经理许子驹，他那种不畏艰险、大刀阔斧的改革者的胆略，那种亲力亲为奋斗在第一线的拼命精神，正是三茂工程无数干部的代表；我们还曾报道过在国家收紧银根、三茂建设资金极度缺乏的时候，许多施工队伍不得不停发工资，靠向银行借贷来维持正常工程开支的事迹。那时有工人和我们开玩笑说，他们连寄信都要靠卖酒瓶子买邮票了，可是施工却一天都没有停止，铁路始终在一公里、一公里地向前推进。中国工人阶级勇于奉献、吃苦耐劳、特别能战斗的优点在三茂工程中再次得到了印证……感人的事迹太多了，但在促成三茂线建成的诸多因素中，哪一条才是最有新闻价值的关键因素呢？在这条不能超过三分钟的新闻中，究竟应该以什么为主题呢？我们当时的确是心中无数，这正应了中国的一句老话：不识庐山真面目，只缘身在此山中。为了确定主题，筛选事例，我和开础同志曾经几个晚上争论到深夜。最后我们决定再采访，不过这次不是去工地，而是去机关，和高层的领导谈谈，从宏观的角度再来看看三茂建设的全过程。在与原广东省副省长、省重点建设项目负责人匡吉和三茂铁路公司总经理姚明礼的交谈中，新闻的主题在我们心中逐渐清晰起来。三茂铁路和建设、管理三茂铁路所采取的方式，或者说是“模式”是时代的产物，看不到这一点就抓不住最有新闻价值的主题。新中国成立后广东省多次想建三茂线，国家都因财力不足无法投资。这次三茂工程再次上马国家还是没有投资，但是改革开放的政策解放了人的思想，转变了人的观念，这才是三茂线建成的关键原因。三茂模式的主要内容包括：自筹资金，自主建设，自负盈亏；按国家铁路的标准和实践证明是行之有效的管理方式，结合地方铁路的特点和实际情况来建设、经营铁路，以及滚动经营，持续发展等等一系列的成功措施，当时这在全国都是新的经验和做法。围绕这一点来做文章，这条新闻的影响和意义就跳出了一省一地区而扩大到全国。

确定了主题，接下来要考虑的就是怎样去表现这个主题。我们确定了两条原则：一是用事实说话；二是要发挥电视的优势。

为了使报道真实准确，我们在采访中不厌其烦，反复核对素材的准确性。在素材的使用上，我们牢牢把握紧扣主题的原则进行筛选，并因此忍痛舍弃了许多生动感人的事例。但是搞经济类的新闻报道，既然要用事实说话就不可避免地要用到数字。近年来，为了改变经济新闻滥用数字，因而显得呆板枯燥、不为观众所接受的状况，有一段时间许多记者都视“数字”为“雷区”，尽量在新闻中少用数字。但我们认真思考、反复推敲后认为，这条新闻必须要用一些数字才能更好地表现主题。为了用好数字，使它们看起来不那么呆板枯燥，还能够给人留下较深刻的印象，我们有意将反差极大的数字组合起来（例如30年与3年，100年与14年……等等），希望以强烈的对比使报道更具震撼力，以达到深化主题的效果。在表现手法上，我们开始只是把它们作为记者的解说词，并在屏幕底部出单行字幕，后来考虑到电视有“瞬间即逝”的弱点，对于关键数字虽然采取了大反差的组合，但还不足以给人深刻印象，为了做到更加醒目、震撼，我们最后决定以画面为衬底，用通屏大字打出关键字幕，以达到使观众过目难忘的效果。

为了发挥电视现场感强的优势，我们采用了现场报道的形式，让当事人（如原副省长、省重点工程负责人匡吉，三茂铁路公司总经理姚明礼等）自己讲出三茂铁路模式的主要内容，用现场同期声的方式加以突出，增强了新闻的现场感和真实感。

其实，现在回头再看，由于当时时间有限，而我们水平又确实不高，这条新闻还存在很多缺点。但是无论如何，一次费了心血、下了功夫的采访报道总是能使人有所收益的。我本人就是在这次实践中第一次深切地体会到抓准主题的重要和表现好主题的艰难。

利用这个机会我还想特别提一点：这条新闻原来的题目并非如此。在广东台播出时我们的题目是《百年梦想今成真——三茂铁路模式的启示》。这条新闻同时也传送到中央电视台，并立即被采用。在中央台的《新闻联播》播出时，题目被改成了如今这样。应该承认，这题目改得极妙，紧扣主题，一语中的，鲜明生动，可以说是点睛之笔。由此可见中央台编辑同志的功力。我一直不知这位编辑的姓名，也没有机会向他（她）表示感谢。现在就借此机会说声：谢谢！

**作者简介：**

阎纯，1953 年 3 月出生，1969 年参军，1975 年退伍当工人。1984 年在广州参加全国高等教育自学考试。1987 年经考试进入广东电视台任记者，现为广东电视台新闻中心采通部副监制。

李开础，男，1942 年生，中共党员。1961 年入伍，1975 年转业到广东电视台新闻部，历任编辑、记者、通联组长、工商组长。

## 第二节 电视专题

电视专题报道是对现实生活中具有某种典型意义的人物或事件进行的较为详细、生动、深入、系统的新闻性的电视报道、类似于报纸、广播新闻中的通讯。其采访、摄录和制作要遵循新闻真实性原则，不允许对事实及情节进行摆布、导演、表演和补拍。既强调声像效果，又注重解说词写作与配音。讲究时效性和时宜性并重，追求纪实性和艺术性统一，富有评论及政治色彩。

电视专题通过图像和声音进行传播，声画兼备，现场感强，真实感强。通过连续运动的活动画面，再现正在进行的客观现实。它能准确、客观地将摄像机前面的种种现实情景直接传送到广大受众面前，通过声音的配合处理，使受众产生联想、想象，给人以形象的、具体的感觉。报纸、广播的传播因受不同的语言文字的障碍，阻碍了人们接受更多的信息，而电视的现场画面使传播更为直接，受众更易从中获取信息。电视专题的声音叙述，打破了画面的时空局限，使电视传播的容量大大扩充，可以将原本互不连接、情节性不完整的画面自然地连接起来。同期声、现场声和主持人播讲的介入，更增强传播内容的真实感、亲切感。电视专题以其重现场、重广度、重接近性的优势，越来越受到传播者和受众的注意。虽然在这一节中我们只选了一篇电视专题作品，但我们仍然可以从作品的表现方式和记者的采写感受中，深深地体会出为什么这种体裁越来越受到人们的关注和青睐。

## 黄牛车作证

——景县一起虐待老人案

聂玉才　刘建敏

| | |
|---|---|
| 主持人在机房 | 最近，在衡水地区景县赵桥村发生的杨胜利、徐艳贞夫妇虐待老人的事件，引起了社会各界的关注和义愤。<br>赵桥村农民杨胜利、徐艳贞夫妇嫌弃自己体弱的父母，为了达到独处一宅的目的，经常对他们打骂，百般虐待，并扬言“如不搬出去，就宰了你们”。就这样，两位可怜的老人，竟被自己含辛茹苦养大的儿子和儿媳赶出了家门。 |
| 黄牛车慢动作 | [推出字幕片名]<br>[杨凤岐讲述虐待的主要事实]<br>“俺正烧火，她（儿媳）蹲在门口骂老婆婆，端起俺的包子扔到牲口棚的粪堆上。倒在粪上还能吃呀？”<br>“就在这，把老妈妈打坏了，在这躺了一中午。” |
| 门窗被砸的资料镜头 | “他们头一天砸的窗户，第二天砸的门。”<br>“用笤帚沾了尿甩了我一身，打我好几巴掌，搡了我五个跟头。”<br>主持人：“您刚才说可没好呢？是怎么回事？” |
| 拿手指给主持人 | 杨凤岐：“就这个手，四个手指头抓着撅的”。<br>记者问：谁撅的？ |
| 老汉摸着胳膊 | 杨凤岐：“（我）儿啊。直到现在还疼呢！”“（儿媳妇）还咬我两口，咬这儿。”<br>记者：“谁拧您胳膊？”<br>杨凤岐：“儿啊，就在这棵树上。” |
| 记者从院进屋问候老人 | 为了采访杨老太太，我们来到了运河对岸的吴桥县，老人现在住在她的大女儿家。<br>记者：“儿子打过您，还是媳妇打过您哪？” |
| 杨老太在坑上围着被子 | 杨老太太：“媳妇。”<br>记者问：“打您哪了？”<br>“打我哪啦？把我搡个跟头，打我脑袋，打我身上， |

| | |
|---|---|
| | 抓我脸上。”<br>“俺儿回来以后，揭俺的锅，往下摔，锅厚，也没摔坏，又拿砖砸坏的。” |
| 杨凤岐老汉讲 | “老太婆让他们气得要死要活的，咱不能让她死在人家的宅子上。我说，就冲着我房子的几棵树，锯十来棵，我个人去东边搭两间。‘不行！您就得光着腚走，没你的嘛。’我这么一考虑，我们也不能在这住了，再住啊，活不到明儿了。就这么着吧，我弄点砖排了墙，搭了窝，就把老太婆背到那去了。” |
| 杨老太太讲 | “小两口往外撵我们，不走，这不是气你吗？不走，又是打又是闹的，没法了，在当街拿砖搭个小窝。” |
| 主持人采访 | “当初，你们在外边弄个小屋，你们不是搬出去了吗？原来在哪建的，您带我们去一下，看看好吗？” |
| 老人带记者到搭小屋的地方：资料 | [法院侦察时，拍的资料，用砖临时搭的小屋，屋外，临时放的锅，老人躺在屋里，脸上被抓的伤痕。 |
| 主持人，背景老汉房前，牛在吃草 | 两位年迈的老人操劳了一生，在他们还有劳动能力的时候，又为杨胜利、徐艳贞夫妇带大了一双儿女。可以说，他们竭尽全力，履行了做父母的全部责任和义务。如今，儿孙满堂，理应老有所养，安度晚年，然而可悲的是，他们得到的回报竟是眼前这样的惨状。老人的心冷了，他们不再奢望温暖、快乐，仅仅指望有个窝，有个安身的地方，但他们一次次地失望了。 |
| 同期声，杨老汉讲（压低声） | “我找过乡里，找过村，都管不了，说谁管就宰了谁。”憨厚而又倔强的杨老汉怎么也无法接受这一现实，凭他的秉性，再大的苦能吃，再大的罪能受，可这气他是无论如何也咽不下。 |
| 慢动作，老汉赶着黄牛车 | [出标题字幕]<br>从1993年7月到9月，杨老汉赶着这辆黄牛车一次次到乡里，他要讨回一个公道。 |
| 采访乡党委书记崔效清 | “老头也没办法了，就用牛套着个小拉车，带着老伴，多次到乡里控诉他儿子，儿媳虐待他们的情况。我也曾出面处理过，但也没解决了。” |
| 杨老汉蹲在地上讲 | “我实在没办法了，得了，上法院吧。” |
| 法院起诉书逮捕证 | 在乡政府干涉未能奏效的情况下，1993年9月老人终于挺起腰杆儿，向法院提出诉讼，他要用法律武器来维 |

| | |
|---|---|
| | 护自己。 |
| 审理材料<br>资料：杨胜利、徐艳贞被捕，在逮捕证上按手印 | 法律是无情的，杨胜利、徐艳贞的行为已构成了虐待老人罪，1993年9月10日将他们依法逮捕，经过审理，景县人民法院作出了公正的判决。 |
| 景县法院院长李德仁讲 | “为了保护老年人的合法权益，为了维护法律的尊严，决定将其依法逮捕，通过开庭审理，依法判处杨胜利有期徒刑一年零六个月，徐艳贞有期徒刑六个月。” |
| 在县城采访群众 | 一男青年：“把那两口子不是逮起来了吗？哎，正该办。”<br>一女青年：“我们五千年的古老文化，孝敬老人是众所周知的，我们这些人吧，应都有个教训，多多孝敬老人，想想他们多么不容易。”<br>一位老大爷：“应制裁他们，那些不孝敬老人的人。”<br>一中年人：“这种虐待老人的做法，非常令人气愤，要对这种行为给予惩罚。”<br>一老年妇女：“老的说的不对，做的不对，你说他行，不能打，不能骂，不能不管吃，不管喝。”<br>一老汉：“从社会道德说，就是不对了，为什么不对？这样老的就没希望了。”<br>一中年男子：“他大了，不管老人，这就应该治。这方面的宣传该多做点儿。” |
| 主持人<br>背景运河 | 在老百姓看来，“养儿防老，子女孝敬老人”这是天经地义的，不然就要遭报应。是的，谁家没有老人，谁又没有老的时候。赡养老人、尊敬老人是中华民族的传统美德，依照我国法律，也是子女们必须履行的义务。然而，杨胜利、徐艳贞把这些忘得一干二净，他们的行为自然引起人们的公愤。<br>为了使这个残破、难圆的家能有个好的结局，为了抚平父子间已形成的裂痕，杨老汉仍在苦苦地支撑着。 |
| 同期声：杨老汉在院内晒玉米、烧火做饭 | “到现在，想起来，心里又生气吧，心里又疼得慌，到这儿，心里还疼得慌。孩子们冷了，你说，这弄得是嘛事呀！” |
| 孙子、孙女在桌上吃饭 | 杨胜利夫妇受到了应有的制裁，但两位老人的心理上出现了新的不平衡。是的，在他们看来，儿子终归是儿 |

| | |
|---|---|
| 重复出现标题画面字幕 | 子，这个情分是割舍不了的。杨老汉还是赶着这辆黄牛车，拉着一家老小，来到几十里以外的看守所探望儿子和儿媳，这不由又使我们想起那句老话“可怜天下父母心”哪！ |
| 虐待老人犯徐艳贞叫儿子 | “你奶奶也来了？”对杨老太太：“娘。” |
| 同期声 | 杨老汉小声儿：“抱一床被子来。” |
| 杨老汉对儿子、儿媳动情述说 | “睡不着觉，好好寻思寻思，到这来，也多长点知识。我在家，你娘有病，我连做饭，带着这俩孩子，还喂猪、牛，多么难呢……” |
| 杨胜利擦眼泪 | “在这儿，给你买了双袜子，你还没棉袄，我这阵有病，哪做得了啊。” |
| 徐艳贞带头给杨老太太跪下 | “胜利，咱给咱爹咱娘跪下，以后俺好好孝顺你俩。”<br>杨大娘：“儿啊，快起来！” |
| 杨胜利对爹娘讲 | “以前，都是俺俩不对，都怨俺俩。以后，俺俩要坚决地好好地对待老人，不能再让老人生气了。” |
| 主持人<br>背景村边 | 不知是由于父母的痴情，还是由于法律的震撼，杨胜利、徐艳贞那泯灭已久的良知似乎被唤醒。但据我们了解，这种虐待老人的现象在一些地方还时有发生。在这里，我们想对那些不尊敬老人、不孝敬父母的人奉劝一句：虐待老人不仅违背道德，而且国法难容，但愿这个案件，能给人们带来启迪和思考。 |

（河北电视台《法与警》1993年12月15日）

## 跟着真实走

聂玉才

我们摄制的电视专题片《黄牛车作证——景县一起虐待老人案》于1993年底在我台《法与警》栏目中播出后，在社会上引起了强烈反响。人们普遍反映，“这个片子拍得好，它维护了老年人的合法权益，也给青年人以教育。”回想我们采访、拍摄这个片子的前前后后，真是别有一番滋味在心头。

1993年8月初，我们《法与警》栏目的记者在景县拍摄《一起严重的暴力抗法案》的专题片。在采访这个案件的时候，又发现了一个新的新闻线索。这个县的赵桥村青年农民杨胜利、徐艳贞夫妇为达到独占一宅的目的，对两位老人打骂、凌辱，百般虐待，最后竟将他们赶出家门。两位含辛茹苦、为了子孙操劳一生的老人，不得不搬到村头一个临时搭起的窝棚里住。这件事，引起当地司法部门的高度重视。景县人民法院经过侦察、审理，认为杨胜利、徐艳贞的行为已构成虐待老人罪，分别判处其有期徒刑一年零六个月和六个月。这个案件，引起了我们的兴趣。摄制组完成了“暴力抗法”片子后，充实了编摄力量，二次来到景县，拍摄这起虐待老人案。

这种题材的片子怎么搞？摄制组集思广益，最后决定以纪实手法拍摄。采用这种纪实形式，容不得对被采访者的摆布和演练。我们遵循的原则是：“跟着真实走”，尊重第一感觉，让观众跟着我们的摄像机一起去了解，去体味，去思考。这既是我们的第一感觉，也应该是被采访者和观众的第一感觉。这种感觉是真实的、自然的。原汁原味反映事件的本来面目，也是观众乐于接受的。

我们前去采访时，杨胜利和徐艳贞已被关押在县看守所里，两位老人仍在村里，我们决定先从采访两位老人开始。

初冬，天气格外冷，一场雨夹雪，伴着刺耳的北风，更为这广袤的冀中平原平添了几分萧瑟的气氛。也许是骤然降温的缘故，虽然加了不少的衣服，可大家还是抗不住这寒气的突袭。县法院的同志陪同我们摄制组一道前往赵桥村。当我们走近村子时，看到前边一个老头正赶着一辆黄牛车，车上坐着两个小孩，正缓缓向前挪动。快到跟前了，开车的小师傅告诉我们，“可巧了，前头赶车的就是杨老汉。我们紧走几步，主持人拿起话筒，摄像师打开机子，我们的采访便从这里开始了。我们从村边开始采访，到杨老汉进院进屋，再到院子里，始终跟随拍摄。我们递给杨老汉的一根带过滤嘴的香烟，老人点着后深深地吸了两口，极珍惜地品味着，看得出来，这种享受，老汉似乎不多。开始，老人还有些拘谨，不知说些什么，但随着主持人和摄制组同志与他热情地攀谈，老人开始“进戏”了。他向我们详细地讲述了他们老两口受儿子、儿媳虐待的事实。

我们摄制组在采访杨老汉的时候，杨大娘因病住在大闺女家。为全面反映两位老人的情况，编导认为采访杨大娘这场戏很重要，不能丢。于是我们摄制组决定坐渡船过运河，到他们的大闺女家采访杨大娘。

杨大娘被儿子、儿媳虐待的日子里，身体虚弱且疾病缠身，在大闺女家住了一段时间后，脸上的气色已好多了，只是由于患老年性气管炎，说话时有些气喘。大娘见我们去了非常激动，我们问寒问暖，老太太也打开了“话匣子”，从儿媳妇如何打她，又讲到儿子怎么砸了他们的锅……这时，我们主持人的话锋一转，问道：“大娘，杨胜利是您的小儿子？听说他小时候您可疼他了。”这句话，说到了老人的伤心处。“谁的儿谁不疼啊？这会儿，我的心里还疼得慌呢。你说这叫嘛事啊，他们做得也太不应当了。”顿时，老人泪流满面。

近年来，社会上子女虐待父母的案件时有发生。我们拍摄这个电视专题节目，如果按一般新闻作品的处理办法，讲到子女如何虐待老人，构成虐待罪的违法人员如何受到法律的制裁，故事也就该结束了。但在采访的过程中，我们了解到两位老人都有带着孙子、孙女到看守所探望儿子、儿媳的愿望，于是我们决定继续跟踪采访，认为能拍摄到一些感人的情节。于是，在他们选定日子探望的那天，我们摄制组跟随杨老汉一家老小，一同来到几十里以外的县看守所。

不知是由于杨胜利、徐艳贞被判了刑，受到了法律的教育，还是由于父母的善良举动感动了他们，总之，老人前去探望，使他们的心灵受到了震颤和净化。杨胜利默默地擦着忏悔的眼泪，徐艳贞看起来很会来事，她对丈夫说："胜利，以前都是咱们的不对，咱给老人跪下。"说着，首先扑通一声跪在地上。我们的摄像师见她跪下了，又赶着把镜头摇到杨胜利的两条腿上，可不知什么原因，杨胜利的双腿只稍弯了一下，就又直直地站在那儿，始终没有勇气给自己的爹娘跪下。我们如实地记录了这个镜头，这个细节也充分显示了杨胜利这个人物的个性。

为了拍好这个节目，我们摄制组全体人员群策群力，都主动出主意，想点子。每次拍摄前，我们都把要准备采访和拍摄的内容讨论、分析好，按照编导的意图组织好每一组镜头的拍摄。第一天，我们用了整整一天的时间，拍摄完了杨老汉老两口的镜头。晚上，摄制组全体同志回到招待所，吃过饭，洗过澡，劳累一天都准备休息了。可负责编导的同志仍在思考这个本子，进村时，我们拍到了杨老汉赶着黄牛车进村的镜头，编导觉得这个镜头的寓意很深，因为杨老汉每次去告状，或带领全家探望都是赶着这辆黄牛车，这个画面非常适合做片头用，并想好了片头的题目，但还缺一个杨老汉赶车的空镜头，怎么办？11点多钟了，编导又把主持人、摄像、录像的同志叫起来讨论片子。最后，大家一致认为,为了片子的质量,我们明天要走一次赵桥村,补拍所需镜头。

虽然，经过我们共同努力，减少了失误，但片子做成后，我们还是感到了一些不足和遗憾的地方。比如，拍外景风大，我们没带话筒防风罩，音响效果不很理想，有个别镜头取景构图不好。由于缺乏对农村生活的体验，主持人的个别问话显得不得体等等。

有遗憾，这本身并不完全是坏事，它提醒我们今后要避免同样的错误与失误。同时，通过这个片子，我们进一步认识到，只要我们尊重实际，跟着现实生活的"真实走"，我们就能拍出让观众喜闻乐见的好节目来。

**作者简介：**

聂玉才，男，44岁，《黄牛车作证》的编导，现任河北电视台编辑、《法与警》栏目制片人。河北师院政教系毕业，1972—1987年任河北人民广播电台播音员，1987年以后从事电视编导工作。

**思考题：**

1. 电视消息的特点是什么？请为《大寨人走出虎头山》写一篇评析文章。
2. 请为《黄牛车作证》写一篇评析文章。
3. 课堂作业：请对当今的中央电视台《新闻联播》发表评论。

# 后　记

新闻评析是武汉大学新闻与传播学院本科生的必修课。从1990年开设此课起，我便是该课程的主讲教师。所以，本书是我十多年来从事新闻评析理论研究与教学实践的结晶。

新闻评析是新闻学者和新闻从业者最经常、最基本的一项业务活动，它有着自身固有的规律和可以遵循的操作原则与方法。然而，多年来很少有人总结新闻评析自身的规律与法则，致使其完全没有理论体系可言，这给新闻评析的理论研究与教学实践带来了一定的困难。所以，我一直努力想为构架新闻评析的理论体系做些基础性工作，于是便有了本书。由于新闻评析的理论还处在探索时期，加上笔者自身水平的限制，在编写中不免存在着这样或那样的缺陷和问题，尤其是在认识与把握新闻评析内涵与实质方面，甚感心中无底。现在本书同读者见面了，心中不免有些惶恐。好在全国目前尚无同类教材，还能以“抛砖引玉”聊以自慰。诚心诚意恳请阅读本书的专家、同行及读者批评指正。

为了加快本书稿的完成，在写出本书的总体框架和每一章的基本观点后，我请本院一位青年教师和我带的研究生执笔撰写了部分章节，其中张卓（教师）撰写第三、四两章，高英雄（研究生）撰写第六、七两章。

在本书的编写过程中，我得到了国内新闻界朋友的大力支持。当笔者的约稿信发出之后，短时间内即收到了许多获奖作者的来函，因为篇幅有限，我选择了其中15位记者的作品。在此，谨向那些支持我、帮助我的新闻界朋友们表示最诚挚的谢意。同时，笔者还要衷心感谢高等教育出版社的杨亚鸿女士在编审此书过程中所付出的艰辛劳动。

夏　琼

2001年12月2日

# 郑重声明



**责任编辑**　杨亚鸿

**封面设计**　杨立新

**版式设计**　陆瑞红

**责任校对**　王　超

**责任印制**　耿　轩